播音与主持艺术专业"十三五"规划教材
21世纪播音与主持艺术专业核心教材

主持人即兴口语表达艺术

张琦 贾毅 著

ZHUCHIREN JIXING
KOUYU BIAODA YISHU

中国传媒大学出版社
·北京

张琦，广东财经大学播音与主持艺术专业教研室主任，广东省高校千百十人才培养工程优秀培养对象。长期从事节目主持人及广播电视艺术理论研究，主持省部级课题一项、市厅级课题两项，在核心期刊发表学术论文十余篇。

贾毅，博士，教授，现任广东财经大学文化创意学院院长，全国视听传播研究委员会理事，广东省青联文艺界别委员会理事。长期从事视听媒体理论、业务及传播主体研究，主持国家社科基金一项、省部级课题多项，出版专著《电视节目主持人影响力研究》《电视节目主持人意见性话语研究》，编著教材《普通话语音与科学发声训练教程》，在核心期刊发表学术论文30余篇。

图 1-2

图 2-1

图 2-2

图 2-3

图 2-4

注：此处彩插为文中部分图片的彩图。彩插图片序号与文中图片序号一致。

图 2-5

图 2-6

图 2-7

图 2-8

图 2-9

图 2-10

图 4-2

图 4-3

图 4-4

图 4-5

图 4-6

图 4-10

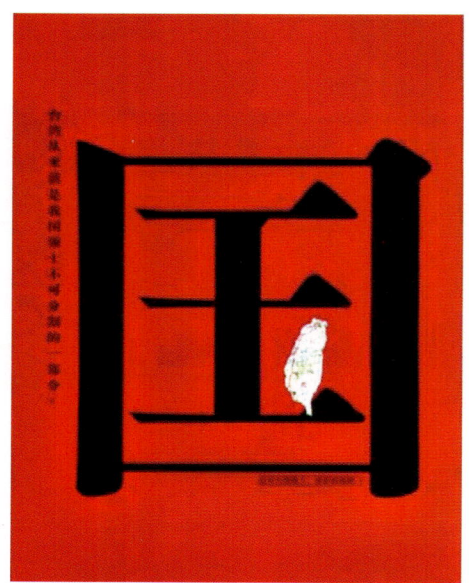

图 4-11

图 4-12

图 4-13

图 4-14

图 4-15

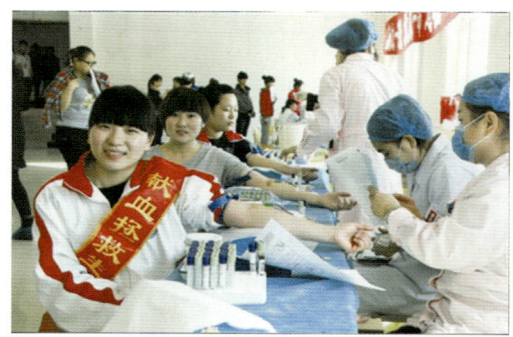

图 4-18

图 4-19

图 4-20

图 4-21

图 4-22

图 4-23

图 4-24

图 4-25

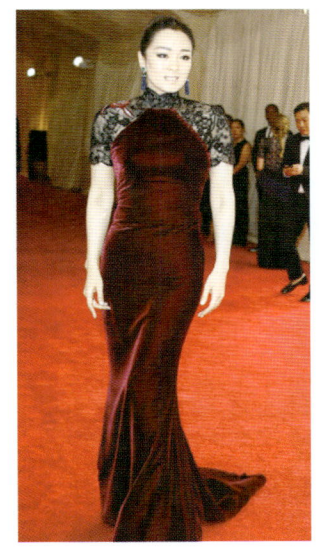

图 4-26

图 4-27

图 4-28

图 4-29

图 4-30

图 4-31

图 4-32

图 4-33

图 5-2　　　　　　　　　　　　　图 5-3

图 5-4

图 5-5

图 5-6　　　　　　　　　　　　图 5-7

图 6-1

（1）　　　　　　　　　　　（2）

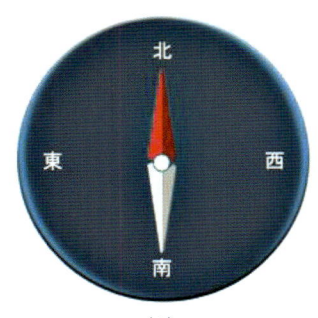

图 6-3

（3）　　　　　　　　　　　（4）

图 10-13

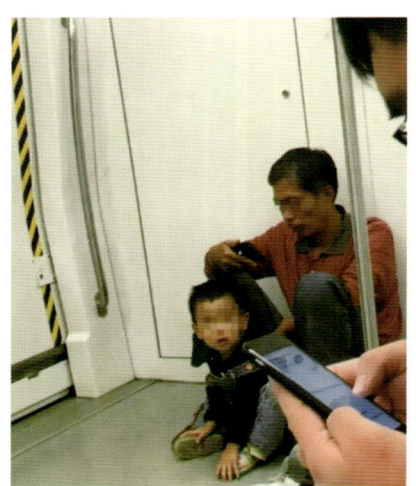

图 10-26

目录 Contents

前 言 ··· 1

第一章　主持人即兴口语表达概述 ······································· 1
　　第一节　什么是主持人即兴口语 ··································· 1
　　第二节　主持人即兴口语表达创作 ································ 6
　　第三节　主持人即兴口语表达常见问题 ························ 14

第二章　主持人即兴口语创作方法 ······································· 21
　　第一节　思维方法 ··· 21
　　第二节　语言创意 ··· 29
　　第三节　副语言创意 ·· 45

第三章　即兴复述 ·· 49
　　第一节　复述方式 ··· 51
　　第二节　实战技法 ··· 60
　　第三节　"说新闻" ··· 66
　　第四节　综合训练 ··· 80

第四章　即兴描述 ·· 100
　　第一节　描述方式 ··· 101
　　第二节　实战技法 ··· 110
　　第三节　综合训练 ··· 118

第五章　即兴叙述 ······ 126
第一节　叙述方式 ······ 127
第二节　实战技法 ······ 134
第三节　综合训练 ······ 142

第六章　即兴评述 ······ 144
第一节　评述方式 ······ 145
第二节　实战技法 ······ 154
第三节　综合训练 ······ 166

第七章　即兴解说 ······ 169
第一节　解说方式 ······ 170
第二节　实战技法 ······ 181

第八章　即兴对话 ······ 185
第一节　对话方式 ······ 185
第二节　实践技法 ······ 189

第九章　即兴问答 ······ 199
第一节　提问方式 ······ 199
第二节　即兴回答 ······ 203
第三节　实战技法 ······ 206

第十章　多元融合训练 ······ 211

参考文献 ······ 230

后　记 ······ 231

附录：视频目录 ······ 233

前　言

　　广播电视产业在世界各国均被列入创意产业,创意产业最大的特点就是创新性,即非复制性。每档节目甚至每期节目的策划、制作与呈现,都必然存在着差异性,节目的每分每秒都传播着非重复性内容。正因如此,广播电视工作者每天必须有新的思考,创造新的作品。主持人是这条创新链上重要的能动元素,是节目的掌控者和调节剂。主持人角色功能的实现主要凭借其有声语言和副语言,其中有声语言的即兴组织和表达是每位主持人必备的专业技能。即兴口语传播是电视节目创意的实现手段,其传播效果是节目收视率的重要保障。从信息传播的角度来讲,人类的存在就伴随着传播,人类的所有行为本身都可以被视为传播,但传播方式以及进而呈现的传播效果就千差万别了。作为具有语言示范功能和广泛沟通任务的节目主持人,显然必须具有高水准的语言编码和传输能力,才可以更好地实现表情达意的传播效果。

　　无论从进化论的角度,还是从心理学和社会学的角度来看,口语都是一种有着特定优势的特殊形态[1]。语言技能被人们认为是理所当然拥有的。五岁的孩子就能说出相当准确并合乎语法规范的语言。但实际上,口语表达是一个相当复杂的过程,要说什么,选择什么词汇,怎样把这些词汇组织得合乎语法规范,最后再把话语转变成实际口语,这一过程要完美完成并不简单。什么是主持人即兴口语? 即主持人在节目中根据节目内容及个人思想,即刻组织并传播的个人话语。具体包含两个层面的意思:其一,主持人几乎完全没有准备,借助于长期储备的知识和经验,依托节目即时语境即兴组织并传播的话语。例如:主持人与嘉宾和观众互动的灵活对话,突发状况下主持人根据现场实际情况而组织的言语等,这种表达可以理解为"绝对即兴口语表达";其二,主持人根据节目内容作了一些有针

---

[1] 延森.媒介融合:网络传播、大众传播和人际传播的三重维度[M].刘君,译.上海:复旦大学出版社,2015:70.

对性的准备，比如，了解节目主题、活动流程、事件背景、嘉宾选手的个人资料，等等，但仍然需要在节目中根据具体情境灵活组织话语，这种表达可以称之为"相对即兴口语表达"。在节目主持中，这两种即兴口语表达是共同存在、穿插使用的。此外，主持人即兴口语表达不仅是对节目所需"内容"或"意义"的填补，还是节目"审美"的重要体现。因此，主持人即兴口语表达不仅要内容得当，而且要有美感，有趣味，对选词、组句、表达技法等有较高的要求。在此过程中，也形成并展示了主持人的风格。所以说，即兴口语表达既是主持人风格的重要体现方式，也是主持人风格的重要形成途径。

即兴口语表达是主持人知识、经验、思维、反应、表达技能等多方面的综合体现。主持人在不断积累知识和经验的基础上，经过长期训练，可以提高即兴口语表达能力。美国著名主持人拉里·金说："交谈犹如打高尔夫球、驾驶汽车或经营商店，你的实践越多，就会做得越出色，而且你从中得到的乐趣也会越多。"

口语表达训练，一为形式，二为内容。有吸引力的、恰切的表达形式和内容合二为一才能够形成高质量的口语表达。麦克卢汉指出，意义产生于形式与内容的交汇之中，即传播的话语、体裁和形式之中。长期以来，有很多人认为即兴口语表达不好训练，水平不易提升。此为实言，但不好训练并非不能训练，不易提升并非不能提升。实际上，在科学方法的指导下，经过长期的训练和实践，口语表达定能不断提高。本书就是基于这样的想法写作的。

本书有三大特点：第一，模拟真实情境演练。书中案例均为主持人的实例，训练内容均融入节目情境，也就是说，训练者不是针对一个独立的、没有语境的主题进行叙述、评论，绝大多数训练内容都发生在不同类型节目的具体语境之中。由于是实景模拟，不仅有主持人，还有嘉宾、采访对象等，在训练时需要同学们分角色扮演。第二，类别齐全，方法多样。针对主持人即兴口语中使用的复述、描述、叙述、评述、问答、对话等表达方式，分类讲解，详细讲授了每一种表达方式的多种表达方法和实用技巧。第三，多元训练，接地气，贴时代。本书提供了形式多样、内容丰富的训练材料，这些训练材料来自广播电视节目，接近年轻读者的视野和经历。

希望本书为您提高即兴口语表达能力助一臂之力！

第一章 主持人即兴口语表达概述

1980年7月12日,中央电视台《观察与思考》节目将"主持人"三个字搬上荧屏,这标志着中国电视节目主持人的诞生。时至今日,"主持人"这三个字已不仅仅是广播电视或新媒体节目制作流程中的一个岗位的名称,更代表了在媒介融合的进程中以大众传播与人际传播相结合浸润而塑造的一个影响力巨大的群体。他们依托于相应的媒介平台,通过有声语言传递信息、表达意见、抒发情感。虽然主持人创作的方式和手段日趋多元,但是即兴口语仍是节目主持人创作的主要手段,也是作为传播主体的节目主持人核心竞争力的关键要素。

第一节 什么是主持人即兴口语

在今天媒介融合与传播形态日新月异的发展中,主持人口语的界定始终处于变化当中。我们就从"主持人"和"口语"这两个最基本的关键词来分析探寻,究竟什么是主持人口语呢?

一、口语的特点

从语言交际媒介的角度划分,语言可以分为口语和书面语。口语,是口头交际使用的语言,一般都是通过声音传播,往往表述者和听者同在一个场景内(包括同一时空或不同时空的现实场景和虚拟场景),语言表达较为简洁,甚至有不影响理解的语义省略。书面语是在口语的基础上演变而来,主要用于书面表达,词汇、语法更加严谨、规范,更有利于准确地表达。

(一) 口语的有声性

口语不仅由语言符号传达意义,还由声音表意传韵。音高、音强、音色、音长的控制,停连、重音、语气、节奏等口语修辞的运用,都超越了语言文字内容本身的意义和内涵,带有传播者独特的情感、心态。口语相较于书面语,表达方式更丰富、更灵活,意义表达更深刻、更简洁,情感表达更鲜活、更动人。简言之,口语声情并茂,意蕴丰满。

(二) 口语的自发性

口语包含两种形态,即"非自发口语"和"自发口语"。非自发口语是指有稿件依据的口语表达,自发口语是指没有稿件依据的口语表达。苏联学者维果茨基指出,语言发展有三个阶段:外部语言、自我中心语言和内部语言。自发口语是建立在口语发出者对语言环境的综合把握的基础上,自身内部语言的外化。它带有明显的个体思想意识和语言习惯。非自发口语语流相对稳健而有规律;自发口语语流疏密相间,灵动自然,不甚规则。

(三) 口语的即席性

口语表达一般分为:一是对已有文本的改编,用自己的语言传递文本的意思;二是对已有提纲性内容的补充和拓展;三是完全依据现场情境组织语言。无论哪一种口语表达都不是对准备好的内容的完整背诵,需要主持人现场组织,具有即席性。

二、主持人口语的特点

作为电视制播过程中的关键一环,也是离受众最近的一个群体——主持人,在创新发展中首先突破了单纯完成出声出像任务的角色,而蜕变为一个具有独立行为能力的责任主体。他们在主导、推进节目进程和体现节目意图的过程中,充分发挥自主性和能动性,以创新思维和创造性的表达给予受众真挚丰富的情感体验,激活受众深刻的生活生存感悟,形成积极的传受互动,从而产生巨大而深远的社会影响力。主持人口语具有以下特点。

(一) 媒介性

主持人口语具有显著的媒介性。媒介平台赋予主持人话语权,在某种程度上,话语权掌握在谁手里,谁就控制社会舆论的走向。以话语及其他非语言符号为主要传播手段的主持人对于语料的提取、组织多由自身完成,语言形式更为灵活,传播任务更为多元,对话语权的掌控也更加自主。依据科尔曼的"信任—权威"模式,受众出于对主持人的信任而接受其对自身部分行为的控制。主持人对受众在文化、消费、娱乐甚至政治方面的影响力正是主持人通过话语权对受众实施控制而实现的。主持人在口语表达中的话语权是"支配的力量而非利益的享用"①。此外,不同媒体场域中的主持人所面对的社会语境、媒体语境、节目语境以及受众群体对其语言内容和表达方式也有相对的限定性。

(二) 互动性

互动性普遍存在于多种形态的主持人节目之中,例如:谈话节目、真人秀节目、脱口秀节目、游戏竞赛类节目等。真人秀节目中,可能会有主持人、参与者、嘉宾(评委、导师、面试官等)、现场观众的互动;谈话节目中,主持人、嘉宾、观众都可能进行互动;脱口秀节目,主持人与现场观众频频互动……因此,主持人口语建立在即兴理解话语环境和交流对象话语信息的基础之上,立刻组织的话语交互,也就是说主持人始终处在解码与编码的互动过程中。同时,主持人口语交流与日常口语交流一样,存在于某一个具体场景当中。节目场景中,主持人口语的表达目的更为突出,与节目语境的依托关系更为密切,语言也更为生动准确。

(三) 审美性

依照修辞学的理论,"修辞价值的实现主要体现为审美价值的实现"②。提到审美,并非是要语言变得高深莫测、阳春白雪,而是要获得陈望道先生所提到的语言的"美质":第一,要别人看了就明白;第二,要别人看了会感动;第三,要别人看了有兴趣。高质量的主持人口语必然是明义、通理、切境、怡情的。

三、主持人即兴口语的特点

(一) 大众传播与人际传播相结合

主持人通过广播、电视、新媒体传播信息,是大众媒介的代言人。因此,其传播行为首先属于大众传播。传播对象广泛,传播内容公开。但主持人又是一个个具体的、有血有肉的人。对于受众来说,他们以人与人交流的方式传递信息、表达情感,这就决定了主持人的传播同时具有人际传播的属性。白岩松说:"电视传播和其他媒体最大的区别就在于电视传播中有看得见的主持人因素,它是一种真正的人际传播。而在所有的传播方式中,人际传播是界限最少、最易达到效果的。正是主持人的存在使媒体与受众的传播还原到了人际传播的原始阶段,主持人成为电视表达亲近性和实现交流

---

① 张颂.话语权力简论[J].中国广播,2000(1):11.
② 谭学纯.接受修辞学[M].增订本.合肥:安徽大学出版社,2000:2-3.

感的一个载体。"①广播节目主持人、新媒体节目主持人,其实同理。

因此,主持人将人际传播所具有的交流感、亲和力、个性化、人格化与大众传播的广泛性和影响力相结合,构成具有鲜明人际化特点的大众传播,或者说是大众传播平台上的人格化传播。有学者认为,大众传播与人际传播在主持传播中相辅相成、相互制约:前者是后者的基础,大众传播为人际传播打造平台,令私人空间公共化;后者是前者的手段,人际传播的效果会直接影响大众传播的质量。塞弗林等人在《传播学的起源、研究与应用》中曾明确提出:"有效的节目传播往往是大众传播与人际传播的结合。"

(二) 日常语态与规范审美相结合

主持人口语首先是口语,具备口语的特点,比如多用双音节词且需要注意避免同音误读误听,多用短句、简单句且句式丰富,等等。然而,它又与生活中的日常交际口语存在很大不同(见表1-1)。吴郁曾提出主持人口语的语用特点是:汲取书面语的精粹口语、强调规范性的大众口语、讲究艺术性的传播口语、富于个性的正式口语、应对得体的急智口语②。换句话说,主持人即兴口语的语言表达状态是放松的、口语化的,但表达方式较日常聊天要更具规范性、正式性和审美性。例如,有这样两句话,"那些导游拿着大喇叭,带着游客到北大里面大喊大叫的,人家还怎么学习呀"和"试想如果有无数游客涌进安静的北大校园,还有一些导游在用大喇叭嘈杂地进行讲解,这学习圣地不就变成自由市场了吗?还有什么学习氛围可言?学生还怎么学习呢?"后者是不是更适合在广播电视媒体中使用呢?北宋诗人王安石在《泊船瓜洲》中写道:"春风又绿江南岸,明月何时照我还。"其中"绿"字的位置试用了"过""入""满"等十多个字。主持人进行口语表达时不可能这般反复思考,但在其准确恰切的表达中所折射出的示范价值和审美意蕴却是主持人能力与水平的重要体现。

表1-1 主持人口语与日常口语对比

主持人口语	日常口语
大众传播言语行为	人际交往言语行为
传播目的鲜明	可以随心所欲
经过提炼、修饰的艺术语言	通俗、自然的生活大白话
规范化的大众口语(语音、语法、词汇等)	没有严格要求
有准备的边想边说	无准备的边想边说
带有书面语色彩的口语	不带书面语色彩

---

① 孙玉胜.十年:从改变电视的语态开始[M].修订版.北京:人民文学出版社,2012:37-38.
② 吴郁.当代广播电视播音主持[M].2版.上海:复旦大学出版社,2008:120.

(三) 内容专业与受众易得相结合

主持人口语的内容以专业知识为基础。比如财经节目、体育节目、音乐节目等，就需要主持人具有相应的专业知识和专业化的语言表述。西方国家对主持人的称谓除了常用的 host、anchor 和 presenter，还有很多具体的、特定的、专业的称谓。例如：moderator（游戏、竞技节目主持人），linkman（讨论节目主持人），sportscaster、sports microphone jockey（体育节目主持人），video joker（电视音乐节目主持人），disc jokey（流行音乐主持人），joe personality（娱乐节目主持人、报幕人），commentator（评论员、有评论性质的主持人），talk master（谈话类节目主持人），weather girl、weather man（气象节目主持人）。这些称谓体现了主持人传播内容的专业性。

同时，在传播过程中要以受众的"易得"为目的。所谓"易得"是指受众容易获得主持人所表达的话语信息，没有障碍地理解其意义。美国传播学者施拉姆在20世纪50年代曾提出"选择的或然率公式"：选择的或然率＝报偿的保证/费力的程度。公式中"报偿的保证"指传播内容满足选择者的需要的程度，而"费力的程度"则指得到这些内容和使用传播途径的难易状况。满足程度越高，而费力程度越低，则或然率就越大，受众就越容易选择这种媒介或信息。主持人面对专业性内容要提高受众选择的或然率必须从两个方面把握。

一是通俗易懂，当然这一标准与节目受众群体密切相关，比如少儿节目和财经节目的受众理解力就完全不同。广播电视节目属于大众文化产品，主持人应尽量避免使用过于专业、生僻的词汇，如果一定要用，也尽量将其形象化或者换个说法。例如："公园占地面积1 800多平方千米"，大多数受众对这一面积到底有多大没有概念，如果转换为"公园占地面积1 800多平方千米，相当于4 000多个天安门广场"，会不会更形象生动些？

二是价值导向明确。"易得"的同时，主持人口语还应该提升"报偿的保证"。无论是传递信息、引导舆论、提供娱乐还是提供服务，都要从受众的需求出发，真正解决专业性背后的价值引导问题，而不要陷入曲高和寡的所谓"专业"表达。有专家这样评论天气预报的播报："观众不想听到什么冷空气前锋、副热带高压。没人知道那些是什么玩意儿。告诉观众明天早上给上学的孩子穿什么衣服，是不是需要带雨伞，晚上外出最好穿什么。这才是观众需要的气象服务。"把晦涩的术语变成贴近大众的语言，解读为易于受众理解接受的信息，才能使传播达到更好的效果。

(四) 依托语境与急智应变结合

语境，简单来说就是语言使用的环境。一般分为宏观语境和微观语境两类。宏观语境指语言运用的社会文化历史背景。微观语境包括当下情境(immediate situation)[①]和上下文(co-text)。对主持人来说,语境分为宏观语境、中观语境和微观语境。首先,宏观语境包括社会环境、文化历史、地域风俗、时代背景等,是主持人即兴口语生成的外部条件;其次,主持人所处的媒介环境包括媒体平台、节目类型等是中观语境,它确定了主持人的角色身份,明确了"我是谁"和"对谁说";最后,微观语境才涉及具体的节目情境,包括主持人与其他话语主体交流过程中的话轮转换、节目的实时动态元素等,微观语境是主持人即兴口语生成的现实素材。三重语境伴随主持人言语表达的始终,并从多个层次给予主持人言语表达的限定和支撑。

在直播和互动成为广播电视新常态的今天,节目播出过程中的不可预知性大幅增加,这正是直播与互动的魅力所在。此刻,作为现场唯一拥有主导性话语权的主持人必须急智应变,用语言化解实时危机、推进节目进程甚至创造性地提升节目效果。这里的急智应变绝不是单凭主持人的伶牙俐齿或丰富经验,而是主持人基于对现场情境的体察把握,对节目运行的熟悉了解,对社会环境的深刻认知以及其自身强烈的社会责任感、职业认同感所触发的快速、得体、有效的主动应对。因此,主持人既要理解、明确、重视语境的元素,又要积极、自主、敏锐地利用语境的动态变化,才能出色地完成即兴口语的表达与创新。

第二节　主持人即兴口语表达创作

一、创作步骤

(一)前期准备

即兴口语是即刻组织、即刻表达的话语,但是,对节目主持人而言,"即兴"并不等同于毫无准备,也不等同于无准备可做,主持人即兴口语同样存在"备稿",只不过准备内容和方法与有稿播音主持有些不同。

首先,把握语境。这里的语境是指节目语境,包括节目风格、版块设置、流程设计、选题内容、人物等所有与节目有关的可获知的元素。比如:谈话类节目,主持人可以预先了解谈话嘉宾、确定谈话主题、设计话题顺序等。对节目语境中可获知的元素的把握使主持人对节目中的即兴口语有了基础性和方向性的准备。

[①] 弗斯(J.R.Firth, 1957, Papers in Linguistics)曾为"当下情景"(他称为"情境上下文")作过严格的界定:A.参与者的有关特征,是哪些人,有什么样的人格,有什么特征,包括参与者的语言行为,参与者的语言之外的行为;B.有关的事物和非语言性、非人格性的事件;C.语言行为的效果。

其次，把握受众。受众是所有传播主体都必须考虑的因素。受众的认知能力与需求决定了主持人话语的组织方式和表达方式。"不同的社会群体间存在着事实上的审美差异和价值差异，而同一个群体内部则有着相近的品位基础"[1]，这样的品位并无明显的高下之分，但是节目的语言品位与受众的欣赏层次和选择心理直接相关。主持人要依据目标受众的群体特征和接受心理确定适当的语言内容和表达样态。比如，通俗品位的语言给人以轻松愉悦之感，高雅品位的语言带给人深刻的内在体悟，但是切忌一味迎合受众，而要在给予与引导间培养和塑造高品位的受众。

再次，把握情感脉络。这里包括主持人的感受、态度和感情。主持人对节目的情感脉络可以作出预判，结合节目定位确定自己的传播态度。比如，同一档谈话节目，可能因为谈话嘉宾和谈话主题的不同，主持人持有的态度也有所不同。

最后，把握表达方式。语境、态度和受众会直接影响主持人的口语表达方式，表达方式不仅涉及语气、节奏等声音形式上的变化，还与话题的切入、展开角度及思维逻辑有关。因此，主持人即兴口语表达在"形之于声"的过程中仍然要讲求表达方式的适切和创新。

(二) 观察感知

口语表达，离不开"八何"，"何时、何地、何境"是基础背景，"缘何"是推进逻辑，"何事、何物、何人"是主体要素，"如何"是过程结果。它们共同构成口语表达的内容。

缘何说话，首先从观察开始，进而才有思辨，才有语言组织和传播。张颂老师曾经提出播音员、主持人的"语言功力"，就是语言的功底和能力，它包括观察力、理解力、思辨力、感受力、表现力、鉴赏力、调控力、回馈力。但是其中最核心的能力当属观察力、思辨力、感受力和表现力，其余均为从属和辅助的能力[2]。著名主持人沈力曾这样回忆说："我的主持风格可以说是在《为您服务》形成的，我当时总结了几句话，就是说主持人要用自己的眼睛去观察，要用自己的头脑去思考，要用自己的心灵去感受，要用自己的语言去表达。"一句发自内心的大实话概括了主持人口语表达的过程。

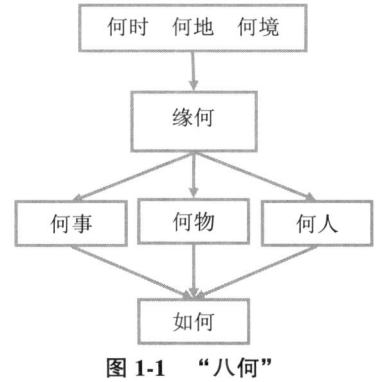

图 1-1　"八何"

著名电视人孙玉胜在《十年：从改变电视的语态开始》一书中提出"主持人三角说"，他指出：优秀的电视新闻节目主持人应该是集魅力、表达能力和发现能力三位一体的人体。如果把三位一体的主持人的"魅力"放在三角形的顶角，那么"发现能力"

---

[1] 李洪岩,柴璠.广播电视语言传播文化品位及审美趋势研究[M].北京:中国广播电视出版社,2007:77.
[2] 张颂.朗读美学[M].北京:北京广播学院出版社,2002:29.

和"表达能力"就是这个三角形的两个底角。如果把"主持人魅力"看作是一辆汽车飞驶的前轮,"发现能力"和"表达能力"就是支撑它并给予它动力支持的两个平衡的后轮[1]。他认为,同样的时段、同类的节目、同样的频道,甚至同一栏目的不同主持人,有些主持人的表达言简意赅,很精彩,很有吸引力;而有些主持人的表达却言之无物,很平庸,毫无吸引力,甚至俗不可耐。这背后的主要原因是主持人发现能力的差别。发现能力的高低是主持人发生分化的一个分水岭[2]。这里的"发现能力"即主持人通过观察外界、感知对象、获得表达的信息点的能力,是主持人信息传播的内在动因。日本著名新闻主持人筑紫哲认为,自己作为名主持、名记者,不在于单方面向观众灌输什么,而是代替观众选取一个更好的角度去观察,更好地帮助观众去理解。他说:"我是记者,我也是新闻节目主持人,但从根本上说,我是一名旁观者。我每天的工作就是选择一个适于观察的角度。我每天要考虑的就是这个观察点是不是最佳位置,还有没有比它更好的适于观察的地方。"[3]

感觉的作用就是接受刺激,获得信息。人类天然地具有通过不同感觉通道接受刺激的能力,如表1-2。不同的感觉通道有各自不同的感觉能力,而且感觉能力因人而异。感觉是人脑对客观事物个别属性或某种状态的直接反映,是意识对外部世界的直接反应,是心理活动的重要来源。知觉是人脑对客观事物的整体的直接反映,也是个体将感觉信息组织成有意义的整体的过程。在实际的认知过程中,孤立的感觉很少出现,人都是以知觉的形式直接反映事物的。感知是心理学对感觉和知觉这两种心理因素的合称。简单地说,感觉是对刺激的初始探测,知觉是对感觉到的事物的解释。人们会在相关经验和知识背景的指导下对每一个感觉到的对象进行加工处理,为单纯的感觉赋予意义,这就是知觉。根据知觉过程中起主导作用的器官,知觉分为视知觉、听知觉、触知觉、味知觉等。按照知觉所反映的事物特性的不同,又可将知觉分为空间知觉、时间知觉等。在实际感知中,常常是两种或两种以上感知觉同时起作用。

表1-2 人类感觉通道

感觉	结构	刺激	感受器
视觉	眼睛	光波	视杆和视锥细胞
听觉	耳朵	声波	毛细胞
味觉	舌头	化学物质	味蕾
嗅觉	鼻子	化学物质	毛细胞
触觉	皮肤	压力	神经细胞

---

[1] 孙玉胜.十年:从改变电视的语态开始[M].修订版.北京:人民文学出版社,2012:310.
[2] 孙玉胜.十年:从改变电视的语态开始[M].修订版.北京:人民文学出版社,2012:311.
[3] 金维一.电视观众心理学[M].上海:复旦大学出版社,2005:107.

主持人获得感知的通道主要是视觉和听觉。观察的目的是掌握传播环境、传播对象,获知外界信息,发现表达的切入点。比如:《财富故事会》一期节目中,主持人王凯这样问采访对象:"在采访开始的时候,你从外边进来,我注意到一个细节,除了我叫您陈总之外,没有一个人管您叫陈总。"显然,这是主持人通过现场观察发现的一个贴近采访环境且有趣的问题;美国知名主持人林克莱特采访一名小男孩,问他:"你长大后想要当什么呀?"小男孩天真地回答:"嗯……我要当飞机驾驶员!"林克莱特接着问:"如果有一天,你的飞机飞到太平洋上空所有引擎都熄火了,你会怎么办?"小男孩想了想说:"我会先告诉坐在飞机上的人绑好安全带,然后我挂上我的降落伞跳出去。"当在现场的观众笑得东倒西歪时,林克莱特仍然继续注视着这孩子,没想到,孩子的两行热泪夺眶而出。于是林克莱特问他:"为什么要这么做?"小男孩说出了自己的想法:"我要去拿燃料,我还要回来。"[①]显然,如果主持人没有继续对小男孩进行观察,就会与现场观众一样,被他"天真的自私"而逗乐,正是因为主持人观察到小男孩情绪的变化,并继续提问,才让大家明白这位小男孩的勇敢与责任心。

不同类型节目的主持人感知的对象、方式、重点等也略有不同。比如真人秀节目主持人需要感知的环境比较复杂,感知的对象比较多,感知对象的动态性比较强;新闻评论节目主持人在节目准备阶段要感知即将评论的新闻事件;谈话节目主持人要对谈话对象进行充分的感知……无论什么类型节目的主持人,无论节目的具体设计如何,主持人的感知是基于节目需要、受众需求及个人知识等多种因素进行信息发掘。这一过程是主持人把从外界环境中不断感知的信息和自己认知结构中的知识有机结合从而生成意义的过程。

(三)判断选择

主持人通过观察与感知会发现很多话题,但在特定的环境中,并不是每一个话题都同等重要。如果主持人把每个话题都展开说,就会打乱节目的既定方向与节奏,还可能会使节目内容变得杂乱无章。因此,主持人需要通过判断,选取最值得展开的话题。比如图1-2,我们可以看到沙滩、海岸、小女孩等多个可描述对象,而最具表达意义的则是小女孩在沙滩上写下的那行字"爸爸妈妈我想你们"。

判断和选择的过程也是信息加工的过程。信息加工就是对已获得的信息进行系统化处理,改变其内部的结构,使信息有序增值,并最终形成知识的一个过程。在这个思维过程中,人们将储存在长期记忆中的信息重新组织、整合,获得新的理解和意义。感知反映的是事物的个别属性,思维则反映一类事物的本质以及事物之间的联系。也就是说,人们通过观察与感知获得的外界信息是没有规则的、凌乱的,需要通过思维对

[①] 王群,曹可凡.节目主持语言智略[M].上海:复旦大学出版社,2008:119.

其进行整理,发现深层次的内涵和规律。在此过程中,通过"判断"来促发表达动机,即"要不要说""为什么说",通过"选择"来确定表达意图,即"说什么""从哪里说起"。

(四)组织加工

在判断选择之后,思维继续运动,开始解决生成话语的问题,它包括下面几个环节。

图 1-2

第一,方向构想。主持人在选取话题并决定就此表述或发表意见之后,会立刻形成一个大致的话语表达方向。比如图 1-2,当主持人决定就"爸爸妈妈我想你们"这句话进行表述时,大致的话语方向是"留守儿童问题",但具体的话语方向可以是"对留守儿童的关爱问题",可以是"外来务工人员子女就学问题",也可以是"留守儿童的心理问题",等等。

第二,调取组织。当话语表述的方向确定之后,主持人需要迅速调取与表述方向相关的"语料",并将之组织成语句,进而成为篇章。对语料的调取和组织基于两个原则:一是"语义原则",语义表达准确、恰切,能够有效地表达设想的话语方向;二是"审美原则",话语表达顺畅,遣词造句优美,意蕴深刻,使受众获得美的享受。

第三,修改补充。因为主持人的话语表达是在一定的节目情境下、在较高的传播效果要求下即席而说的,所以即使水平再高也难免有不严谨、不圆满、不充分之处,因此,在话语表达的同时,就可能存在即刻的修改和补充。主持人袁鸣曾应邀到海口主持海南狮子楼京剧团成立仪式,在介绍嘉宾时,她把"南新燕先生"说成"南新燕小姐",在察觉自己的失误后,她并没有惊慌失措,而是面带微笑,真诚地说:"哎呀,真是非常抱歉,我可能望文生义了。不过,您的名字让我想起一句诗,'旧时王谢堂前燕,飞入寻常百姓家'。这可真是一幅充满诗意的美妙图画。同样,国粹京剧作为宫廷艺术,一直在北方盛行,如今,随着海南狮子楼京剧团的成立,古老的京剧也首次飞过琼州海峡,到海南安家落户,这不也是一幅美妙的图画吗?"

美国著名主持人爱德华·默罗曾经说过:"电视内容是一个由本来互不相容的表演、广告和新闻三个因素结合在一起的。其中每一个因素都要求制作人有异乎寻常的较高的职业素养。一旦你能够把这三个因素完美地统一在一起,你就成功了。"①同样的道理,主持人面临的各种人物、事件、场景也是处于零散状态,如果主持人能把各种元素有机结合在一起,又能言之有物、言之有理、言之有趣,便能成功。

二、表达要求

(一) 真实无误

作为大众媒介的代言人、节目的传播主体和一个有较高文化素养的"人",主持人必须传达真实、准确的信息,否则会产生不良社会影响。美国著名新闻主持人丹·拉瑟 2004 年在《60 分钟》节目中揭露布什所谓的"服役门"事件,但事后各种线索证明,节目中所公布的档案并不真实,丹·拉瑟和他所在的哥伦比亚广播公司陷入巨大的危机当中,不得不发表郑重声明表示道歉,称其受虚假资料的误导对布什总统服兵役记录所进行的报道是"判断错误"。不久,丹·拉瑟就告别了已工作几十年的主播台,职业生涯就此终结。

除了虚假信息之外,主持人还要尽量避免"信息失误",即由于各种主、客观因素造成的表达不准确。这虽然与发表不实言论有质的区别,但同样会造成受众的体验瑕疵。如若确已发生,主持人必须具有修正错误的勇气,及时更改。董卿曾在元宵晚会上念了一首欧阳修的诗《生查子》,把"花市灯如昼"说成了"花市灯如书"。虽然当时有字体不规范和繁体字(繁体字的"书"和"昼"非常相似)的客观因素干扰,但是她并没有把这些客观因素当作为自己开脱的理由,而是真诚地向观众道歉。

(二) 真诚亲切

美国著名心理学家安德森曾做过一个实验,向被测试的大学生呈现 555 个有关个人品质的形容词,让他们说出喜欢哪些品质。研究结果表明,受到评价最高的品质是"真诚"。真诚是发自内心地对待他人的一种态度,且能被他人从内心感受到。罗曼·罗兰曾经说过:"要把阳光撒到别人心里,首先在自己的心里要充满阳光。"因此,主持人要想获得观众的信赖,首先要对观众真诚。很多主持人都曾强调"真诚"的重要性。撒贝宁曾说:"真诚是我之所以讨人喜欢的诀窍。"杨澜在总结奥普拉·温弗瑞成功的原因时也发现,她成功的秘诀就是与观众真诚的情感交流。

以"真诚"为基础的"亲切"是对主持人的另一诉求。全国电视观众抽样调查显示,在"观众喜欢电视节目的最主要原因"一项调查中,排在前三位的分别是:"贴近百姓生活(32.39%)""给人放松的感觉(24.39%)""喜欢节目主持人(23.88%)"。而

---

① 鲍勃.爱德华·R.默罗和美国广播电视新闻业的诞生[M].周培勤,译.上海:复旦大学出版社,2005:25.

与受众"亲切"交流正是主持人贴近受众、给受众放松感的最主要方式。某主持人在一档新闻节目中就某市"全国普通话排行垫底"发表评论。抛开内容与观点的准确与否,仅就主持人的表达态度和表达方式来说就让受众无法接受,因为她是以一种居高临下的姿态面对观众,冷酷、嘲讽、批评的语气贯穿始终。此节目引起所在城市市民的强烈不满,电视台不得不向市民赔礼道歉。亲切不仅是对表达方式上的要求,也是对内容的要求。很多名人在演讲时首先试图用各种方法拉近与听众的距离,让大家感觉更亲切些。1984年5月,美国总统里根访问复旦大学,里根总统演讲开始时跟学生们说:"其实,我和你们学校有着密切的关系。你们的谢希德校长同我的夫人南希,都是美国史密斯学院的校友。照此来看,我和各位都是朋友了!"

(三) 入情入理

情感是人类天性的组成部分,所谓"人非草木,孰能无情",情感涌动在我们的大脑里、身体内;情感也是社会生活的一部分,人与人之间的关联必然夹杂着情感因素。情感对于社会生活极为重要。情感对于每个个体都有很大的影响作用,甚至大过任何"道理",因为即便人们已经设定了非常理性的目标,在实际行为当中往往也不是按照理性的方向发展的。理性似乎比人们想象的要少得多,于是情感就成为直接引导力和推动力。有这样一个故事:一个乞丐在他双腿前放着一块牌子,写着"先天失明",他面前人流不断,却无人问津。有一个陌生人把那块牌子翻过来,写了一句话:"春天已经来临,可我却看不到它。"人们纷纷停下脚步,将钱币投进乞丐面前的钵里。原因很简单,后面这句话更能触动人们的情感——同情心。作为大众媒介代言人的主持人,言语必须有理有据,这不仅是让受众信服的基础,也是社会责任的要求。因此,主持人需要根据不同情境,用饱含情感的表达方式与富含道理的话语内容相结合,以便情理相融,优化传播效果。

尤其在当下互动频繁的广播电视节目中,情感是有声语言审美感知的"灯塔"和"彼岸"。① 这份情感的核心是"服务大众"的责任感。比如我们在晚间的广播节目中听到:"现在夜深人静,乘客少了,有的出租车司机要休息一会儿了。您要把车停在人多、有路灯的地方,或者停在住宅小区里,千万不要停在偏僻的小巷,要注意自己的安全。"这样的话语在深切的关怀中蕴含着温情。

(四) 恰切艺术

主持人的话语不仅要准确、清晰地传达信息,还要贴合语境,体现出语言的艺术美,让受众爱听、想听,与受众达到愉悦共鸣。很多主持人的语言可以体现恰切的艺

---

① 李洪岩,柴璠. 广播电视语言传播文化品位及审美趋势研究[M]. 北京:中国广播电视出版社,2007:56.

术。例如:

汪涵的主持词:

(1)人老的时候应该有四老:老伴、老友、老窝、老底。

(2)希望男人都只做一个女人的花花公子:对她花时间,花心思。

(3)爱字用繁体字写完了之后,是感受的受中间加一个心,所以我觉得爱就是用心去感受。

白岩松的主持词:

我们的宇航员都有可能登上月球了,可我们中国足球依然滚不进世界杯的球门,我觉得中国足球挺难弄好的。你想啊……没钱的时候不行,有钱的时候也不行;业余的时候不行,职业化之后还不行;穿红衣服不行,穿白衣服也不行;苏永舜不行,戚务生不行;中国教练不行,外国教练还是不行;北京有"5·19",大连就有"9·13",连成都也是伤心地,咱中国足球的主场在哪里?"422"不行,"352"也不行,"451"更不行,中国足球队的阵型什么行?和东亚比赛咱们赢不了,和西亚比赛也赢不了;1:0领先的时候守不住,0:1落后的时候追不回来;裁判向着我们不行,向着对方更不行;主场不行,客场也不行;你骂它不行,你表扬它更不行。我看啊,中国足球是真的病了,这个病西医可能治不了,只能靠中医,因为必须治本。

贺炜的主持词:

(1)"人的一生中,最光辉的一天并非是功成名就那天,而是从悲叹与绝望中产生对人生的挑战、以勇敢迈向意志那天。"我们也以这句福楼拜的名言,送别即将离去的法国队,希望法国队重拾勇气,重振辉煌!

(2)"莫愁前路无知己,天下谁人不识君。"我们以这句话送别贝克汉姆,祝福他一路好运!

(3)这是牵动人心的45分钟。在这场比赛之后,总有一支球迷热爱的球队要离开,而这场比赛本身,将成为我们记忆中的永恒财富。等我们老去的时候,在壁炉边抱着自己的孙子,一定会跟他们讲起2010年,讲起今晚的英德大战。

从以上主持词可以看出汪涵的幽默与温馨,白岩松缜密的逻辑思维和形象的比喻式说理,贺炜诗一般的解说风格。语言恰切的艺术,不仅体现在遣词造句的精致优美,还体现在浸润于语言内容与表达形式中的智慧灵感与文化内涵。

第三节 主持人即兴口语表达常见问题

一、常见问题

(一) 重复表达,废话连篇

这里所说的重复表达不是指为了强调某一内容而有意重复,而是指一种毫无意识的重复,也可以理解为我们常说的"翻来覆去、啰唆"。重复表达有两种表现形式,一是同义同语句重复,即把刚说完的话又基本一样地说了一遍;二是同义异语句重复,即以不同的话语重复表达同样的意思。在实际话语表达中,第二种表现形式更多一些。由于"重复"是一种长期无意识的语言和思维习惯,因此,改正有一定难度。

废话连篇也有两层含义,一是指话语啰唆;二是指话语与主题无关或相距甚远。主持人的每一句话都是对节目时间的占有,也都与视听率密切相关。重复表达、废话连篇不仅使听者不易掌握表达的核心和目的,还会造成听者的厌烦心理,造成对节目资源的直接浪费和对视听率的不良影响。

(二) 习惯附加,杂语过多

一方面,口语表达中,由于经常性、习惯性使用某些词或词组,打破话语的美感。例如:

句首附加语:"这个嘛……""那么……""这个……";

延宕附加语:"然后呢……""接下来""呃……""好像……";

掩饰性附加语:"怎么说呢……""老实说……""或许是……""反正吧……";

商询附加语:"是不是""好不好""对不对""行不行";

聆听附加语:"啊""还有呢""是吧"。

另一方面,我们都明白"见好就收""点到为止""恰到好处"的意思,但口语表达中往往因为多说一句就显得啰唆,影响语言的美感。比如,主持人介绍一位地震中的小英雄,向观众叙述地震后这位小男孩如何鼓励一同被压在废墟下的同学坚持等待救援,说道"这个小家伙仅仅 8 岁",这时已经完全表现出了主人公超越年龄的勇气与智慧,主持人接着说:"8 岁还是在向父母撒娇的年龄,还是上学可能都需要家长接送的年龄,还是连自己都无法保护的年龄……"显然,这些道理任何一个受众都懂,如果为了激发观众的情绪,补充一句足矣,没有必要一再补充 8 岁小孩处于什么样的生活状态。因此,口语表达适度即可,不必附加过多冗余信息。我们看看下面这个幽默的小故事:

一天,在北京的公交车上,一个年轻小伙子,干干瘦瘦的,戴个眼镜,身旁有几个大包,一看就是刚从外地来的。他靠在售票员旁边,手拿着一张地图在认真研究着,眼睛不时露出茫然的神情,估计是有点儿迷路了。他犹豫了半天,很不好意思地问售票员:"去颐和园应该在哪儿下车啊?"

售票员是个短头发的小姑娘,正剔着指甲缝呢。她抬头看了一眼外地小伙子说:"你坐错方向了,应该到对面往回坐。"

态度虽不是太好,但这话显然没问题,大不了小伙子下一站下车到马路对面坐回去吧。但是售票员并没说完,"拿着地图都看不明白,还看个什么劲儿啊"!

外地小伙儿显然还比较有涵养,嘿嘿笑了一笑,把地图收起来,准备下一站下车换车去。

旁边有位大爷听不下去了,对外地小伙子说:"你不用往回坐,再往前坐四站换904也能到。"说到这儿其实挺好,既帮助了别人,也挽回了北京人的形象。可大爷又说道:"现在的年轻人哪,没一个有教养的!"

站在大爷旁边的一位穿着时髦的小姐忍不住了,说:"大爷,不能说年轻人都没教养吧,没教养的毕竟是少数嘛,您这么一说我们都成什么了!"这句争辩本来也没什么太大问题,可接着又来了句,"就像您这样上了年纪看着挺慈祥的,一肚子坏水儿的可多了呢!"

一个中年的大姐看不下去了,说:"你这个女孩子怎么能这么跟老人讲话呢,要有点儿礼貌嘛,你对你父母也这么说吗?"管教管教没礼貌的年轻人也没错,可下面又来了句:"瞧你打扮的样子不伦不类的,估计你父母也管不了你。"

……

这时外地小伙子大叫一声:"大家都别吵了!都是我的错,我自个儿没看好地图,让大家跟着都生一肚子气!大家就算给我面子,都别吵了行吗?"听到他这么说,车上的人都不好意思再吵了,声音很快平息下来,少数人轻声嘀咕了两句也就不说话了。但是,外地小伙子多余的最后一句还没说呢,"早知道北京人都不讲理,我还不如不来呢!"

(三)语法混乱,语句粗糙

口语表达中,由于紧张、习惯性表达、词语组织不到位等多种原因,出现句子结构不完整、语序混乱、成分缺失等语法问题。比如某位主持人在进行一场乒乓球解说时,总是宾语缺失:这场比赛最终将决定……,这个选手今天看上去有点……,这场拉锯战中对方选手显得……,下一盘对方可能会改变……,让我们一起为双方选手……

语句粗糙是说,虽然句子语序正确,结构完整,受众也明白要表达的意思,但由于选词用语平白无味、不够恰当、缺少意蕴内涵而影响最终的表达效果。例如这样一段评论:"我们可以看到这里好多的同学,手里拿着奖牌,还有荣誉证书在走红毯。其实正常来说应该是谁走红毯?明星。但是这个学校把走红毯的特权给了学习好的同学,我想说,对于一些心理素质比较好的同学来说还好,走了红地毯,我是名人了,我应该更好地去学习,但是如果心理素质不好的呢,他觉得我是明星了,不用学习了。针对不同人要有不同的教育方式。而那些没走红毯的同学,也同样分为心理素质好的和心理素质不好的。好的,觉得我要努力了;不好的,可能就破罐子破摔了。所以,我觉得学校的这个红毯政策好,但是要针对人。"短短一段评论,用了十个"好"来进行修饰,不仅词语匮乏,而且表述不够精准,十分啰唆。

(四)极度紧张,慌中出乱

"紧张"是初入此行者面对的首要难题,即使是从业多年的主持人也无法完全克服紧张,尤其是在主持重大节目或活动时。紧张是面对外界刺激时的一种心理反应,常见的表现有:头脑空白、卡壳、断语、身体僵硬甚至发抖。主持人过度紧张,即使准备充分,也可能无法正常表达,更不用说即兴组织精美的语句和恰切的观点了。

以上这些问题的解决均非一日之功,需要做大量具有针对性、强制性、仿真性的训练。

二、主持人失语分析

在实际工作中,主持人失语现象时有发生。所谓"失语",原本是指在神志清楚、意识正常、发音和构音没有障碍的情况下,大脑皮质语言功能区病变导致的言语交流能力障碍。此处是指主持人的言语表达不当,或与事实不符,或与情境不符,或与常理冲突,等等。失语的原因大致有以下几个方面。

(一)知识储备欠缺

2011年田径世锦赛100米决赛,博尔特抢跑。面对这一"爆炸性"的场面,中央电视台主持人杨建已经尖叫了起来,而与之形成鲜明对比的是完全不为所动的某电台主持人,他语调冰冷地说:"我们央视的主播如此激动,博尔特今天是排在第五道,博尔特是抢跑了,博尔特在抢跑之后现在也是脱下了运动衫,一身健美的肌肉向大家展示了一位运动员的美,不过呢,全场的呼声也让他不知道接下来会有一个什么样的表现,那么这第一跑抢跑了,接下来会是一个什么样的效果呢?我们也在等待……得,取消比赛资格。"

可以看到,主持人因为没有足够的专业知识,不仅没有意识到该事件的新闻价值,语言表达基调不准,不能及时传播受众期盼的信息,而且病句连篇、废话连篇。国际田联此前作出新规定,从 2010 年 1 月 1 日起,运动员只要抢跑一次,就会被立刻取消比赛资格。因此,在博尔特抢跑之后,主持人就应该告诉受众这样的新条规,也可以作出预判,只要不出意外,博尔特已经无缘本次角逐了,而不是"健美的肌肉……"一堆无关紧要的话语。

像这样的失语现象在主持人的实际传播中并不少见。调查显示,在对主持人的素质修养的重要性的认识中,文化素质排在第一位。文化素质的主要内涵就是"知识储备"。主持人应该具备的"知识",主要包括三大类:

第一,综合知识。其包括文、史、哲等基本知识和包罗万象的常识性知识。综合知识是基础中的基础,没有足够的综合知识,主持人的语言表述一定是苍白的,更是危险的。

第二,专业知识。这里的专业知识是指与主持人所主持的节目对应的相关领域的专业知识,如财经知识、体育知识、农业知识等。专业知识是节目质量的保证,没有足够的专业知识,很难传播出令受众信服的专业性信息。上述例子显然就是不了解专业知识所致。

第三,新闻信息。如果说今天的新闻就是明天的历史的话,那么主持人既要掌握昨天的历史,也要掌握今天的新闻。主持人要通过各种消息渠道对当前甚至曾经很长一段时间周边发生的事情、新生的事物有比较清楚的了解。因为任何事物都不是孤立存在的,主持人对外界的观察、判断和观点组织必然要考虑身边的各种情势。如今,我们每一个人都处在信息爆炸的互联网时代,各种新生事物、概念、流行语层出不穷、传播也快,而这些又都会成为广播电视不可回避的传播素材。

(二)人文素养欠缺

1999 年我国驻南斯拉夫大使馆被炸,新华社记者邵云环不幸遇难。当时有位主持人通过电话采访邵云环的儿子,居然"幼稚"地问道:"妈妈不在了,你难过吗?"

2014 年马航客机失联,家属焦急地等待,记者采访家属问:"您现在焦急吗?"家属有点儿生气地回答:"您这问得有点过了。"

施工现场发生惨剧,主持人居然开玩笑说道:"钢筋把他们像糖葫芦一样串了起来";一位打工青年被机器切掉了 9 根手指,被辗转送到省城医院,匆忙之中将一根手指遗忘在事故地点,主持人居然戏说道:"第 9 根手指忘带来了……"

伦敦奥运会期间,BBC 评论员莎朗·戴维斯采访女子 800 米游泳第三名得主英国选手瑞贝卡·阿德灵顿时,径直问道:"只得铜牌是否感到失望?"立刻有网友在 Twitter 上留言称:"得了铜牌还要对自己'失望'?BBC 的记者还能再冷漠点吗?你自己去游个 800 米试试!"

人文素养,也可以理解为人文精神、人格修养,是以人为对象、以人为中心的精神,其核心内容是对人类生存意义和价值的关怀。主持人首先应该具备人类共有的人文精神,一句简单的提问,一个简单想法的表达,一个简单的玩笑……其实都可以体现出主持人的价值观和人文观。由于主持人人文精神的欠缺造成的节目中的失语表现在很多方面,如揭露他人隐私、过度玩笑、歧视弱者,等等。主持人的失语会引起受众的集体反感,因为这是对人们共有价值观的践踏。主持人作为媒体的代言人,不仅要具备优秀的道德情操和主流的价值观念,而且有责任和义务倡导整个社会重视人文关怀。

(三) 前期准备不足

金马奖颁奖典礼直播时,某电视台主持人和影评人共同预测最佳男主角,主持人说:"王羽这个候选人,我对他不太了解,据说比较老;梁朝伟,已经得过金马奖了;这个李康生,哦,我不太了解……"而事实是,入围名单早在几个月前就公布了,主持人只要稍微利用一下互联网就可以查到详细的资料。

某主持人对话一位著名科学家,说:"都说一位成功男人的背后,必然有一位伟大的女人。您太太一定很支持您的工作吧?"这位科学家委婉地说:"我一直在忙着做研究,都没时间找老伴儿,将来有了的话,应该会很支持吧!"

准确的语言表达与主持人对节目内容的熟知程度有直接关系。如果说知识储备需要长期打磨的话,那么针对每期节目的准备就是指向准确的"迅速充电"。崔永元这样介绍他主持《实话实说》时的准备步骤:"一般是策划先拿出一个策划方案,包括话题走向、统计部门的数字及法规等背景资料。然后我花一两天时间消化,并且自己想清楚,特别是要设想现场可能出现的问题,再去与编导碰。"[①]通常,主持人需要对节目议题和主要人物做尽可能充分的了解。对节目议题的准备包括背景、内涵、发生原因、意义、他人看法等;主要人物包括主持搭档、嘉宾、采访对象等。

(四) 即兴分析应变不足

某选秀节目中,每组两位选手对决,每位评审举牌示意把票投给哪一位选手,当然也可以弃权,现场一共有99位评审。在一轮比赛后主持人一一清点票数,说道:"张同学的得票是55票,李同学的得票也是55票,现在场上再一次出现了平局,他们将加赛……"显然主持人在瞬间没有意识到55加55已经超出了总票数,说明刚才点票时出现了疏漏。

---

① 程青.崔永元实话实说[J].瞭望新闻周刊,1997(2):38-39.

即兴分析是指对现场的环境、事件、信息的即刻理解、分析和解读能力。即兴应变是指根据分析即刻作出判断、决策的能力。对节目主持人而言，事前准备工作不可能做到百分之百，出现预料之外的情况是"常态"，此时主持人在现场的分析和应变能力成为制胜的关键。2007 年央视春晚由朱军、李咏、周涛、董卿、张泽群和刘芳菲六位主持人主持。在零点报时前不到 3 分钟的时间里，主持人出现了"集体性"的口误、抢话、配合失调。节目结束后，有不少媒体以"黑色三分钟"对此进行了报道。后来朱军在其著作《我的零点时刻》中解释："黑色三分钟并非如外界所言，是我们几个主持人之间互相拆台、人为抢词造成的。事情其实很简单，就是由于我们应对危机的经验不足，相互没有配合好，再加上过度紧张，所以接连造成口误。"可见，即使是最优秀的主持人经过相当长时间的准备也不能保证不出现意外情况，这时就要考验主持人的即兴应变能力了。

（五）受众意识淡薄

一位少儿节目主持人问小朋友："我小时候淘气，打破了奶奶的很多器皿，你们干过同样的淘气事吗？"小朋友想了想问："姐姐，什么是'器皿'啊？"

同样，一位少儿节目主持人跟小朋友说："你们都是爸爸妈妈在一起经过化学反应而得来的。"小朋友想了想问："什么是化学反应啊？"

老年节目中，主持人说道："从下周起我们栏目将组织多家医院的专家进入社区为老年朋友义诊，本次活动可绝不是'打酱油'，我们要实实在在为大家解决问题，解答疑惑。"主持人可能没有意识到老年朋友中有多少熟知网络用语"打酱油"。

受众意识是指为受众服务、与受众沟通交流的意识。主持人的每一句话、每一个词都是为了满足受众的信息需求和审美体验，主持人用语必须考虑与受众的年龄、学历、职业、知识背景等相吻合，否则会使传播效果大打折扣。

无论出现何种问题或何种失语，一旦发现，必须纠正，主持人必须具有承认错误的勇气和善于弥补失误的智慧。首先要真诚地承认，进而真诚加智慧地改正。央视二套在 2012 年曾推出一档节目《小崔说立波秀》，由崔永元与周立波一起主持。不过，节目开播后，被广大网友吐槽，称节目"没滋没味笑点低"。很快，崔永元在腾讯微博回应此事，说："真心接受大家的批评，我和立波也有共识，努力再努力，别辜负大家的期待，别小视观众的鉴赏能力，别误导大家的审美倾向，别把可笑当好笑。"倪萍在主持一期游戏节目时，本来要说比赛的规则是把球放进筐子里，但语速一快，竟说成了"把筐子放进球里"。话一出口，她立即意识到了错误，赶紧纠正。她亲切真诚地说道："哎哟，瞧我乐的，把话都说反了。我也没这个本事把这么大的筐子放进这么小的球里啊，应该是把球放进筐子里。"

主持人是媒介的人格化代表,甚至是媒体的形象代言人。失语在大众传播平台上会产生极为恶劣的影响。因此,在即兴口语训练中,我们除了关注具体的语言表达技巧之外,更为重要的是不断增加自己的知识储备,提升人文素养,研究受众并永远心怀受众,尽可能使每一次即兴口语创作达到严谨灵动的效果。

第二章 主持人即兴口语创作方法

"妙语连珠"是人们对精彩话语的一种形容,"精彩"不仅指表达流畅,更指选词组句巧妙、恰切、优美。词语是有色彩的,由词语组成的语句是有色彩的,所以,人类的语言也是有色彩的。不同的词语、不同的句子虽然可以表达一样的意思,但色彩不同,表达效果也不同。语言中的色彩是一个动态系统,与使用者的灵活创作密切相关。对于主持人而言,虽然清晰、准确地传达信息是其首要任务,但吸引受众、提高视听率也是其工作的重要目标。受众对主持人的话语消费遵循这样一个过程,引起注意(attention)——产生兴趣(interest)——视听消费(consumption),所以,主持人需要通过各种手段,说得清、说得真、说得巧、说得妙。

第一节 思维方法

思维是借助语言、表象或动作实现的客观事物概括的和间接的认识,是认识的高级形式①。主持人在即兴口语表达的过程中,运用自身存储的知识,对新接触的信息进行分析、综合、比较、抽象和概括,继而按照一定的方式将其链接在一起,比如形象思维与逻辑思维,定向思维与逆向思维,开放思维与聚合思维,等等。需要特别说明的是,各种类型的思维活动并不能截然分开,它们往往相互渗透、相辅相成。

一、形象思维

形象思维是用直观形象和表象解决问题的思维方式。主持人运用能为视、听、触、嗅等感官所感知的图形、图像和形象性的符号,在感受、储存的基础上,结合主观认识

---

① 彭聃龄.普通心理学[M].修订版.北京:北京师范大学出版社,2004:246.

和情感展开审美和科学判断,并用口语创造和描述形象,从而实现表情达意。形象思维具有生动性、直观性和整体性的特点。例如,北京音乐广播《零点乐话》主持人伍洲彤与听众的一段对话中,就使用了形象思维。

听　众:我和我男朋友很相爱,但是我们都没什么钱,在这个城市生活得有些艰难;可是最近我的上司也开始追求我了,给我买各种各样的衣服、首饰,满足我所有物质上的需要,但是我并不爱他。昨天我过生日,男朋友送了我一束玫瑰花,20朵,很精致;到办公室一看,我的桌子上竟然放着一捧更大的,99朵,是我的上司送的。我现在觉得心里很矛盾,该怎么办呀?

伍洲彤:选择?是要红汤还是要白汤,白汤有营养,红汤刺激过瘾,你就不能要个鸳鸯锅吗?不都解决了吗?哦,对了,恋爱不是吃火锅,不能一嘴吃两口锅。那你就想想,谁是你最爱的人,我可以用一首歌来帮你想,它就叫《我最爱的人》。什么?他是不是最爱你的人?你最爱的人和最爱你的人,这不就是20朵和99朵的关系吗?想想对吗?

(听歌《我最爱的人》)

伍洲彤:听完歌,我解释一下,这20朵和99朵对于你来说就好比你爱的人和爱你的人,我觉得,你可以把那99朵花摆在办公室里,然后抱着20朵花回家。理由很简单,99朵太沉,一个女孩子抱不动。可20朵正好一束,手捧着轻轻松松就走了。其实我有些话没说,你自己好好琢磨琢磨吧。

主持人并没有直白地告诉听众不要因为物质而放弃真爱,而是将不同数量的花比作你最爱的人和最爱你的人,再借助音乐的情境化感知,既表明自己的看法,又委婉地给出建议。

即刻训练

1. 根据下列图片谈谈感受(文前附有下列图片的彩图)。

图 2-1　　　　　　　　　　　图 2-2

图 2-3

图 2-4

2.听音乐谈感受。
（1）小提琴协奏曲《梁祝》；
（2）歌曲《外面的世界》。

二、逻辑思维

逻辑思维，是人们在认识过程中借助概念、判断、推理等思维形式能动地反映客观现实的理性认识过程。主持人把通过感性认识获得的对于事物认知感受的信息材料抽象成概念，继而运用概念进行判断，并按照一定的逻辑关系进行推理，从而产生新的认识，尤其是意见性信息。逻辑思维相对形象思维来说，更为规范、严密，具有确定性和可重复性。《2016，投资不易》中，中央人民广播电台中国之声评论员许树泽就充分运用了逻辑思维。

2016，投资不易！

今天是2016年的最后一天。投资者这一年有太多的不易。《创业维艰》这本书说创业是比艰难还更加艰难的事。如果我们也用四个字来对照，那就是投资不易。

什么叫投资不易？

首先，它不容易。

这一年我们在股灾的熔断序幕下开场，在"萝卜章"的债灾当中落幕。这一年的年头，市场的暴跌，叠加离岸人民币暴跌和香港市场的崩溃。在那一刻，我们说坚持住，多年后回看，你会为自己那一刻的勇敢点赞。其实用不了多少年，仅仅几个月，香港和内地市场开始企稳。

但是在市场瞬息万变和千钧一发的危急时刻，没有几个人能真正做到有魄力。所以它是不容易的。

其次，它是变化的。

"易"在汉语里有改变、变化的意思。市场是一直在变化的，甚至变化趋势大大超乎所有人预期。比如说在上半年,欧洲和日本在执行负利率,全球流动性的洪水泛滥,冲垮了纸币的信用和最后的避风港。所有人形成一致预期,认为2016年最值得投资的就是黄金。可是下半年形势风云急转,特朗普登场和强势美元突袭全球市场,美元集结号吹响,全球收割流动性,于是黄金开启了持续五六个月的下跌。

这件事情值得我们反思,到底什么是确定性?投资不易,在于你用了毕生积蓄,去买了一个你很可能并不了解,甚至并不确定的东西,这就是不易,甚至是风险。

那么,未来什么是确定的?大家说美国经济复苏和美元加息,美元走强是确定的。但你要当心,一致预期一旦形成,事实又可能会反转。

没有人去研究美国政府的债务。你知道美国现在的政府债务是多少吗?美国现在的政府债务在20万亿美元。这是一个非常可怕的数字。2011年前后的一个夏天,美国政府债务曾经差点破产。假如继续大幅连续加息,美国就要支付更加高昂的债务利息。

美国现在一边用减税勾引"曹德旺们",一边有巨额的债务要去清还,这根本就是一个悖论。当债务被迫必须清算的时候,就要卖股票,卖房子,卖资产。所以美国加息是不是像大家想的那么确定,请各位三思。

投资不易的第三点,我们想跟大家说的就是,不变。

投资方法不能变,耐心和坚持的价值是被大家低估的。我们昨天和各位分享了,为什么风口这个概念是非常危险的。

投资当中,如果用一条金线和准绳来衡量那个不变的东西,那么它就是价值不变。企业需要不断创造价值,投资者需要不断去发现价值,并非只有风口才能带来价值,今年旧经济的表现是非常好的,尤其是煤炭、钢铁。

2016年年初,没有人看好便宜的大公司,大家认为它们没有价值,我们的市场永远喜欢"炒小""炒差""炒新"。但是事实再次证明,投资是一条少有人走的路和少数派的胜利。因为万科、格力这些"中国好公司们",它们连续被保险公司举牌。虽然说现在恶意收购被监管部门叫停,但是另一方面,它们长期被掩盖的价值已经被市场重新发现。

除了股市里这条规律被应验,另外当时楼市的观点,大家一致认为京沪永远涨,认为地王之后还要暴涨,但最终的事实恰恰相反。我们先于市场,并提出与多数人并不相同的观点,最终应验。未来,我们依然还会勇于坚守价值,做一个市场中的少数派。

认可价值,这是2016年市场最值得欣慰的地方,这就是投资不易,那个不被改变,也永远不会变的准绳——价格终究向价值回归。

2016,投资不易,还好,一路有你相伴。

(中央人民广播电台中国之声评论员许树泽财经专业自媒体"树我直言")

以上评论给出了2016年投资市场"投资不易"的结论,并在"不容易"到"变化"到

"不变"地梳理中,分三个层次分析为何不易。同时举例深入分析了"不容易"当中的魄力和勇气,"变化"中的确定性以及"不变"中的对价值的认可和坚守。这一段口语表达层次清晰,逻辑严密,环环相扣,层层推进,有理有据,一气呵成,提出中肯又有建设性的建议。

即刻训练

1.请从整体上评价2018年你看过的电影、电视剧或综艺节目,要求观点明确,思维清晰,有推理论证的过程。

2.请把握下列每组图片内部的逻辑关系,谈谈你的看法(文前附有下列图片的彩图)。

(1)第一组

图 2-5

图 2-6

(2)第二组

图 2-7

图 2-8

三、发散思维

发散思维,是指大脑在思维判断的过程中具有开放性的视野、多维多元的角度、多层次的认知,从而形成一个立体多面的思维模式。主持人运用发散思维来分析解构一个话题,往往可以从时间上探求事物发展的来龙去脉,在空间上构建点、线、面纵横交错的思维导图,发掘事物之间存在的普遍联系并将其有机关联。发散思维,也被称为创造性思维,它看起来无拘无束、天马行空,实则潜藏着千丝万缕、密不可分的联系。发散思维是主持人形成开放、灵活、缜密的优质口语的重要基础。来看主持人白岩松在《新闻周刊》节目中的一段评论。

疗伤八年

对于因地震而致伤致残的人来说,康复是一个实打实的漫长的过程,这种康复需要自己与社会的双重关照。比如,大到环境中的无障碍设施,小到家庭中的马桶、灶台、灯绳的改造等,而对于患者自己,如何在医生和他人的指导帮助下慢慢康复、恢复身体的机能,是提高生活质量、少依赖他人、然后能够回归社会的关键。然而,这一漫长的过程不仅需要时间、毅力,也需要金钱和保障。从2008年12月31日起,对地震伤员的免费治疗就已经停止,从那之后,他们就成了相对普通的患者。费用中的大比例可以通过新型农村合作医疗来报销,但剩下的那部分依然让好多人出不起,疼了吃点止痛药扛一扛。这个时候,或许我们也会想,医疗的公益性如何通过改革更快地照亮这些伤员的生活,让他们减少伤病,更快地回归社会与生活呢?

这期节目是2016年播出的,节目中做了"5·12"汶川地震八周年纪念的专题。汶川地震中不少脊髓受伤、瘫痪的重伤员,生活不能自理,丧失工作能力,一系列问题已经伴随他们八年。康复,仍然是个遥远的话题。白岩松从无障碍公共设施、家庭生活设施、患者自身的康复训练、患者所承受的经济压力以及医疗的公益性改革等方面发表了建设性意见。发散思维,不是随意创造,而是基于核心内容的相关元素的网状勾连和扩散。

即刻训练

1.借助下列每组的三个词语,讲述一个故事或发表一段感言。要求:每个词语都有实质意义,成为表述中的关键信息点。

（1）地铁、出租车、自行车；
（2）小丑、警察、洋娃娃。
2.看下列图片谈谈感受。
（1）变形金刚；
（2）眼镜。

图 2-9　　　　　　　　　　图 2-10

四、聚合思维

聚合思维，又称求同思维，它与发散思维相对应，是把广阔的思路聚集成一个焦点的有方向、有范围、有条理的收敛性思维方式。主持人依据话题内容从不同来源、不同材料、不同层次中理出主线，抓住本质，把握明确的整体目标并不断推进。经由聚合思维，主持人语言的目的性、深刻性更易于体现。来看主持人白岩松在《新闻周刊》节目中的一段评论。

机会之旅

或许，这次大陆行也可称之为"机会之旅"。首先，对国民党来说是机会，国民党前副秘书长张荣恭，此次来大陆前说过一句话，"如果蔡英文与大陆能够交流，国民党就没有空间了"。然而，正是目前的状况，让国民党依然承担着桥梁之责。接下来，是两岸关系不走向冰冻的机会。水流着就不会结冰，不仅两岸民间有交流，国共两党的定期交流，更是让水始终在流动的关键，这是两岸保持和平的机会。最后也得想，何尝没给民进党机会呢？如果顺应大势，回到"九二共识"上，民进党也能冲破自设的障碍，迈上新的高度，这是有可能的，只是看它会不会抓住这机会罢了。

台湾当局新领导人蔡英文就任以来，对"九二共识"采取模糊态度，导致两岸沟通机制停摆,关系陷入冰点。2016年11月1日,国民党主席洪秀柱进行就任后的首次大陆行。主持人白岩松在《新闻周刊》节目中对此事进行评论,论点是"机会之旅",并从国民党、民进党及两岸关系等几个层次展开论述,语言简洁,逻辑清晰,态度明朗。

此外,发散思维与聚合思维往往相辅相成,既通过发散思维展现事物的普遍联系,又通过聚合思维把握事物的本质。

即刻训练

1.请介绍一款互联网产品(App或公众号)。要求:从多个角度和层次进行推介,最终达成结论性推介意见或建议。

2.选取一位自己喜爱或熟悉的歌手,对其演唱风格进行评价。

五、纵深思维与逆向思维

纵深思维,是指从常见现象着眼,从一般定论入手,使思维向纵深发展。主持人往往在一般人认为不值得一谈的小事或不值得再做进一步探讨的定论中,通过层层解析,挖掘出事物的本质。

逆向思维,也叫突破性思维,是指打破固有的思维和大多数人具有共性的思维方式。主持人分析一种现象时,应该看到其正反两方面的关系。如果我们对同一现象进行换向思考,会把这一现象认识得更为全面和深刻。当然,逆向分析不是故意制造"轰动效应",而是通过向传统观念挑战以获得对变化中的事物更客观、准确的评价。这也是主持人即兴口语创新的重要途径。来看主持人白岩松在《新闻周刊》节目中的一段评论。

童工:被"工作"的孩子

违法企业当然要查、要打、要罚,但关键还要回到源头:让年纪小小就要出去打工的孩子,开始想上学、能上学,并且生活能改善。孩子被送回家,上不了两天学,又想着出去,然后一切又开始循环,何时是尽头?但愿这一次,我们也能把童工事件纳入精准扶贫的框架内,精准关心、精准解决。

江苏常熟的一些服装厂被曝光雇佣13岁到15岁的童工。孩子们一天工作15个小时,一个月只能休息两天。比雇主的盘剥更可怕的是促使这些农村孩子辍学打工的"读书无用论"。针对童工事件,首先要追责的便是违法企业以及与此相关的政府管理部门等,这属于纵向思维的范畴。而反向思考,违规工厂和这些辍学打工的农村孩子为何一个愿打一个愿挨？重新打量受害者，我们才看到深藏在这些孩子心中的"读书无用论"，这才是问题屡禁不止的根本原因。再度纵向深挖，透过现象看本质，这个问题更深层次的原因是贫困，不仅有经济上的贫困，也有精神上的贫困。孩子在贫困驱使下为眼前利益所吸引，早已没有了读书成才的宏图大志，社会经济鸿沟与知识鸿沟急剧扩大，甚至在人格塑造上也产生了巨大的影响。至此，才能得出白岩松所提出的结论性建议——精准扶贫，要精准关心、精准解决。由此，我们看到纵深思维与逆向思维同样是相辅相成、相互交织，共同作用于问题的深挖和细化。

即刻训练

1.请结合"快与慢""虚与实""强与弱"分别做即兴口语表达。要求：请用纵深思维与逆向思维来阐述每组对比词。

2.从正反两方面谈谈对下列事物或现象的看法。

（1）网络直播；

（2）网络购物。

第二节　语言创意

一、语音创意

语音创意是指利用汉语普通话的发音规律或特点，制造表达亮点。其中最常用的是"押韵"和"谐音"。

"押韵"也作"压韵"，诗词曲赋等在句末或联末用同韵的字相押。诗歌押韵，使作品声韵和谐，便于吟诵和记忆，具有节奏美和音韵美。诗人臧克家曾说："压韵确是增强节奏的一种手段，有如鼓点，它可以使诗的音强更加响亮，增加读者听觉上的美感。"[①]这种音韵美、节奏强、易记忆的特点也正是主持人口语表达的需要。

"谐音"是汉语表达中一种常见的修辞手法，是利用同音或近音字来代替本字的一种修辞手法，一种语言创新方式。例如：国色天香—国色天湘，玫瑰花—没钱花。汉语普通话共有21个声母、39个韵母、4个声调，有418个无声调的音节、1 332个带声调的音节，其中常用音节100多个。一个音节与几个、十几个甚至几十个汉字相对应。这种语言特点为利用谐音进行创作提供了天然的条件。主持人在节目中根据情境使

---

① 王希杰.汉语修辞学[M].北京：商务印书馆，2004：184.

用这种表达方式会有吸引注意力、增添趣味性、加深记忆力的效果。

主持人与某位著名小提琴家交谈后对其作出这样的评价:"您不仅琴声四海,而且情深似海。"

针对近年来租女友回家过年的现象,主持人评说道:"租个女友回家过年,甚至租个老婆来应付场面也已经不再耸人听闻,但希望终身大事别变成人生大戏。"

某支刚刚冲上中超的球队提出比赛目标"保三争一"。主持人评论说:"这会是一个神话,还是一句闲话呢?"

主持人:"这位小朋友刚才在游戏环节中的表现,倒是让我觉得他天生有戏,过几年报考表演专业定能有喜。"

主持人使用谐音不是追求形式,而是要恰如其分地表达语意。

除了押韵、谐音之外,还可以发掘具体字音的特殊含义,制造特殊效果。

《焦点访谈·和平使沙漠变绿洲》节目中,主题是约旦和以色列两国签署有史以来第一个和平协定,主持人水均益在演播室对话两国大使。水均益询问两位大使"和平"一词在阿拉伯语和希伯来语中如何表达,然后立刻意识到这个核心词在两国的语言中发音非常相近,于是即兴点评,"在两个民族的语言中,'和平'一词的发音极为相似,这表明他们对待和平的一致追求。"

即刻训练

1. 补充词语,搭配句子。

例如:先心动,再行动,先有学习,才有学业。

先_____再_____;先_____再_____;先_____再_____。
先有_____才有_____;先有_____才有_____;先有_____才有_____。
重_____轻_____;重_____轻_____;重_____轻_____。

2. 利用成语谐音造句,成语自选。

例如:坐以待毙

你这样天天守在家里不工作,"坐以待币"等着领低保,纯属坐以待毙。

3. 利用谐音造句。

例如:我对这座城市的"留恋"就像"榴莲"的味道一样,特殊而持久。

二、语义创意

语义创意有两层含义:一是主持人根据具体语境或已有的话语内容创造出新的词语;二是主持人在一定语境下对已存在词语、固有说法作出新的解释。这些词语的新造和语义的新解,不仅要新颖,还要有趣,切不可勉强为之。

汪涵的语义创意:

三心二意——让父母放心,让爱人开心,让领导省心;对女人善意,对男人随意。

我们常常把恋爱形容得很美,但我认为并不完全是那样。恋爱也是一种互相伤害,是赋予一个人伤害你的权利,是使智商迅速下降的赌徒的游戏。

我父亲是江苏人,母亲是湖南人,所以我是个"江湖人"。

孟非的语义创意:

《非诚勿扰》一期节目中,一位男嘉宾把自己的服装借给了其他男嘉宾,一位日本的女嘉宾热心地帮助听不太懂中文的毛里求斯女嘉宾翻译,现场一派友爱祥和的气氛。主持人孟非借助女嘉宾所提到的"互帮互助的和谐社会",生动地阐释了自己对"和谐"的理解。他说:"和谐的'和',左边这个'禾'是水稻的意思,右边一个口就是人能吃饭;和谐的'谐'左边是个言字旁,右边是个'皆',皆就是都的意思。人人有饭吃,人人都能说话的社会,就是和谐社会。"

孟非巧解"和谐"

对人们耳熟能详的成语、谚语、歇后语、诗句以及约定俗成的说法等进行改编,使之易于受众理解,且风趣幽默。

水能载舟,亦能煮粥。

问世间情为何物?一物降一物。

两个豪门变衰柳,一支火箭上青天。(对 NBA 火箭队比赛的报道)

每一次"事故"后面都必然有一个悲惨的"故事"。

每一个有"情感"的人在一处久了都会产生"感情"。

即刻训练

1.请对下列词语作出非常规意义的解释,要有新意且有说服力。

例如:"微笑"是一种无国界的语言。

老鼠　婚姻　手机　粉丝　英雄　饥饿　战争　货币　星座　微信

2.创意同义词训练。请为下列词语先找一个创意同义词,然后解释。

例如:"懒惰",创意同义词"怀旧",解释为:很多事情不是不愿意去做,而是喜欢原有的状态,就好像我从不叠被子,主要是依恋前一天睡过的被窝和温度。

巨人　汽车　手机　信任　书籍　旅游　留级　奋斗　首都　歌星

3.倒装造句,句中必须含有倒置型的一组词。

例如:嫉妒别人的人并未发现自己也被别人妒忌。

三、修辞创意

口语表达与书面表达一样,都有通过修辞使语言更加优美、表达更加形象的需求。比喻、拟人、排比、夸张、对仗等都是主持人常用的修辞方法,加上主持人专业的表达,修辞的美感在主持人口语表达中表现得更为充分。这些修辞方法本身并不新颖,也不具备绝对的使用难度,但用得适时、贴合环境,并非易事,需要主持人根据已有知识和当下情境即兴创作。

(一)比喻、拟人

比喻是用跟甲事物有相似之处的乙事物来描写或说明甲事物,不仅可以使表达形象化,还可以使复杂问题简单化。比如这样一句评价:有些主持人中规中矩,就像端着"火锅"做节目,既怕烫着别人,又怕烫着自己。这句话用"端着火锅"这一比喻,把有些主持人不温不火、毫无个性的主持特征生动展现出来,简洁明了。

亚俱杯恒大夺冠后的节目中,主持人感叹道:"在足球和地产谈的一场又一场的恋爱当中,最轰轰烈烈的可能是恒大的这场恋爱。"

在一期讨论中国建筑保护问题的节目中,谈到中国建筑只有建设费用,没有维护费用,主持人说:"这就好像允许你买鞋,但不允许你买鞋油。买了皮鞋要经常打油,大楼和工业建筑也要保养才能长寿。"

拟人则是用描述人的词句来说明物,使某些事物具备人格化的特征。语义灵活生动,饶有趣味。

2015年年底,习近平出访英国,主持人对英国皇家骑兵卫队的马匹做了现场报道:"我们从英国皇家骑兵卫队了解到,……早在今年9月初,他们就从肯特草场召回了正在休假的马儿,这样呢,这些马儿就有6周的时间进行形体的恢复和精神状态的准备……"

即刻训练

1.补充完成下列比喻句。

例如:春天像小学,成长;夏天像初中,快乐;秋天像高中,萧索;冬天像大学,毕业后要失业吗?

(1)幼儿园是……,小学是……,初中是……,高中是……,大学是……

(2)主持音乐节目像……,主持评论节目像……,主持娱乐节目像……,主持情感节目像……

(3)领导是……,下属是……,同事是……,朋友是……

2.用一种水果比喻自己的性格,以不同的乐器形容身边的同学,并进行解释。

3.用不同的颜色比喻人生的各个阶段,并进行解释。

(二)排比

排比是用一连串内容相关、结构类似的句子成分或句子来表示强调和一层层的深入的修辞手法。一连串的排比表达会让受众感到条理分明、层次清楚、感情洋溢、节奏和谐,甚至朗朗上口、气贯长虹,极大地增强口语表达的效果和气势。

我们不能把技术是先进的,就等于合格,就等于我们拥有信心。话为什么要这么说呢?仅仅技术先进,但是你的管理是否先进,整个运营给予的实验答案是否先进,监督是否先进,对人的尊重是否先进,所有的细节是否先进?归根到底,综合下来你的运营能力是否先进。如果综合下来的运营能力是先进的,我们才可以说,它是先进的,是合格的,我们才会有信心。(《新闻1+1·中国高铁:重建信任!》)

在这场人与自然灾害的抗争中,战士们的双手托起了生的希望;医务人员的双手搭建了心灵的避风港;献血者的手为伤员传递了力量;捐助者的手献出的涓涓细流,汇成了爱心的海洋。而近十万志愿者自发深入灾区,救助受灾群众,他们用双手为灾区奉献着自己的力量。一双手是单薄的,亿万双手握在一起,就凝聚成战无不胜的力量。这种力量可以冲破一切艰难险阻,为中华民族创造明天的辉煌。(《新闻联播·亿万双手的力量》)

我曾对一个女孩说,儿童时代,我们没能在一起过儿童节;青年时代,也没能在一起过青年节。但现在,我请你嫁给我,以后我们一起过父亲节、母亲节,老了以后,我们还可以一起过重阳节。

贝尔29岁发明了电话,村上春树29岁开始写小说,斯皮尔伯格29岁拍出了《大白鲨》,乔布斯29岁发布了第一代苹果电脑,我一直坚信下一个29岁呼风唤雨的人肯定是我!

即刻训练

1. 一期讨论成长的节目中,最后以"时间流逝"为排比词,组成排比句,进行总结。
2. 一期婚恋节目中,讨论爱情是什么,请以排比句进行表述。
3. 一期求职节目中,以一组排比句表达什么是事业的成功。

(三) 夸张

夸张,是为了达到某种表达效果的需要,对事物的形象、特征、作用、程度等方面着意夸大或缩小的修辞方式。主持人的语言具有超越生活语言的艺术性,需要调动受众、感染受众,所以,主持人常在有声语言和行为语言中运用夸张的表达方式。在娱乐节目、脱口秀节目中,主持人口语中夸张的修辞方式更为多见。比如,湖南卫视《快乐大本营》的快乐家族为了渲染节目的快乐氛围,做各种夸张的表情,发出各种夸张的声音;美国有线电视台TBS夜间脱口秀节目《柯南秀》主持人柯南·奥布莱恩善用夸张的行为语言。但主持人的夸张必须"适度"。下面两段主持人口语就运用了夸张的修辞方式。

迪拜爆发大规模的金融危机后,无数温州炒房团损失惨重,但他们发扬"迎难而上、艰苦奋斗"的精神,坚持一不怕套牢,二不怕割肉的"光荣传统",高举有风险要炒,没有风险创造风险也要炒的"伟大旗帜",重新制定了下一步的置业目标。白宫、白金汉宫、克里姆林宫、五角大楼、国会大厦等多处房产将成为他们的下一步收购目标。看呐,我们光荣的炒房儿女重新扬起了生活的风帆。有了这样坚定的信念还有什么是他们不敢炒的呢?

没想到报名参加我们第100期节目录制的观众会有这么多,而且导演告诉我基本都是看了所有节目的忠实观众,其中还有我的领导,现在我是压力山大啊,全身上下都在冒汗,包括指甲啊。

即刻训练

1. 请以夸张的方式表达"幽默"的好处。
2. 宇航英雄做客你主持的访谈节目,请做一个夸张的嘉宾出场介绍。
3. 春节免费最后一天,高速公路大拥堵,请做夸张的描述。

(四)对仗

对仗又称排偶,是诗歌格律的表现形式之一。它是把同类或对立概念的词语放在相对应的位置上使之出现相互映衬的状态。在口语中使用对仗,具有增强话语韵味和表现力的作用。请看以下主持人口语中对仗的使用。

针对目前全国各地保障房空置问题,主持人总结道:"一边是有人没房住,一边是有房没人住。"

某演出冒雨进行,当演员演完折子戏《九斤姑娘》后,主持人说道:"我们刚才看到了舞台上有趣而感人的一幕:演员在冒雨表演,工作人员一个接一个地在后面为他们打伞,一步一跟,就这样,两位演员还是湿透了全身,那位'九斤姑娘'现在已经成了'十斤姑娘'了。"

主持人对柳传志说:"从秀才到商才,能跟我们分享一下其中的感受吗?"(柳传志原工作于中科院)

即刻训练

1. 以对仗的形式完成下列语句。
   (1)战争很……,但战士们很……
   (2)留下的是……,失去的是……
   (3)有时间……,没时间……
   (4)爱你是因为……,恨你是因为……
2. 请以反转式对仗的方式组织话语,例如:有人把学习当游戏,有人把游戏当学习。
3. 请以对仗语句的形式描述下列事物,例如:他,头脑有态度,心里有温度。
   蜜蜂 乞丐 财富 仙人掌 熊猫 王子 屠呦呦 玫瑰 父亲 网友

四、改编创意

改编是一种很有效的创作形式,一般是指在原有作品的基础上,通过改变作品的表现形式或者用途,创作出具有独创性的新作品。主持人即兴口语的改编主要是指对大家耳熟能详的文章、歌曲、台词等内容的替换,表达新的意思,而原有作品的形式、架构不变,即旧瓶装新酒。

足球评论员董路根据黄健翔在2006年世界杯上夸张的一段解说,改编成一段脱口秀:"包袱,好的,抖开了!逗笑他!相声!相声!相声!郭德纲立功了!郭德纲立功了!不要给小品任何的机会!伟大的民间的艺术家!他继承了中国相声的光荣传统!侯宝林、马三立、刘宝瑞,在这一刻灵魂附体!郭德纲一个人,他代表了中国相声悠久的历史和传统!在这一刻,他不是一个人在瞎逗!他不是一个人!鼓掌呐!演出成功啦!董路获得了胜利!淘汰了足球解说员!他没有第一次演砸在民族宫的剧场!伟大的董路!伟大的客串的相声演员徐德亮今天生日快乐!德云社万岁!胜利属于董路!属于黄健翔!属于张靓颖!……"

我听一个报社朋友说起一件往事,当年她在电视台打杂,乱哄哄的后台里碰到了李健。她是个美女,而李健那时非常年轻,也不出名,李健没问她要电话,只轻轻对她说:我觉得你不应该在这儿……这场景让我想起张爱玲的那句话,"时间的无涯的荒野里,没有早一步,也没有晚一步,刚巧赶上了,没有别的话可说,唯有轻轻地问一声'噢,你也在这里?'"而用在李健的身上,则变成了,"时间的无涯的荒野里,没有早一步,也没有晚一步,刚巧赶上了,没有别的话可说,唯有轻轻地问一声'噢,你不应该在这里……'"

即刻训练

1. 改编歌曲《花儿为什么这样红》,表达对美好世界的祝福。
2. 自选歌曲改编,描述电视人工作的艰辛。

五、幽默创意

俄国文学家契诃夫说:"不懂得开玩笑的人,是没有希望的人。"著名剧作家萧伯纳说:"没有幽默感的语言是篇公文,没有幽默感的人是尊雕像,没有幽默感的家庭是间旅店,而没有幽默感的社会是不可想象的。"莎士比亚说:"幽默和风趣是智慧的闪现。""幽默"一词是林语堂于1924年从"humour"翻译而来的。《现代汉语词典》(第7

版)对"幽默"的解释是:"有趣或可笑而意味深长。"① 从这一定义可以看出,幽默不是简单的嬉笑。尤其是具有文化传播者身份的节目主持人,其幽默更着重体现在语言表达戏谑的同时不失儒雅,在明确的目的导引下,蕴藏着深厚的内涵、哲理和意义。例如《是真的吗?》《今晚80后脱口秀》等节目中,轻松搞笑的语言背后渗透着主持人对社会热点、社会现象的思考与评价。

幽默可以分为情景幽默和言语幽默。情景幽默是说场景本身存在的不协调或歧义产生的幽默,如滑稽剧中的滑稽场面、漫画、幽默摄影等,或者是言语对幽默情景的记录,引人发笑的是言语中的场景,而不是言语本身。言语幽默是用语言制造幽默,包括语言表达幽默和语言创造幽默。前者是指把好玩的事用幽默的语言表达出来,后者是指借助语音、语调、词汇、语法等各种元素在语言表达中创造出幽默。但二者并非界限分明、孤立存在,而是你中有我、我中有你。胡范铸在其著作《幽默语言学》中谈到"语言—心理"结构即为幽默话语的深层结构,主要表现为三种结构:言语逻辑的突然转向,造成心理期待扑空,即一种"突然化为乌有的期待";违拗语言体系的规定性,造成经验与现实的矛盾,是一种审美主体的经验观念与话语组合事实的矛盾而产生的诙谐滑稽的乐趣;言语卑俗化或言语活动技巧化,造成感情郁积的巧妙释放。② 主持人的幽默是主持人在特定的节目语境中,通过有声语言和副语言制造有趣的、令人开心的信息并能够被节目受众有效分享的语言能力,运用中同样遵循这三种基本的结构和规律。在追求节目亲切化、轻松化的今天,主持人具备制造幽默的能力非常重要。幽默不仅可以营造欢乐的气氛,还是化解尴尬场面的良方。言语间产生幽默的方式很多,没有固定的格式,这里介绍几种较为常用的方法。

(一) 出人意料式幽默

出人意料式幽默是指话语内容与大多数人预先能想到的内容完全不同,或者说没有按照通常思维、通常规律组织话语内容,给人以出人意料的感觉,但又夹杂着风趣。这个方法类似相声中的"抖包袱"。前面的叙述是铺垫,即"系包袱",后面突然的思维变化是"抖包袱"。比如有位先生晚上七点多去老同学家,同学亲切地问"你吃饭了吗?",在同学面前他也就不客气地直说:"还没。"按照人物关系和对话情境,对方应该会说:"那我给你弄点吃的。"没想到这位老同学来了句:"噢,挺好,晚上不吃饭挺好。"这就是所谓的不按常规逻辑交流。幽默多多少少都具有出人意料之处,因为幽默本身就是和谐中的不和谐,不和谐中的和谐,出人意料式幽默着重强调思维的转折和内容的超乎预期。美国著名主持人穆哈米曾在一场晚会中与老艺人雷利有这样几句对话:

---

① 中国社会科学院语言研究所词典编辑室.现代汉语词典[M].7版.北京:商务印书馆,2016:1582.
② 胡范铸.幽默语言学[M].上海:上海社会科学院出版社,1987:109.

穆哈米：你还经常去看医生？

雷　利：是的，常去看。

穆哈米：为什么？

雷　利：因为病人必须常去看医生，这样医生才能活下去。

穆哈米：你常去药店买药吗？

雷　利：是的，常去。这是因为药店老板也得活下去。

穆哈米：你常吃药吗？

雷　利：不。我常把药扔掉，因为我也要活下去。

出人意料式幽默加上冷静的表达方式，可以称之为"冷幽默"。冷幽默是一种看似不温不火，却在不经意间流露出的幽默。讲述人没有夸张的语言和动作，却让人陡然间顿悟、大笑，回味无穷。以上对话就是典型的冷幽默，这种幽默方式在欧美国家非常流行。有一种被称为"站立式喜剧"的表演形式，就是一位讲话者面对话筒，表情平静，语速正常，却引得台下哈哈大笑。

即刻训练

1. 讲一个生活中好玩的故事。
2. 不限题材，自编幽默段子。
3. 请就下列材料，创作幽默段子。

（1）"魔术"在我国一直是一个"出镜率"相对较低、"关注度"相对较低的艺术。自从刘谦火了，魔术也跟着火了起来，各地魔术师也跟着活跃起来，还冒出好多为刘谦魔术揭底，并声称自己魔术表演得更好的魔术师。

（2）这几年中国电影市场火爆，有点儿钱的人都想投资电影业，有点儿才的人都想写剧本。

（二）曲解语音语义式幽默

所谓"曲解"并不是因不理解而误解，而是故意打破惯有的思维或意义，在产生"错误"的同时产生笑点。例如，有一次著名画家惠斯勒邀请马克·吐温去他的画室欣赏他刚完成的一幅新作，马克·吐温大大咧咧地伸手欲触摸这幅画，这时惠斯勒着急地喊道："嗨，先生，当心！你没看见这画还没干吗！"而马克·吐温却幽默地说："哦，没关系，我戴着手套呢。"马克·吐温将惠斯勒所关心的中心物"画"转移成自己的"手"，这显然是故意曲解其意。幽默中对语音和语义的曲解常常是融为一体、共同表现的。

浩　二：我如果为了拿到永久居留证……

汪　涵：永久拘留证啊,哎呀,你要拘留很容易的。

田　源：那得跟望城派出所说。

吴宗宪：我跟你讲,你不可能有 facebook 的,你的 face 那么大 book 怎么能放进去呢?

即刻训练

1. 以幽默的方式解释下列词语。

例如:电视剧——插在广告中间的节目;情圣——情场剩下来的生物;贤惠——闲在家里什么都不会。

白领　气质　表妹　长寿　土豪　铁丝　冲浪　游戏　话剧

2. 用幽默的语言完成下列对话。

(1) 嘉宾:我想请问你们主持人是怎么做到总是面带微笑的呢?

主持人:_____

(2) 女嘉宾:我一直觉得自己长得太高了!(该女生一米八五)

主持人:_____

(3) 女嘉宾:其实土豪也没什么错啊!

主持人:_____

(三)戏谑式幽默

戏谑式幽默是指以一种"友善使坏"的方式制造幽默,常用手段有挖苦、讽刺、揭短等。戏谑对象包括:主持人自己、主持搭档、嘉宾、参赛选手等节目中各类参与主体。

1. 自我戏谑

自我戏谑是指通过嘲讽、戏弄自己获得笑点,而主持人本身的弱点往往会成为戏谑的素材。比如某位男主持人身高 1.65 米,这本是一项弱点,可这位主持人却能够以此为搞笑点,说:"就我这身板儿,妮可·基德曼(身高 1.8 米)看了都着迷。"自我戏谑往往包含一定的夸张成分,通过夸张放大问题进而产生笑点。

谢　娜:那不如我就来告诉大家,你到底嫉妒我什么吧。你嫉妒我眼睛比你小,嫉妒我胳膊比你粗,嫉妒我小学没毕业,没毕业!

汪　涵:长得漂亮的小男生会被老师选去练舞蹈,像我只能被选去打篮球。

2.戏谑搭档

戏谑搭档是很多主持人团队惯用的一种幽默方式,主持人之间互相戏谑,不需要考虑对方的承受力,默契程度较高。

田　源:你为什么扎辫子?

汪　涵:因为2012就要过去了。

田　源:是。

汪　涵:非常地不舍得,扎个辫子把脑门露出来,撞墙方便。

李　彬:原来是大名鼎鼎的宪哥啊!哎,宪哥长得好啊,如果不是个头矮了些,早可以来大陆发展了,哪用等到现在啊!

吴宗宪:就是啊,还是你长得好啊!不仅个头高,人也帅!尤其是那对眼睛,长得跟咱台湾的明星萧亚轩(眯眯眼)似的!

3.戏谑嘉宾、选手

主持人在与嘉宾、选手甚至现场观众交流时,可以利用对方的某一特点或语言情境中的某一机会制造幽默。需要注意的是,主持人要对戏谑对象的性格、接受程度有一定了解和判断,切不可以因为言语过度而令他人无法接受,使节目陷入尴尬。

主持人:在这部新戏里,你演什么角色?

嘉　宾:我演一个智障青年。

主持人:哦,那导演有没有跟你说,这个角色你按照本色出演就好了?

郑元畅:何老师,如果有什么冒犯之处,请见谅。

何　炅:没关系,你得罪了我,还是可以在演艺圈立足的,只是立足的地方小一点。

谢　娜:何老师恐吓嘉宾。

何　炅:我在娱乐圈并没有什么势力,你不要怕。

即刻训练

1.根据自己某一方面的特点和班里同学的某一特点,如:长相、身高、语言等,完成一段戏谑式幽默。

2.用戏谑式幽默完成下列对话

(1)女主持人:整形有什么不好,怎么这个词有点贬义?

男主持人:_____

(2)嘉宾：我是觉得同行之间应该互相学习，而不应该相互视为敌人。
女主持人：是啊，就像我们之间。（看了一下身旁的男主持人）
男主持人：_____
(3)男主持人（A）：看我今天穿的这件马甲怎么样，前面红后面黄，很特别吧！
男主持人（B）：_____

（四）天真式幽默

天真式幽默是指在一定语境下，面对并不复杂，甚至极为简单的问题，以过于"天真"、故意错误理解的方式表达意义，从而产生趣味性。英国著名喜剧《憨豆先生》中的幽默场面，基本来自这一表现手法。

一位大学老师跟幼儿园老师聊天。大学老师说："我们可羡慕你们幼儿园老师了，你看你们那些学生什么也不懂吧，你教他什么他不会反驳你吧，跟他说什么就是什么，对不对？真好！"然后幼儿园老师说："你可别这么说，我还羡慕你们大学老师呢。""我们有什么可羡慕的，那帮学生什么都明白，可不好弄了。""不不不，你是不知道，我们也不容易，哄那帮孩子睡觉可难呢。讨教一下，你能不能告诉我，你是怎么做到一上课一半人都在那睡觉呢"？

小时候，有一次，老师上课问我们长大后的理想。这时候，只有王建国抢答，王建国上课从来没有举手回答过问题，只有问到以后的理想，他是做好准备的："老师，我我我！""王建国，你以后想干吗？""我要当老师。"老师感动坏了："建国，你一定是觉得老师好，所以想当老师，是吗？""那倒不是，我就听说老师能'桃李满天下'，以后就不愁没水果吃了。"

即刻训练

1.主持人在户外采访某篮球明星，以身高为话题做个幽默的问候。
2.女主持人对话某著名影星，以不老容颜为主题，说一段幽默的话。

（五）想象演义式幽默

想象是人在头脑里对已储存的表象进行加工改造形成新形象的心理过程。想象中的形象可以是过去的、现在的和将来的事物，也可以是现实中根本不存在的形象，如孙悟空、白骨精。演义原指以历史事实为基础，增添细节，用章回体写成的小说，这里指根据已有事实进行戏说式的演化、改编。想象演义式幽默是指通过丰富的想象和对已有事物的演义式创作而产生笑点的一种方式。

明天,北京地区小土转中土,降土概率100%,部分地区有阵土,土力5到6级,请大家做好防土准备。此外,可能电影公司计划拍摄有关沙尘暴的电影,比如:《我和沙尘暴有个约会》《向左走,沙;向右走,还是沙》《泰塔尼沙》。

——即刻训练——

1. 就穿越剧做一段幽默的评价。
2. 雾霾会带给我们怎样的"幸福"生活。
3. 人肉搜索带来怎样的"结局"。

六、急智创意

急智,急中生智,通常的解释是遇到紧急情况时突然想出应对办法。对于主持人而言,急智是有效地感知言语信息并在第一时间作出反应的能力。主持人急智的核心基础是语智,即语境判断与适应能力、听辨记忆能力、口语修辞能力、解释描述能力、反思调节能力。① 语智是以语感为基础的。语感是指言语交流中人对词语表达的直觉判断或感受。语感既是静态的感受,更是一个创造过程、表现过程,通过这一过程人们构造了新的言语意义。因此,语感较好的人就具有对语言的快速理解、组织和传播的能力。优秀的主持人不仅能够即兴组织语言,还能够在瞬间转尴尬情境为满堂喝彩。杨澜在广州主持一台大型文艺晚会,上台时不小心摔了一跤,只见杨澜不慌不忙地站起来,走向舞台中间微笑着说:"中国有个民间舞蹈叫'狮子滚绣球',为了感谢大家的到来,我刚才给大家表演了一个动作,不过动作还不够熟练,但台上接下去的节目会很精彩,让我们来看他们的表演。"全场爆发出热烈的掌声,有观众大呼:"广州欢迎您!"这一意外情况下的救场是杨澜语智的精彩展现。急智状态下高质量话语内容的组织是观察智慧、理解智慧、分析智慧、判断智慧、信息生成智慧等多种智慧的集中体现。主持人口语的急智表现是主持人这一个体知识内涵、经验积累、语言功底、心理素质等多方面的综合反映,并非一日之功,也并非某一单项练习可以习得。

罗兵的幽默

交通广播广告多是个事实,听众的不满情绪需要主持人的语言来疏导。北京交通

---

① 应天常.节目主持语用学[M].修订本.北京:中国传媒大学出版社,2008:238.

台一位听众发短信说,"如果我的手里有一个特制的遥控器就好了,这样,你们一放广告,我就按'快进'"。主持人罗兵幽默地说"别介啊,我们俩就指着播广告的时候喝口水呢,您这一快进,回头再呛着我们!"一句玩笑话,顿时让听众心中的郁闷在一笑间烟消云散。

<h3 style="text-align:center">希拉里应对扔鞋</h3>

2014年4月10日希拉里·克林顿在拉斯维加斯演讲,不料遭到一名女子当场扔鞋,希拉里在成功躲避后,冷静幽默地说:"怎么回事,有人想向我扔东西吗?那是太阳马戏团的表演吗?天哪,我不知道固体垃圾管理如此有争议,幸亏她没像我一样打过垒球。"不仅即刻化解了尴尬,还博得了听众的掌声。

希拉里应对扔鞋

<h3 style="text-align:center">倪萍填补三分钟空白</h3>

《综艺大观》的一期节目主题是"母亲"。节目快结束时,导演急匆匆地告诉主持人倪萍,剩余三分多钟已经没有节目了,要求主持人即兴发挥,把这三分钟的时间填补上。这时倪萍要决定"说什么"和"怎么说"。她在《日子》中回忆说:"直播就是战场,你来不及周密策划,在场上你也找不到任何可以商量的人……我一边往台上走,心里一边激烈地盘算,说什么?对,说观众,我走向了观众席。'我想知道,今天在场的观众朋友们,有哪位是陪同母亲一起来看《综艺大观》的?'此时,我脑子里迅速在做着下一步的打算,如果一个也没有,我会如何?如果有,我该说什么?"观众席上一位清秀的小伙子站起来,"我!"倪萍请这位小伙子向大家介绍他的母亲,之后带头鼓掌并感言道:"这位妈妈,我们都为你自豪,有这么好的儿子真幸福啊!小伙子,孝敬老人是最受人们尊敬的,我们都应该向你学习,请坐下。"这时导演示意主持人再说点什么,因为时间还有一分钟。倪萍回忆说:"说实话,往下再说什么,我已经很自如了。因为那时我和观众一起感受着这份中华民族的美德,我的心被感染着。想到电视是对着千千万万个家庭,对着千千万万个有父母的儿女,我激动了。我转向了镜头:儿子带母亲来看节目本来不算什么了不起的,但我常常在我们的演播厅里看到的却是一对对情侣、一对对夫妻,有的是父母带着孩子,我却很少看见儿女陪着父母来的。其实,老人更需要多出来走走,他们更愿意来看看电视台是什么样,演播厅是什么样,倪萍是什么样,我希望从今天以后能在这里见到更多的孩子陪着父母来……"[①]

---

① 倪萍.日子[M].北京:作家出版社,1997:134.

香港回归　白岩松填补时间空白

香港回归　白岩松填补时间空白

1997年6月30日晚进行香港回归直播的时候，白岩松在深圳皇岗口岸报道驻港部队入港进程，当时，驻港部队还没到达，有一段空白时间，导播要求白岩松说一段话来填补这段空白时间。白岩松在十几秒钟的停顿后，迅速想起自己早些时候登上口岸办公楼的情形，说道："各位观众，在我们这里往前看，可以看到一幢白色的小楼房，这是皇岗口岸的办公楼。当年，小平同志曾在这里登楼眺望香港，现在那幢楼里还挂着他视察口岸的大幅照片……今天晚上，当驻港部队跨过这条边界的时候，在所有为部队送行的人群中，肯定有一位老人深情注视的目光……"当部队到达皇岗口岸越过界线进入香港时，白岩松手指着界限深情而激动地说道："各位观众，这条线并不长，车速也并不快，但是今天驻港部队越过管理线的这一小步，却是中华民族的一大步。为了这一步，中华民族等了百年。"

汪涵应对孙楠退赛

汪涵应对孙楠退赛

2015年3月《我是歌手》总决赛孙楠突然要求退出比赛，节目组和主持人毫无准备，而且在这个节目中一位选手的退赛不仅仅是少唱一首歌那么简单，很可能意味着整个比赛都要进行调整。这时，主持人汪涵说了这样一段话："既然我是这个舞台的节目主持人，接下来就由我来掌控一下。（首先请导播抓紧时间为我准备一个三到五分钟的广告时间，谢谢！我待会儿要用）接下来我要说的这段话有可能只代表我个人的观点，而不代表湖南卫视的立场。我从21岁进入湖南广电，所以我觉得我自己身上的很多优点和缺点似乎都打上了湖南广电的很多烙印，包括所谓没事儿不惹事儿，事儿来了也不要怕事儿。对于一个节目主持人在这么大一场直播当中，一个顶尖级的歌手一个顶梁柱一样的歌手，突然间宣布退出接下来的比赛，我想应该是摊上事儿了，甚至是摊上大事儿了。但是说实话，我的内心一点儿都不害怕，因为一个成功的节目有两个密不可分的主体，除了这个舞台上的七位歌手之外，还有电视机前的亿万观众和现场的这么多的观众。我之所以不害怕是因为你们还真诚地踏踏实实地坐在我的面前，我还可以从各位期待的眼神当中读到你们对接下来每一位要上场的歌手，他们即将演唱歌曲的那一份期许。我还可以从各位的姿态当中感受到你们内心的那种力量，这个力量足够给楠哥，给红姐，给The One，给李健，给维维，给黄丽玲，给所有的歌手，给彦斌，已经准备好了，会有千万个掌声要送给他们。楠哥不信，你听。这是我要说的第一层意思。第二层意思我想表达的是，我虽然不同意楠哥的一些观点，但是我誓死地捍卫您说话的权利。所以刚才我由话筒听到那一段的时候，我并没有试图打断您要说的话，虽然我可以这么做。其实每一位歌手来到这个舞台，都有权利选择我来或者是不来。当然，您自然也有权利选择在您认为是对的时刻,依着自己认为对的那个心情做出你要离开的这个决定,所以我相信我们应该尊重一个成熟男人在这一刻作出的决定。当然,我们在这里提出一个希望和请求,就是希望您以一个观众的身份继续坐在这个地方,来看你最爱的弟弟妹妹们向歌王的舞台进军,我也相信我们现场的500位大众评审已经做好了准备,用掌声来接纳这位不期而至的观众。不信,你听。(接下来对于我个人而言,一个主持人,我在台上不可能有这么快的反应速度,也不可能有这么大的权利,来重新调整接下来因为楠哥的退出而要改变的比赛的规则。因为有一个歌手要退出,所以比赛规则都要做相应的改变,所以有请导播在这一刻给我放三到五分钟的广告,我要跟我们的制作团队跟我们的领导一起商量,怎么来进行节目上的和赛制上的相应的调整。各位亲爱的观众朋友,真的千万不要走开。还是那句话,真正精彩的时候,或许会从广告之后才开始,马上回来!")

即刻训练

1. 主持节目时,你手中的几页手卡掉在了地上,你怎样幽默地应对?

2. 一档亲子互动游戏类节目中,主持人说道:"今天来到现场的家庭都是一个个年轻的充满活力的小家庭,爸爸妈妈,还有孩子?"这时主持人看到其中一个家庭的男士年龄很大,猜测一定是爷爷或者外公和妈妈带着孩子来参加的,主持人这样夸奖了一句:"这个家庭一定是三代关系特别融洽,爷孙的感情特别好。"这时,这位妈妈说:"没有啊,我们是一家三口啊!"主持人立刻意识到自己犯了一个很严重的错误,赶忙说道……

3. 一次主持人大赛中,按照规则选手应该选择三个号码,然后对应的图片会依次翻转出现,选手根据图片进行解说,但由于电脑设置出现了问题,某位选手的第三幅图片无法调出,始终是一个阿拉伯数字"7",这时在不改变规则的情况下,主持人应该如何应对?

第三节 副语言创意

莎士比亚说:"所有的演讲者都同时给听众两个演说,一个是听到的,另一个是看到的。"这个看到的演说就是演讲者通过副语言传情达意。《礼记·乐记》说:"言之不足,故长言之;长言之不足,故嗟叹之;嗟叹之不足,故不知手之舞之足之蹈之也。"其中的含义便是说,副语言与有声语言相互配合才能有最佳的传播效果。副语言有狭义和广义之分。狭义的"副语言"指有声现象,如说话时气喘、嗓子沙哑或者某个字音拉得很长、结结巴巴说话不连贯,等等。这些有声现象伴随话语而产生,或对话语有影响,有某种意义,但是其意义并非来自词汇、语法或一般语音规则。广义的副语言指无声而有形的现象,即与话语同时或单独使用的手势、身势、面部表情、对话时的位置和距离等,这些也能表示某种意义,一般有配合语言加强表达能力的作用。张颂先生在《播音语言通论》中指出:"副语言,包括眼神、面部表情、体态、服饰、时空感觉显示等。……广播中话筒的距离变化,筋肉感觉造成的气息、声音状态,电视中灯光强弱,镜头焦距,背景中季节、环境气氛显示等,都是在传播中副语言的运用。"①主持人的副语言更多是指广义的副语言。主持人独立可控的副语言,如表情、手势、眼神,是主持人即兴口语表达的一部分,它既可以配合口语表情达意,也可以单独表情达意。

　　副语言往往是人们下意识产生的,是有机体对外界刺激的本能反应,在心理学上指不知不觉、没有意识的外在表现。普通受众可以从主持人的副语言中窥得主持人的文化素养、审美倾向、情感态度等。1963年11月22日,时任美国总统的约翰·F.肯尼迪在得克萨斯州达拉斯遇刺。美国哥伦比亚广播公司新闻主播克朗凯特用沉重的口吻播报肯尼迪遇刺的快讯。播报完毕后,克朗凯特摘下黑边眼镜,轻轻拭去眼角的泪水。这个看似不起眼的动作,日后被《纽约时报》记者道格拉斯·马丁追忆说:"这一刻,克朗凯特代言了无数美国人的心情。"

　　对于专业的播音员主持人而言,副语言并不仅仅是一种下意识反应,还是一种语言创意手段。副语言能直接调动受众的情绪,大幅提升传播效果。很多主持人的表达中都包含成功的副语言传播。奥普拉就非常擅长以副语言交流的方式来打动人心,比如,与同样受到性侵害的白人女性紧紧握手,奥普拉那充满忧伤和同情的眼神,那泣不成声的断断续续的哽咽都将奥普拉与受访者的心在一瞬间贴在了一起,即使不说一句话,也似乎读懂了彼此那颗脆弱而敏感的心。② 美国NBC《今天》节目的女主播凯蒂·考瑞克标志性的灿烂微笑、明朗清澈的大眼睛和活泼欢快的脸曾让上百万美国观众为之着迷,在她主持期间,《今天》的收视率曾经冲到第一名的位置;美国ABC《早安,美利坚》的女主播琼·兰丹以她祥和欢快的神态被喻为"早上的第一杯咖啡";陈鲁豫十年不变的经典微笑营造了一种轻松愉悦的谈话氛围;李咏当年在《幸运52》中夸张的手势令人印象深刻……

　　主持人的副语言创意包括:自身的副语言传播和调动他人的副语言传播。下面分别做分析。

一、自身副语言传播

　　自身副语言传播是指主持人通过对自身造型、表情、行为等的有效设计和表达,完

---

① 张颂.播音语言通论[M].北京:北京广播学院出版社,1994:74.
② 金凯莉.脱口秀女王奥普拉的说话之道[M].北京:电子工业出版社,2011:96.

成既定的传播意图的传播。比如中央电视台新闻主播文静曾身着不同颜色的同一款服装出现在不同时段的新闻节目里,这款衣服有红、橙、黄、绿、青、蓝、紫、米等八种颜色。八色衣服立刻引起不少观众的注意,网友们亲切地将这些颜色称为"彩虹色"。湖南卫视《快乐大本营》的"快乐家族"和《天天向上》的"天天兄弟",是服装造型与主持人风格、节目内容相结合的典范。《天天向上》在"说书"一期节目中,舞台实景是古代街市和茶馆,所有主持人身着古装,头戴有小辫子的毡帽,把观众带到说书的场景中。

绿领带

《新闻1+1》一期节目中,主持人白岩松戴了一条醒目的绿领带,并且在节目开始还把话题落在了这条领带上,他说:"在进演播室之前,究竟是戴一条红色的领带还是戴一条绿色的领带,我犹豫了一下。(这时也伴随着手触摸领带的肢体语言)最后我还是选择戴一条绿色的领带。但是戴完了绿色的领带之后我心里又有点含糊,会不会有很多观众朋友认为我是一个不太好的主持人,跟戴红领带的主持人比较起来我比较差。当然,这只是一段开玩笑的语言,我是故意戴上绿色领带的,戴上这条领带其实是想跟西安一所小学刚开学,就是刚上小学一年级就戴了绿领巾的孩子们说上两句话,白叔叔和你们一样都戴过绿色的领巾,但是不意味着咱不好,咱们相当棒,跟戴红领巾的孩子一样棒,当然了,你们比白叔叔还棒。"

绿领带

二、有效调度他人副语言传播

有效调度他人副语言传播是指在特定语境下,主持人以提问、祈使、启发的方式调动嘉宾、观众、被采访对象等节目中的其他人物主体通过一定的副语言表情达意。

请举手

某位主持人在采访一起违法拆迁事件时,当地群众见到记者后表达意愿强烈,但七嘴八舌,把记者围在中间,场面很混乱。这时候,主持人一挥手,说道:"你们有多少人是不情愿被拆迁的?请举手。"全场顿时安静下来,取而代之的是一只只竖起的手。无论是在视觉上还是在听觉上,都与刚才形成了明显的对比,而竖在空中的一片手臂比在这样嘈杂的环境中用语言说出的任何数据都更有震撼力。

请鼓掌

《小崔说事·朋友》一期节目中讲述了多年前还是一个孩子的高戚带着白内障的

爷爷看病但钱不够,邻床的栾福山不留姓名地帮助高威交了钱,之后自己出了院。多年后,高威终于找到了栾福山,几年后栾福山得了白血病,高威卖掉了家里唯一值钱的房子为栾福山治病。上海一位李先生被他俩感动,两次给二人汇去25万元,要帮助他们赎回房子。节目组很想请到这位好心人,但李先生还是拒绝了,不过做了现场连线。在与李先生对话的最后,主持人崔永元说:"我们不知道说什么好,李先生,我就像栾先生和高威他们拿到钱的心情一样,现在用语言好像很难表达,我委托我们现场的观众,用掌声回报您。"

可以看出,无论是"举手"还是"掌声",都营造出了令人"震撼"的现场氛围,对意义的表达远远胜过主持人或某位被采访对象单独的语言表达,这也是集体性副语言的魅力所在。

由于副语言并不是此书讨论的重点,因此在这里不再赘述。这里着重强调两点:一是语言与副语言是孪生兄弟,同时使用可以打出精彩的组合拳,产生1加1大于2的效果;二是副语言的恰当表意,需要主持人对节目主题和传播情境的敏锐把握,这样才会形成此时无声胜有声的独特效果。

第三章　即兴复述

即兴复述,是即兴口语训练的重要方法,是训练者将现有文字、声音等进行理解加工,用新的语言形式和样态进行展现。我们在生活中经常会使用复述的方法,比如转述别人的话,引用别人的话,解释或加工别人的话,简化浓缩别人的话,翻译别人的话,等等。当然,复述也包括对曲艺作品、影视作品的情节讲述,对新闻、故事的重新编排讲述等。这种训练方法避免了初学者从"无中生有"的状态组织并生成高质量有声语言的心理恐惧。初学者可以借助文字、声音等原有材料的支撑,进行复述改编。在此过程中主要完成书面语到口语的转化,人称、结构的转化以及内容的概括或拓展等。

即兴复述也是主持人即兴口语创作的重要方法。主持人在实际工作中经常需要对原有材料进行理解、记忆和重新组织,并进行个性化的表达,比如主持人对台本的加工、访谈过程中对内容的组织和语脉的梳理等,甚至当前极为风靡的脱口秀、说新闻等节目形式,都是即兴复述与节目形式深度融合的范例。因此,主持人复述,应该注意对原有材料的加工,或详细、或简要、或变换人称、或变换顺序、或渗透自己的体验和想象,使复述更切合语境,更有吸引力。

那么,主持人为何要在节目中对既有文字或声音材料做复述改编呢?首先,从传播途径来说,广播电视及新媒体视听节目将主持人的有声语言作为主要传播手段,受众通过"听"来获取信息。听觉的线性传播特征要求主持人必须对报纸、杂志等媒体使用的复杂书面语进行转化,才可以作为节目的传输内容,以便受众听得清楚明白。其次,从节目内容来说,无论是节目中嘉宾、观众的谈话内容,还是借助于微博、微信、短信等互动方式所收集到的受众参与信息,抑或节目中由主持人现场采集到的文字或声音资料,都存在庞杂、混乱的特点。因此,主持人作为节目的信息总控中心,在直播中要对上述信息进行整理和编辑才能再次传播给受众,这个从编辑整理到再传播的过程就是复述的过程,它涵盖信息的选择、梳理、概括、补充、拓展等环节,并通过有声语言的重新组织而获得新的内涵和价值,比如新闻节目中"说新闻""读报"的节目主持、突发事件的广播电视直播主持、谈话节目主持以及互动资讯节目主持等。最后,从表达效果来说,高质量的主持人复述在不改变原有材料主旨的前提下进行口语的适当转化修正或重新组织,可使复述更加明义、通理、切境、怡情,并具有明确的个人创作特色,这也是为受众带来审美愉悦体验的重要途径之一。

　　主持人即兴复述的目标和要求:第一,把书面语转换为口语。从语体特征上来说,口语短句多,句式简单而变化丰富,通过陈述句、疑问句、祈使句、感叹句等交替使用,多元的句式也可以获得恰切细腻的语气和起伏多变的语势,增强表达的生动性。另外,为增强语言的韵律感,可多使用双音节词语,如在"说新闻"节目中,同样是表达"了解"的意思,尽量使用"根据我们的了解"而不用"据悉"这样典型的书面语,同时要注意避免听觉上的同音误读,比如,"期中"和"期终"、"全部"和"全不"在口语中就很容易混淆,应避免使用,或进行相应的辅助说明。第二,理顺逻辑,突出重点。理清原材料各部分内容的内在联系,拎出价值核心与内容中心,把握重要层次、重要观点等重点部分。第三,有效转换,合理加工。根据需要可以变换人称、结构、顺序,并进行合理加工和拓展,以获得更好的表达效果。需要注意,复述仍应以原有材料为基础,以保证原文的信息准确传递,尤其是一些专业术语、专有名词,不可为改而改。但是在复述的过程中可以运用多种修辞方法进行具体生动的解释说明。同时,要在对原有材料理解感受的基础上,以富含恰切情感的有声语言进行传播,而绝不要变成文字资料的传声筒。

　　即兴复述,要求主持人以稿件为依托,富有创造性地把记忆、思考、表达三者有机地结合起来,使之融为一体。第一,凭稿记忆。记忆是复述的基础。要想复述好,主持人在阅读时,必须在理解的基础上,快速记住材料中的一些重要词语、结构层次以及具体内容,既有框架记忆,又有细节记忆。著名主持人叶惠贤有一套自己的"记忆法",即"通读全文——理解大意——强记要点——化为自己的语言",这正是主持人即兴复述的心得。另外,在节目中,主持人要通过"听"来理解记忆嘉宾的语言内容继而组织语言推进节目进程,这个过程同样离不开快速准确的记忆。第二,依稿思考。复述不是照搬原有材料,而是按照一定的要求,对原有材料的内容进行综合、概括,恰当取舍,组织安排材料。复述既受制于稿件的主旨方向,又不拘泥于稿件本身的内容,其中最重要的是在整合编辑的过程中融入自己的认知和思考。第三,越稿表达。口语表达的目的是传情达意。一般说来,"语词包含着语义成分和非语义成分。无论语义成分还是非语义成分,都可以单独引起感情反应。单独的词的非语义成分,如声音、音调、急促程度、停顿等,能成为引起感情反应的条件性刺激。单独语义成分也可以引起感情反应。"[1]因此,主持人在即兴复述中要超越稿件本身,从听觉先导和视听协调的角

---

[1] 孟昭兰.人类情绪[M].上海:上海人民出版社,1989:169.

度认真选词,精心造句,在恰切的思想感情指引下运用停连、重音、语气、节奏,以完成话筒前和镜头前的即兴口语创作,赋予原有的文字或声音材料新的价值和意义,达到有效传播的目的。

第一节 复述方式

一、详细式复述

详细式复述就是在遵循原有材料的基本内容、逻辑顺序和结构层次的基础上,用自己的语言对原有材料进行完整、准确、细致、清楚的叙述。这种复述方式多用于练习初期的基础性训练,用以熟悉口语的基本特征,明确将书面语转化为口语的基本原则和技巧,如口语与书面语词汇的转换,避免同音误读,将复杂的语法结构简化,扩展单句的表达样式,提升即兴口语表达的交流感等,以获得通俗易懂、清晰明了的口语传播效果。

不老泉的糖葫芦

不老泉始建于清乾隆元年(1736年),原址在琉璃厂,纪昀(字晓岚)对不老泉的糖葫芦非常欣赏,曾题写"浮沉宦海如鸥鸟,生死书丛不老泉"的诗句自嘲。该店铺前门卖货,后院加工,自产自销,主营应时当令的精美食品。该店冬季自制冰糖葫芦,对食品的原料挑选极为严格。冰糖葫芦的制法更是别具一格,山楂选用山东出产的优质金星山楂,辅料选用金黄色的冰糖。然后挑选上好的山楂果去核,串成一串,但果与果之间要留一定的空隙,使每一个山楂果均匀地蘸上冰糖。有的还将果子切一个口子,夹上自制的细豆沙、核桃、山药泥,外面薄薄地贴上一层黑豆沙,豆沙上再摆列不同形状的白瓜仁,而后蘸上冰糖汁。外观红、白、黑三色分明,食之甜酸脆绵,清香利口。

这段文字介绍了历史悠久的北京不老泉冰糖葫芦的历史、经营方式和制作方法。在复述过程中,首先要理清逻辑脉络,拎出核心内容并进行明确提示,比如在讲制作方法时,提出"选料""串果""夹馅""蘸糖"等环节的具体要求,比原文更加清晰明了;其次要注意把不适合口语表达的单音节词进行转化,比如:"清"转化为"清朝";再次,将文言文用法转化为现代普通话口语表达的习惯用法,如"食之"转化为"吃起来";最后,对一些细节部分可加入适当转换说明,使表意更清晰,如:"清乾隆元年(1736年)"可加上"距离现在有将近300年的历史",以突显不老泉的悠久历史。

参考答案:"不老泉"是北京的一家老字号,原先的位置在北京琉璃厂附近。它最早创建于清朝乾隆元年,也就是1736年。算起来,距离今天有将近300年的历史了。清代的纪晓岚非常喜欢不老泉的糖葫芦,曾经题写了"浮沉宦海如鸥鸟,生死书丛不老泉"的名句用以自嘲。这家店临街的店铺主要是卖货,后面的院子用来制作加工,走的是自产自销的路子,主要经营一些当季的精美食品。冬天主要是制作糖葫芦。咱们今天就来说说这不老泉糖葫芦的制作方法。首先是"选料"。不老泉对制作食品的原料挑选非常严格,比如说糖葫芦的主料——山楂,用的是山东出产的优质金星山楂;而辅料——冰糖,用的可是金黄色的冰糖,我们平时见到的大多是白色透明的单晶冰糖,这种金黄色的老冰糖还具有止咳化痰的药用价值呢。选好原料,接下来就要开始"串果"啦!方法更是别具一格。它把选好的优质山楂红果挖去果核,用竹签串成一串,但是果子与果子之间一定要留一定的空隙,这样是为了让每一个果子都均匀地沾满冰糖。这样做出来的是纯山楂的冰糖葫芦。还有一些冰糖葫芦,要多加一道"夹馅"的工序。先把果子切一个小口,在里面夹上自制的细豆沙、核桃和山药泥,外面再薄薄地裹上一层黑豆沙,在豆沙上再摆上不同形状的白色的瓜子,最后仍然是"蘸糖",像刚才那样蘸上冰糖汁。这样看起来,红色的果子、白色的瓜子、黑色的豆沙,红、白、黑色彩分明。吃起来既有山楂果的鲜脆,又有核桃和瓜子仁儿的酥脆,还有冰糖凝住后的薄脆,同时也少不了豆沙和山药的绵软,真是甜中带酸,酸中有甜,清香利口,回味无穷啊!

再来看下面这个例子。

港媒称,科学家正在研究向北京的大气中注入超冷气体是否能够帮助减少首都的空气污染的问题。北京市人工影响天气办公室的研究人员何辉表示,制冷能力几乎达到干冰三倍的工业制冷剂液氮有望成为一种抗雾霾的作用剂,尽管相关研究还处在初期阶段。

这段文字介绍了利用液氮治理北京雾霾的新研究,专业术语多,长句子多。主持人在复述中要注意合理拆分和转化。

参考答案:向北京的大气中注入超冷气体,这种方法能否帮助减少首都的空气污染呢?根据香港媒体的报道,科学家正在研究这种方法的可行性。北京市人工影响天气办公室的研究人员何辉介绍,尽管相关研究还处在初级阶段,但是目前已经发现液氮有希望成为一种抗击雾霾的作用剂。液氮是一种工业制冷剂,制冷能力几乎达到干冰的三倍。

即刻训练

【要求】以下内容长句多,句式复杂,信息点密集,且大多使用简洁的书面语。请注意理解后合理拆分和转化,把握层次和重点进行复述。

在历时9个月的意见征集后,网约车"新政"方案终于揭开了面纱。2016年7月28日,交通部、工信部等7个部门联合颁布的《网络预约出租汽车经营服务管理暂行办法》(以下简称《暂行办法》)明确了网约车的合法地位,将网约车车辆登记为"预约出租客运",既体现其出租汽车的性质,又反映其新兴业态的特征。在给予网约车合法身份后,《暂行办法》还对私家车开展网络约车运营作出了相应的规定:符合"7座及以下乘用车;安装具有行驶记录功能的车辆卫星定位装置、应急报警装置;车辆技术性能符合运营安全相关标准要求"三项条件的车辆,可向有关部门申请《网络预约出租汽车经营许可证》。此外,《暂行办法》也明确鼓励私人小客车合乘(也称为拼车、顺风车),按各城市人民政府的有关规定执行。另外一个引人注目的亮点在于"8年强制报废"要求的变化。与去年年底交通部发布的征求意见稿相比,《暂行办法》将原来"8年强制报废"的要求变更为"网约车行驶里程达到60万千米时强制报废"。据悉,该《暂行办法》将于2016年11月1日正式实施。

二、概括式复述

概括式复述是主持人在节目中与其他人对话或转述其他人谈话内容时,常用到的一种表述方式。主持人在总体把握原有材料的基础上,经过分析、综合,概括出中心、主干、要点,略去铺陈、解释性、修饰性成分等次要部分,简明扼要地复述出原有材料的基本内容。概括式复述虽要求要言不烦,但不能因简害意,也不能超前概括,应力求用最经济的语言表达出最主要的内容,必须做到结构完整、条理清楚、语言准确。

概括式复述主要应用于以下节目情境:

第一,主持人在交流中总结概括嘉宾或观众的谈话内容,由繁入简,使受众更清楚地领会谈话的核心内容。主持人可以用自己个性化的语言对嘉宾的谈话内容进行简要解读,要概括得简单、易懂、鲜活。

有现场观众问新浪网总裁:"新浪会不会像雅虎那样,不仅在中文领域有发展,而且在英文领域也有发展,并推向全世界呢?"

主持人:他说的是全球发展战略。

现场观众的提问浅白而稍显累赘,主持人为了话题接引的顺畅以及表述的清晰准确,以简洁明了的专业术语"全球发展战略"对观众提问作出概括。

即刻训练

1. 根据节目现场语境，补全主持人的概括式复述。

主持人：什么样的男人你不会嫁给他？

女嘉宾：我最不喜欢嘴上说一套，做的又是另外一套，看似对老婆很好，但又都是嘴皮子功夫的男人。

主持人：_____

概括女嘉宾所描述的男人类型，如"言行不一的男人"不会嫁。

2. 根据嘉宾的谈话做概括式复述。

嘉宾：我跟他们说，因为好多人来问我咋办，我说你捡一个砖头就少一个砖头，说不定你捡了一个砖头起来，你的娃娃可能就在砖头下面。当时我跟他们解释的时候，是很激动的，有时候是带着哭腔跟他说的。我就慢慢地劝他们，说你们快去救娃娃，救娃娃要紧。

主持人：_____

概括嘉宾所描述的行动过程和目的，如"众人拾柴火焰高"。

第二，当主持人转述他人的话语时，如方针政策解读、专业意见评论等，既不可能原文背诵，也不可能囫囵吞枣一笔带过，往往需要理解并把握他人语言的核心观点，并做大众化、口语化的表述，便于受众理解和接受。此时，精准而简练的概括式复述就显得格外重要。

欧阳夏丹·《十八大观察》

说到敢于说真话，今天我还看到了这样的一条微博，是来自《人民日报》官方微博所做的"听证系列"，其中有一条就是黑龙江的省委书记吉炳轩书记说的一段话。来，我们来看一看。他是这么说的，他说，"社会管理就像压力锅，一定要有一个出气孔。对群众预知、应知而未知的重大情况、重要活动等，新闻媒体要在第一时间把实际情况和事实的真相讲清楚、说明白，让人们明时事之巨细、解问题之深浅、辨传言之真假、知事态之缓急。止谣言于公开，化疑惑于阳光"。我想吉炳轩书记这段话的意思，也就是说作为媒体人要敢于说真话，要公开和透明，因为见证、记录和推动这个时代的发展，是媒体义不容辞的责任。

主持人欧阳夏丹在《十八大观察》特别节目中对省级官员吉炳轩所提出的新闻媒体要报道和记录事实的要求进行了概括总结，略去了比喻、排比及文言动宾结构等复杂的修饰成分，以"要敢于说真话，要公开和透明"等简明扼要的表述，一针见血地指出问题的关键,为政府官员的言论进行了良好的媒体解读。

即刻训练

谈话节目中,嘉宾阐述了自己的营销理念。主持人如何总结概括?

嘉宾(汽车企业总裁):现在世界汽车业被几大汽车巨头所控制,我要破坏,我要破坏汽车行业的规矩!我要去打败他!我刚才讲了,别克它卖三十几万,赛欧卖十几万,我以后要生产的就是别克,但是我卖的是赛欧的价格!每台车你挣的钱多,我挣的钱少,但有了我的江湖。而且长久下去,他们想赚的钱也就赚不了了。如果不是这样,只有哪天那些巨头们不干汽车了,我们才可以干!

主持人:_____

主持人可以从"薄利多销""提高性价比""打破垄断"等方面总结嘉宾的营销理念。

三、拓展式复述

拓展式复述,就是在不改变原意的基础上进行扩充。在此过程中,可以根据复述的目的、要求,对内容或形式做某些创造性的变换和补充。比如将原有材料的人称、结构、体裁、语体等加以变换,其依据是动态变化的语境特征,包括顺叙变倒叙、增设插叙或悬念、做详略得当的随机性处理等。也可以通过合理的想象和联想,丰富材料细节,扩展情节,续编结尾,增加修饰性、说明性的内容等。

8月16日夜间至19日,受副热带高压外围低层切变系统影响,内蒙古中西部、华北中北部等地自西向东将有一次强降水天气过程,雨量一般有中到大雨,部分地区有暴雨或大暴雨,过程降雨量有100~150毫米。同时,华南中南部等地有强降水,其中,广东南部、海南岛、广西南部、台湾南部等地有大雨或暴雨,部分地区有大暴雨或特大暴雨(100~300毫米)。此外,中央气象台15日发布的中期预报显示:预计未来10天,黄淮西部、江汉、江淮、江南大部、四川盆地东部、陕西关中等地将出现7~9天的高温天气,部分地区日最高气温可达37~40℃。省会级大城市中合肥、南昌、重庆、西安等地的高温可能将贯穿整个8月中旬。

(中国天气网《未来三天全国天气预报》2016年8月16日)

观众朋友晚上好!欢迎和我来一起关注天气。最近两天,我们国家天气的格局是比较稳定的,在这个卫星云图上我们看到,主要是内蒙古河套还有华南一带降雨云系最为集中,其中,内蒙古河套的降雨云系未来还会向东转移,今天晚上像山西中部、山东中北部就会有大雨或暴雨的天气出现。而且这一带未来几天都雨水频繁,要注意防范山洪、滑坡、泥石流等次生灾害。另外,在云南、广东、海南、台湾一带还有分散性大雨和暴雨,尤其是海南还会有大暴雨出现。这些有雨水覆盖的区域就很难有高温现身,但是呢,在两片雨区中间的这一带却是被高温牢牢掌控。中央气象台今天下午也是继续发布高温黄色预警,预计明天白天,新疆的南疆盆地东北部和黄河以南到江南区域的气温都会在35摄氏度以上,图中这些深色区域还会达到37到40摄氏度。预计这一轮的高温天气覆盖范围广,持续时间长,像图上我们标注的这些地方,未来5天几乎都会天天和高温打交道。特别是对于南昌、武汉、合肥来讲,可能会出现1951年以来第一个8月中旬的高温大满贯,同样,此轮高温对于西安也是不同寻常的,经历了5天的高温之后,未来5天西安依然热度不减。西安也是有可能经历有气象记录以来的最热的一个8月中旬。高温高湿天气尤其要注意防范中暑现象的发生。

(中央电视台《天气预报》2016年8月16日)

上述两则天气预报,第一则来源于中国天气网,虽然简明扼要,但是专业术语多,表达严谨却缺少趣味性,与百姓生活的贴合度也较低。第二则是中央电视台同日播出的《天气预报》节目,气象主持人杨丹进行详细介绍和贴心提示,将天气形势、高温预警、历史背景与生活提醒相结合,全方位地介绍了近期天气的发展变化趋势,在清晰明了的同时增添了信息的愉悦度和实用性。

另外,对节目台本的拓展式复述是主持人以编导给定的节目台本为依托,或以新闻现场掌握的提纲为蓝本,根据节目语境和个人语言表达习惯及风格特征,对原有文本进行创意加工,包括补充背景、转化句式、运用修辞、放大细节等。这种方式极大地调动了主持人即兴口语创作的潜力,彰显了主持人语言的个性化魅力,同时也是对主持人语言运用能力的极大考验。

节目台本:邻居是什么?邻居是互相帮助的朋友,是你在困难的时候可以求援的伙伴,是你生活中不可缺少的友情,是生活中相互给予的人们。

主持人改编词:邻居是什么?是你正在炒菜,发现酱油瓶子是空的,于是你就敲门要点儿酱油的那家人;是你出差了可以让他帮你看看门锁是否被人撬开的那家人;是你家房子冒烟了能第一个去打119的那个人……

节目台本中对"邻居"给出了相对概括性的介绍,而经过主持人的个性化改编,意思未变,表述注重细节化、生动化,增添了人性化。这正是主持人在加工节目台本的过程中,遵循原有的语言内容要义,改变表述方式,尤其是转变表达样态和表达特点的结果。主持人自身的语言特点、风格特征、个人修养等也在拓展性复述中得以彰显。

即刻训练

1. 请将下列新闻内容,改编加工成具有个性化特点的新闻评论节目开场语。

国内部分肯德基的纯豆浆被揭秘是用豆浆粉冲制而成,不是现场磨制的,并且冲兑的豆浆还是中国东北某厂家生产的。按照豆粉的出厂价消费者就可以计算出一杯豆浆的销售成本只有0.7元钱,但是肯德基却卖到7.5元一杯。这件事的曝光引起了中国消费者对该公司的不满和指责。

2. 请将下列台本改编加工成具有个性化特点的毕业晚会的主持词。

入学报到的情景如在眼前,我们竟在此时——在六月就要说再见。四年,我们一同走过了求知的四年,一同走过了辛苦的四年,也一同走过了人生最靓丽的四年……

四、综合式复述

在实际节目语境中,主持人很难单独运用详细式复述、概括式复述或拓展式复述,这几种复述方式往往是交叉的或综合运用的。如在大量资料中抽取有价值的内容进行细节化的阐述,或概括出谈话的核心并补充相应的背景,或做相关内容的拓展叙述等,都需要几种复述的综合运用。在此过程中,主持人不仅要具有将书面语转化为口语的能力,还要具有发现问题的能力、高度概括的能力以及对信息进行快速采集、编辑以及评价的能力。此外,主持人如何将庞杂琐碎或专业枯燥的内容讲得入情入理、生动形象,离不开语言功力。

《新闻1+1》之《十八大观察》

白岩松: 我想今天一个重头戏,当然是十八大报告了。因为对一届换届的党代会来说,恐怕我们要关注很多事情,但其中有两点是非常重要的。第一点,就是目标。未来的五年或者说更长的时间里,中国要往哪儿走,我们在党的这个报告当中会强烈地感受到。第二点,就是什么样的领导集体会带着党和整个中国去实现这个目标。那么开幕式上这个报告就格外地吸引人们的目光,因为这个报告很厚,60多页,大家想想,不同的人可能会看出不同的关键词,我把我读出的四个关键词中共有的一个字给提炼出来,当成今天的关键字,这个字就是"民",人民的"民"、民生的"民"、民主的"民"和民意的"民"。正是这一个"民"字把这个报告的四个关键词给串联起来,这四个关键词也是这个报告非常重要的一个核心。

我觉得可能还要阐述一下"民"这个关键字,以及为什么要列出四个这样的关键词。我觉得从人民的角度来说,这是一个至高无上的位置。在今天的报告当中,总书记在讲的时候也不止一次有过类似的表达，比如说"人民要放在心上最高的这个位置"，还有"人民是最重要的"等这样的一个表达。我觉得对于一个中国共产党的大会来说很明白，对于党来说，最重要的基础，或者说要服务的对象，还有什么是至上的？"人民"这个词毫无疑义占据最高的位置。

我觉得几届党代会当中，民生的问题都越来越凸显，甚至成为媒体和老百姓在这个报告当中格外去寻找的内容。为什么？因为它跟我们的日子、跟我们的生活息息相关，跟我们的幸福也紧密相关。有人说幸福跟三个关键词有关：物质、情感、精神。物质是基础，基础不牢，地动山摇，对于相当多的中国人来说，民生问题依然还是大问题，吃饱、穿暖、教育、医疗等，千头万绪，柴米油盐酱醋茶，老百姓毕竟过的都是普通的日子，过日子是最重要的一件事，那共产党就应该把人民最重要的事当成天下最重要的事，于是民生在一届又一届的党的报告中所占据的分量越来越大。我觉得在十八大的报告当中同样凸显了这一点。

但是接下来不能够忽略掉的是"民主"，这个词在报告当中也占据了非常重要的位置，不管是在党建活动中，还是我们的政治体制改革当中，"民主"的这个字眼被谈到的次数都非常多，这也是"民"这个关键字非常重要的一点。我觉得对于未来中国的民主建设来说，在程序、制度的保障上都会有很多探索和前行的空间。

最后，我想今天一定很多人都在看直播，也在关注着这个报告。那么所有的与人民有关的民生、民主等内容是不是都顺应民意？我觉得一届好的党代会、一个好的党的报告一定是站在顺应民意、顺应时代这样的一个角度上，所以我觉得这一个"民"字，就是今天看完报告之后最大的感受。

2012年11月8日，中国共产党第十八次全国代表大会在北京召开。长达60多页的十八大报告成为各方媒体和观众最为关注的焦点。中央电视台《新闻1+1》节目推出特别节目《十八大观察》。在报告发布的当晚，主持人白岩松与欧阳夏丹对报告进行了解读。关系国计民生的厚重报告要在短短十几分钟内为观众解说清楚是不太可能的。因此主持人白岩松从报告中提取了关键字"民"，并扩展到报告所提及的"人民""民生""民主""民意"等四个方面，阐述了报告的主旨内容，也加入了相关背景的解说和点到为止的评价，使受众在短时间内对十八大报告有了一个总体上的认识，并迅速把握了会议重点和要点。这是主持人解读政策的能力的体现，也是综合式复述的现实典范。

在一个关于生命科学的谈话节目中，有这样一段对话：

观　众：古人有"一叶知秋"的说法，请问，这是否意味着这片树叶就是全息的？也就是说它能代表整棵树？

嘉　宾：从基因理论的角度说，树叶和树是一脉相承的，但还不能简单地画等号。

如同前面说过的,即便是基因克隆出的物体,后天的因素也会为二者带来差异。

主持人:的确,一叶可以知秋,但一叶不应障目。这是××院士给我们的启示。

观众以颇具文学意味的词汇"一叶知秋"切入提问,而嘉宾却从基因理论的学理层面给出专业的解释,主持人将成语"一叶知秋""一叶障目"进行巧妙拆解,可以知秋,不应障目,既概括总结了嘉宾的观点,又对话题进行了接引,从而在句式的工整对仗和语义的内涵意蕴上都更胜一筹。

即刻训练

百度掌门人李彦宏受邀参加电视谈话节目《开讲啦》。主持人撒贝宁邀请现场青年代表中的两位高考状元上台与李彦宏比试。如果你是主持人,在三位答题结束后,你将如何总结点评并推进节目进程?

撒贝宁:奥地利物理学家薛定谔家养了4只猫,但是从来没有数过几只雌的几只雄的,别人问起来的时候他总是说要么都是一种性别,要么是两种,或者是一种比另外一种多,或者是两种性别一样多,就是这几种可能性,但是在这三种可能性当中,哪一种更大? A.一种性别可能性更大;B.有两种性别,但是一种比另外一种多的可能性更大。C.两种性别一样多的可能性更大。答案是A还是B还是C,请作答。

撒贝宁:Robin(李彦宏)已经写出来了。你们两个呢?男状元选C,女状元选A。(问女状元)你认为一种性别的可能性大,为什么?

女状元:因为我觉得四只猫嘛,如果有两种性别太容易产生爱情,这样会有更多的小猫,就不方便计数了。

撒贝宁:(问男状元)为什么是C? C是两种性别一样多的可能性更大,就是两只公的、两只母的。Why? 因为这样容易产生爱情?

男状元:首先这三种情况,一种比一种多的情况就是3:1,这种就是2:2的。所以可能性我觉得应该没有太大的差别,但是按照常理来说,一般人肯定会想,应该是两公两母,这样养它们的人也不会太孤单。

撒贝宁:(问李彦宏)为什么您认为3:1的可能性最大?

李彦宏:因为我喜欢这个多样性,自然界需要多样性,在公司里头也是,既喜欢有女工程师,也喜欢有男工程师,既喜欢北大清华出来的,也喜欢杭州师范学院出来的。

撒贝宁:_____。

【参考答案】

撒贝宁：回答问题的同时还不忘给竞争对手挖坑，杭州师范学院……其实正确答案应该是B。这个按道理来讲，用数学的方法应该是概率排序，一只母的三只公的或三只母的一只公的概率比两只公两只母要大，更比四只全公或者四只全母要大。我们理解他们，他们这个年龄首先切入点就是猫的感情问题，可以理解。以他们的年龄，他们对生活的幻想是多姿多彩的，首先想到的是性别可能带来的情感上的困惑。谢谢，你们上来以后验证了确实当今的状元比过去的状元要强。谢谢两位。

第二节 实战技法

一、归并整合，顺势深化

面对内容丰富但相对琐碎，细节和修饰性成分居多的文字资料或声音资料时，复述要将信息点拎出，抽取有价值的内容作为复述的语结，理出逻辑脉络，合理归并整合出思路。同时，复述往往承担语脉接引、推进谈话进程的重要职责。因此，主持人抓住某些语结顺势进行联想与拓展，以阐述或提问的方式进行归并整合，都能提升复述的价值。

剑桥大学校长布鲁斯和北京大学校长许智宏走进《实话实说》。布鲁斯校长就是剑桥大学的毕业生。

主持人：……但是我看报纸上可不是这样写的。他们说你选择剑桥大学，是因为剑桥大学有一个非常棒的合唱团。而您本人也喜欢合唱，所以就选择了剑桥大学。

布鲁斯：是，你说得对。虽然我是个电子工程专家，但我确实想进入剑桥大学去唱歌，当然我现在已经不唱了。因为在剑桥大学，确实有几个非常著名的合唱团，最著名的是皇家学院。我也在他们的合唱团里唱过一些歌曲，但是我却成为电子工程系的学生，而且我也必须接受这个现实，这是个很复杂的问题。

主持人：我们能不能顺着这个思路来推测下去，您是因为喜欢剑桥大学的合唱团，所以上了这个大学。所以您一开始的想法并没有想好好上学，而是希望用唱歌或者其他的娱乐方式把这几年混过去。（笑）

布鲁斯：是的，这是个非常好的主意。实际上在入学初期，我可能一星期要唱20个小时。但是每个人工作都非常努力，所以我也必须努力地学习。

在谈话中，主持人先是以"上剑桥是因为喜欢那里的合唱团"总结概括了布鲁斯的上一段谈话,将布鲁斯谈话中提到的剑桥合唱团的建制、自己参与合唱团的经历等归并整合在这个稍显轻率的结论上。接着顺势推测其原本打算靠娱乐轻松度过大学生活的思路,在调侃中引发谈话嘉宾的"辩驳",进一步深化了"每个人工作都非常努力,所以我也必须努力地学习"这一名校主题。

即刻训练

设置节目《财富经》,专门介绍致富经验,将材料归并整合,并提炼出72岁的王大爷卖菜年入50万的绝招,同时注意顺势深化,给更多受众致富的启示。在表述中注意趣味性与逻辑性并重,加强交流感。

72岁的王大爷是湖南株洲的农民,2013年年底他在儿子居住的深圳小区菜市场盘下一个摊位卖菜,一年赚了50多万,王大爷到底有啥绝招呢?

第一个绝招:细分买菜人的需求,针对性进行初加工。

王大爷发现,深圳买菜的人可以分为两类。一类人喜欢新鲜好看的菜;一类人图省事,一般不买难处理的菜。王大爷准备了两种类型的菜,来满足上面两类人的需求。第一类菜:卖相好的菜。每天菜贩子把菜送到他的摊位时,王大爷就和保姆一起摘菜,把菜搞得漂漂亮亮的,然后用保鲜膜包装好,这样的菜很受白领顾客的喜爱。第二类菜:方便烹饪的菜。王大爷和保姆给土豆削皮,把豇豆折成一段一段的,把南瓜切成一小块一小块的,等于卖半成品菜。价格贵30%左右,却深受时间紧的上班族和手脚不灵便的老人的喜爱。

第二个绝招:给小区附近的小餐馆送半成品菜。

王大爷的半成品菜,深受顾客欢迎,也引起了小区附近很多小餐馆老板的兴趣。虽然价格要贵一点,但是可以省下一个小工的开支。那么多菜,王大爷摘不过来,小区有一群没事干的人,王大爷把闲散的人力资源充分整合起来,一起摘菜,同时保证质量。

第三个绝招:给顾客做美食顾问。

王大爷曾做过单位食堂的大厨,他充分发挥烹饪特长,给顾客当美食顾问,比如素菜如何与荤菜搭配等。王大爷还到深圳小区旁的彩印店,把每一种蔬菜的烹饪技巧制作成小卡片,提供给有兴趣的顾客。

第四个绝招:顾客"回头有奖"。

王大爷请人刻了一枚大印章,印在为顾客提供的国家级标准的食品袋上,顾客下次来买菜,凭这个袋子可以享受5%的优惠。除了这个,一般顾客买菜,王大爷总会送几根葱苗蒜秧。

> 王大爷在深圳小区菜市场的这些绝招,让他的生意非常火爆,效益很稳定。
>
> 俗话说,行行出状元。这位大爷就是个榜样。在城市,没有什么是不可能的,只要有能力,就有钱赚。可能此刻你只是个搬砖的工人,说不定哪天你就是个月入过万的搬砖工人……

二、繁杂内容,分类细说

面对内容复杂、信息点多的复述资料,主持人要采用分类细说的复述方法。将内容放在一个合理的逻辑层次上进行分类排序,找到差异点、共同点、关联点,尤其是亮点。复述时明确提出自己的分类标准或方法,拆解原有内容并进行二次解读,以保证信息传播清晰明了。

"史上最严"控烟法规

被称为"史上最严"控烟法规的《北京市控制吸烟条例》于2015年6月1日起实行。条例规定:工作场地和公共场合的室内区域,儿童医院,幼儿园,中小学,北京市的体育场、健身场的作息和比赛区域,对社会开放的文物保护单位以及公共交通(工具)内禁止吸烟。单位的经营者、管理者、法人代表以及负责人负有控制吸烟管理的责任,违者处以2 000至10 000元的罚款;个人在禁烟区吸烟的话,处以50至200元的罚款。

上述内容主要是北京控烟法规的内容。虽然字数不多,但是信息点密集,在听觉判断上有一定难度。作为主持人,要对法规进行解读,首先逐个拎出信息点的类别,比如禁烟的区域、责任人、处罚方式和金额等,然后在每一个类别下再分小层次、小类别进行介绍。如针对禁烟区域,可分为:(1)与公众相关的"工作场地和公共场合的室内区域"和"公共交通(工具)内";(2)与青少年儿童群体相关的"儿童医院、幼儿园、中小学";(3)与居民文化健康生活相关的"体育场、健身场的作息和比赛区域,以及对社会开放的文物保护单位"。这样分类易于受众理解、记忆。

即刻训练

下述内容为德国观察员谈德国禁烟的措施,内容琐碎繁杂。作为主持人,如何分类解读,以便于受众理解?

薛成俊(德国观察员):德国本身就是个烟草制造和消费的大国,德国烟民有一个很明显的特征就是年轻化和女性化,在大街上经常能够看到叼着香烟的年轻女性。但德国在禁烟方面的规定是非常严格的,有专门的不吸烟者保护法,也称作"禁烟法"。早在1975年,德国就立法禁止在广播和电视中播放烟草广告。2006年11月9日,德国联邦议会对禁烟法进行了补充修改,严格了对烟草制品的管制,加大了处罚的力度。2007年9月1日正式将允许抽烟的法定年龄由原来的16岁提高到了18岁,如同酒精产品一样,任何商家不得对18岁以下的未成年人销售烟草制品。并且禁止在所有涉及交通的公共场所吸烟,如车站、机场以及交通工具内,违者将被处以15欧元的罚款。德国的各联邦州也先后立法,禁止在学校内抽烟。如不来梅州,从2006年8月1日开始,在学校实施全面的禁烟措施,规定不得在校内抽烟,违者将被处以最高500欧元,相当于4 000元人民币的罚款。德国各联邦州也都于2007年先后出台餐饮及住宿业,如餐馆、酒吧、酒店等的禁烟办法,2008年7月1日开始在全国范围内实施。目前德国所有公共场所,包括工作单位,都实行全面的禁烟,不得在办公室等密闭的空间内吸烟,违者不但会面临被解雇的危险,而且还会根据德国禁烟法中的相关条文受到处罚。另外就是在德国如果烟民在自己的家中抽烟,严重影响到邻居,也会成为房东与其解除租房合同的理由。

三、专业内容,形象解析

　　所谓的专业内容,一般指复述资料中的专有名词、专业术语、科学技术前沿领域的相关知识及其他专业性表述。这类内容往往出现在财经科技新闻及相关节目中,很难完全用口语化的词汇和用法进行转述。此时,就需要主持人根据自己对文字资料的理解,通过运用形象性的修辞方法,如比喻、比拟等,将科技信息与人们日常生活中的所见所闻联系起来,增强信息内容的可感知度,从而便于受众理解感受。

　　熔断机制,就是在期货交易中,当价格波幅触及所规定的点数时,交易随之停止一段时间,或交易可以继续进行,但价幅不能超过规定点数的一种交易制度。设置熔断机制的目的是为了控制交易风险。《第一财经》主持人许树泽在节目中对此进行形象解析:

中国版熔断机制

　　……拉闸限电在当时那个年代就成了一个历史的典型。在那样的历史背景下,当你把空调、电视、洗衣机全部打开,你还记得发生了什么吗? 灯一黑,你以为又停电了,拉闸了。可是遥望远方,依然万家灯火,别人家的孩子还在挑灯夜读呢! 这时候你才发现,不是停电了,而是你家保险丝烧了。当电器功率过大、电流集中通过的时候,保险丝就会熔化掉,给你强制断电。这个熔断机制在当时那个年代就是用电安全的重要保障。举一反三,既然电压电流不听话,我们可以用熔断机制把危险给它隔离掉,那么假如市场不听话,价格指数像电流一样上下乱窜,我们能不能借鉴这个熔断机制把这个资本市场的风险隔离掉呢?正是有了这样的反思,在1987年10月美国股市一天下跌500点之后,美国人就痛定思痛发明了这个熔断机制。就像上面提到的保险丝化掉一样,暂停所有的现货交易,保障市场的安全。那你说这东西这么好,咱们的市场为什么没有引进?其实我们为了隔离风险,也引进了保护机制。不过是另一套东西,叫作"涨跌停制度"。跌到10个百分点,你这家公司就不能再跌了。但是经过两个月的观察,大家发现,你这家公司是跌停了,但整个市场的交易在继续啊。你不能跌但别的公司能跌。很多大型机构现在都持有投资组合,当面临客户巨大的赎回资金压力的时候,遇到这种非理性的时刻该怎么办?他就会把手上很多好的公司、好的投资给卖掉,然后呢,拿来应急,于是救人的也会被拖下水。你会发现在这种时候,跌停板也解决不了问题了。怎么办?中国版的熔断机制就闪亮登场了。昨天晚上,两大交易所联合中国金融期货交易所出台了一个征求意见稿,设置了两道熔断档位——5%、7%,一到这个点数,马上暂停交易,全部市场暂停,包括股指期货,把这种短期的不良情绪隔离在外。所以,最后我们总结一下。熔断机制是市场走向成熟必备的一个安全带。但是它出台,是不是就意味着股市不会下跌了呢?这就好比,你把手机拔掉电源,问题是解决了,屏幕不会亮了,但是当你重新插上,那些有问题的App应用,依然还会闪退。这是那些应用的问题。所以,机制是用来保障交易的,但是机制并不保障那些弄虚作假、吹牛皮、搞忽悠的烂公司。真正能保障投资的是投资者的专业知识、严格的投资纪律和我们成熟的交易机制。

主持人通过"保险丝熔断保障电路安全"的类比,形象解析了市场熔断机制的原理,又介绍了中美在市场保障机制方面的差异和中国版熔断机制出台的背景。末尾的投资提示仍然运用了类比的手法,使受众轻松地将严肃刻板的财经话题联系到现实生活。

即刻训练

以下内容介绍的是利用液氮治理雾霾的原理,复述时要用形象的语言,或直接类比日常生活中的所见所闻,从而勾勒出冷却气体带具体的位置和形态。比如:"冷却气体带的位置"可以表述为"在距离地面上方10米到30米高的地方,也就是普通居民楼4楼到10楼的区域","冷却气体带的形态"就好像是在地面上空搭建了一个"液氮大棚",等等。

据《南华早报》网站报道,这项由政府资助的研究计划的内容是把巨大容器中的液氮泵入空中,使之在地面上方形成高度至少达 10 米的薄雾。这些液氮将在尘埃和其他污染物的细小颗粒上形成晶体,然后便会掉落到地面上。这条厚度不到 20 米的冷却气体带同时还能阻止被污染的空气降落到街道上。研究人员称,在比较寒冷的天气情况下,这条含有大量雾状液氮的带状区域可以在大气中维持数小时。

四、数字比例,述出色彩

复述资料中的数字最难记忆,也不容易被受众理解,而数字往往是信息的关键点。数字背后隐藏了大小、多少、增减、升降等比例关系和变化趋势,还潜藏着多样化的情感色彩。因此在复述中,单纯把数字告诉受众不是目的,目的是把数字背后的意义和价值告诉受众。

京津冀污染超标严重

环境保护部网站 3 月 18 日发布 2 月重点区域和 74 个城市空气质量状况。京津冀地区 13 个城市空气质量平均超标天数比例为 68.5%,重度污染占 22.6%,严重污染占 19.3%。2 月空气质量相对较差的前 10 个城市,京津冀占了 8 个。长三角地区 25 个城市空气质量平均超标天数比例为 31.4%,珠三角地区 9 个城市空气质量平均超标天数比例为 8.4%。

2 月,中国重污染天气影响范围大,波及 15 个省市,面积 181 万平方千里,其中空气污染较重的面积超过了 98 万平方千米。京津冀及周边地区的 39 个城市中,重污染的城市由 4 个增加到 16 个。

上述内容数字繁多,月份、省份、面积、比例等类型也很复杂。同时,大量的数字在听觉上使受众难以判断出其实际的价值和意义。因此,在复述时要把数字的"色彩"表述清楚。比如,"京津冀地区 13 个城市空气质量平均超标天数比例为 68.5%,重度污染占 22.6%,严重污染占 19.3%"中的三个比例,在复述时除了准确严谨地复述清楚具体数据,还可以将数字形象地换算为实际污染天数进行补充说明,如"这就意味着三天里有两天多的时间空气质量超标,而四五天当中就有一天是重度污染,每五天当中就有一天是严重污染",从而说明污染时间和污染程度的严重。同理,"面积 181 万平方千米,其中空气污染较重面积超过了 98 万平方千米",也可以与我们的国土面积 960 万平方千米做比对,如"重污染天气将近五分之一,而空气污染较重面积超过了十分之一",以说明受污染面积之大。

即刻训练

复述以下调查数据不要陷入数字比例的机械转换,而是要将数字背后所折射的人们的生活方式、消费方式、工作现状、福利待遇等多种问题及变化讲清楚,呈现出其相应的社会价值。

今年国庆长假,近四成的职场人士表示要加班,与此同时有近六成加班者害怕自己拿不到加班工资。智联招聘昨天公布了一份针对职场人士"十一黄金周"行程安排的网络调查,该调查涉及北京、上海、广州等 24 座城市的 4 220 名职场人士。调查结果显示,将近四成的职场人士"十一"要加班,9%的人甚至要连加 7 天班,且大多数人对加班感到烦恼,有 56%的人认为自己加班拿不到加班工资。

"除了时间充裕,我并不能得到任何福利。"有这样想法的职场人士占了被调查者总数的 84%。只有 11%和 5%的员工表示所在单位会发放现金或实物作为国庆节福利。数据显示,发放福利的企业类型中,三资企业最"慷慨",有 29%的三资企业表示会发放国庆奖金或礼物,高于事业单位的 25%和国有企业的 27%,而愿意给员工国庆福利的民营企业比例只有 9%。

"幸免"加班的职场人士将何去何从?调查显示,约一半的职场人士把时间花在了路上,有 27.6%的人选择回家探亲,22.8%的人选择户外活动或旅游。与此同时,有 20%的人选择在家休息,11.4%的人选择逛街购物看电影或与朋友同学聚会,还有 8.2%的人打算参加培训充电或借助长假寻觅跳槽机会。通过比对往年的数据发现,城市白领旅游的热情已经被日常的忙碌生活所消磨,今年只有 5.7%的人计划长途旅游,13.8%的人倾向于短途旅游,两项数据均低于往年水平。

虽然黄金周时间宽裕,但选择出游的职场人士其实并不多。据调查,有 50.4%的职场人士在过去 5 年内从未利用"十一黄金周"出去旅游,有 24.8%的人过去 5 年的"十一"只出去旅游过一次。智联招聘人力资源专家表示,经济因素"羁绊"了这些人出游的脚步,在今年物价上涨的形势下,有 30%的人为了能够不花钱而选择宅居,有 26%的人害怕景点拥挤,也情愿留在家里,还有 18%的人则表示自己受困于工作,实在分身乏术。

第三节 "说新闻"

"说新闻"是 20 世纪末兴起的一种新闻播音样态,多用于社会新闻、民生新闻等,如凤凰卫视的《凤凰早班车》和辽宁卫视的《说天下》等都是典型代表。"说新闻"的语言特点是:(1)口语化色彩较浓,句式短,口语词汇多;(2)常活用或使用非常规的修辞方法;(3)采用"拟态交流"的句式和语态,传播者的主动给予感和交流感较强,语调自然。① 因此,从语言样态上看,"说新闻"表现为对新闻稿件进行"口语化"处理,语气比较松缓,语言灵活自然,交流感强;从操作流程上看,"说新闻"表现为依托原有新闻资料进行信息的再编辑、再传播,包括概括、补充、拓展以及顺序、结构的调整等,目的是为了获得更理想的视听语言传播效果。这恰好是综合式复述技巧的实战训练。主持人"说新闻"既要强化主持人的语言表达个性,又要坚持新闻语言的简洁准确、规范质朴,在叙述新闻事实时应该保持简练、紧凑的消息语体风格。

面对重大突发事件,主持人从常规性直播转入突发事件报道,会遇到无稿可播甚至无信息供给的情况。在新媒体环境下,主持人可以通过互联网搜索信息,判断真伪,即时提取可用信息,组织播出。雅安地震时,四川电视台新闻资讯频道立刻转入直播,但记者还未到达灾区,演播室主持人得不到"本台消息"的支援,于是主持人通过互联网搜索、组织相关消息,支撑起该档节目的直播。薄熙来案在青岛开庭,由于庭审没有对外直播,当地中级人民法院的微博是此次庭审的唯一消息来源,凤凰卫视主持人杨舒在直播中干脆毫不掩饰地拿出手机查找信息,选择关键信息进行播出。这些都是以"说新闻"为基本形态的综合式复述的现实应用。此外,在节目中由受众创造的新闻内容,包括提供的新闻资料以及发表的意见评论等也需要主持人及时整合并筛选播出。美国数据报告《自媒体:受众正如何影响新闻信息的未来》显示,到2021年受众将生产50%的新闻内容。但这些内容纷繁复杂、真伪难辨,这更加需要主持人具有过硬的综合素养和新闻敏锐性。主持人的判断选择和编辑整理真正成为节目编码内容的一个重要组成部分。

一、"说新闻"的操作流程

(一)选择新闻

选择新闻是指根据节目定位和受众需求选择合适的新闻内容。"说新闻"的语言样态较为生动活泼,我们可以选择社会新闻、民生新闻、地域新闻、文化体育新闻、科技新闻、娱乐新闻以及部分财经、政法类新闻等。如果涉及时政、外交等严肃话题,选取的角度要独到新颖,不能为说而说,影响新闻的权威性和庄重性。

(二)编排顺序

一档优秀的新闻节目,编排顺序可谓独具匠心。中国新闻奖对广播和电视新闻节目编排奖项的要求是主题集中、重点突出、内容丰富、编排合理、转换流畅等。"说新闻"节目的主持人,虽然不是专业的新闻编辑,但是要有明确的编辑思路,除了说好每

---

① 吴郁.当代广播电视播音主持[M].2版.上海:复旦大学出版社,2008:158.

一条新闻,还要为新闻串起一条清晰明了的线索,以保证整个节目的一气呵成、浑然一体。新闻编排除了按照重要性、时效性以及内容类别进行编排外,还可以根据关键词,如地域、人物、数字等进行分组编排,也可以将内容相近或相关的新闻进行巧妙串联。

表3-1　2014年12月26日中国之声《新闻纵横》串联单(节选)

版块名称:问今晨				
8分19秒	中国高铁版图再扩容,三条重要高铁今天开通,六路记者随车体验"行进中国"。	消息	本台自采	连线
版块名称:昨夜今晨最新资讯				
30秒	乌克兰当局与东部民间武装达成交换俘虏协议。	消息	新华社	口播
36秒	利比亚部队遭宗教民间武装突袭,18名士兵丧生。	消息	新华社	口播
34秒	俄罗斯外汇储备首次跌破4 000亿美元。	消息	新华社	口播
29秒	日本政府首次在日本海采集可燃冰。	消息	新华社	口播
版块名称:问焦点				
5分07秒	12306网站用户数据遭大规模泄露,人心惶惶谁之过?	消息	本台自采	口播
版块名称:新闻地图				
1分52秒	西北大学被指平安夜封校强制学生观看宣传片。	消息	本台自采	口播
1分24秒	重庆市联芳村村民土地被政府征用未获补偿,3亿多资金去向成谜。	消息	澎湃新闻	口播
33秒	河南南阳"艾滋病拆迁队"嫌疑人被控制,公众疑虑仍旧未解。	消息	本台自采	口播
40秒	乌克兰中断对克里米亚的供电,60多万人生活受影响。	消息	新华社	口播
版块名称:问案情				
6分26秒	琼瑶起诉编剧于正抄袭,一审获赔500万,被告不服要上诉,"宫梅斗"是否会上演续集?	消息	本台自采	口播
版块名称:问进展				
6分21秒	念斌向福州中级人民法院申请国家赔偿,1 500万天价赔偿金怎么算出来的?	消息	本台自采	口播
版块名称:新闻面孔				
1分27秒	河南信阳交警李勇长年在火车站附近疏导交通,因病不幸离世。	消息	本台自采	口播
1分19秒	湖南郴州汝城水电公司总经理李建国,腰系LV皮带被查。	消息	本台自采	口播
55秒	毒贩被昆明警方抓获,自称"卧底"。	消息	本台自采	口播

该节目荣获 2015 年中国新闻奖广播新闻节目编排作品一等奖,这期节目信息饱满,内容厚重,既有国内重点事件盘点,也有国际热点新闻扫描。总体编排采取"纵""横"结合的方法,深度报道与信息扫描穿插进行,内容丰富,节奏明快。以 7 点至 8 点时段为例,在重点选题"三大高铁开通""12306 网站用户数据泄露""琼瑶起诉编剧于正一审获赔""念斌申请 1 500 万国家赔偿"之间穿插资讯信息,并且每组信息的着眼点不同,"昨夜今晨最新资讯""新闻地图""新闻面孔"分别从时间、地点、人物三个角度对新闻信息进行分类加工,比起简单无序的信息罗列,极大地提升了传播效果。

(三) 新闻加工

新闻加工,主要包括单篇新闻内部加工和新闻之间的串联加工。新闻加工,并非改变原有新闻内容或添油加醋随意扩充,而是依照综合式复述的要求,在新闻报道形式和结构上进行调整,同时对新闻内容进行背景补充,对专业信息进行解释说明,对相关信息进行链接插入以及对多篇新闻进行串联和点评等。

1. 调整结构

为了适应电子媒体线性传播的特点,方便受众清晰准确地接收信息,提高受众收视收听的兴趣,主持人可以对新闻结构和顺序进行灵活处理。比如以事件发展的时间或空间为序,或将受众的兴趣点、关注点提前,或体现主次、因果、比较等关系。关键是选择易引起受众关注的叙述角度。

2. 链接周边

人们之所以迷恋互联网,很大程度上是因为互联网思维的核心是链接思维。从一个事件出发,每一个链接便是一个相关的背景补充或解释说明,信息具有无限扩展性。"说新闻"节目是通过主持人的链接思维为新闻进行相关拓展,类似于拓展式复述的应用。相关的新闻背景、最新的事件进展、专业术语的解析等,都成为信息加工的重要内容。

3. 适度点评

"说新闻"节目,从本质上说仍属于新闻消息类节目。主持人的角色定位是评论简练、巧妙、到位的新闻信息串联人,而非以大篇幅、专业性见长的评论家。"说新闻"中的点评具有短、平、快的特点。短,就是三言两语,不要求有评论的章法规格;平,就是一针见血,直指问题要害;快,就是即时快捷,迅速捕捉新闻中的话题点进行评论。社会新闻和民生新闻都非常贴近百姓生活,因此主持人的点评要明世理,通人情,符合主流价值观。来看中国之声《新闻纵横》的一条消息:

冒领财政补贴

16辆校车实有座位228个，向教育部门申报补贴时，座位数却变成了536个，以此冒领财政补贴近10万元。沈阳市于洪区相关部门正在对这起冒领财政补贴事件调查追责。分析此事教训，于洪区教育局校车管理办公室负责人郭传宏坦言，自己在审批雨露校车公司申报的补贴申请表时，确实"疏忽大意了，没有逐一对每台车的真实座位数进行核实，轻信了公司的申报"。

《新闻纵横》主持人对此发表即时点评，一语中的：

座位数量虚报一倍多，无论是校车公司的粗心大意，还是主管部门的把关不严，都难以自圆其说。16辆车，是228个座位还是536个座位，一道简单的填空题，在沈阳于洪区却生生变成了深奥的"证明题"。6个公章拦不住校车补贴的冒领，暴露出的是地方财政资金管理的漏洞和支配的随意。"蚁穴虽小，可溃堤千里"，怎么堵漏，考验着地方管理部门。

4.巧妙串联

"说新闻"节目在精心编排新闻顺序的基础上，要加入合情合理的串联语，使新闻之间巧妙连接，保证节目的连贯性和整体性。串联的方式可以采用：(1)同类信息的顺承过渡；(2)上下文关键词的差异性勾连；(3)运用点评进行巧妙串联。来看辽宁卫视2016年8月26日播出的《说天下》中，两位主持人的串联语。

2016年8月26日辽宁卫视《说天下》(节选)

新闻1：科学家又在太阳系外发现一个"新地球"，或有生命存在

杨　悦：下面呢，咱们还是脚踏实地吧！咱们还得回到地球。地球，你好！说一说这几年呼声很高的"实名制"。

蝈　蝈：我们都知道买火车票、机票要实名，寄快递要实名，支付宝、微信也要实名，现在我们天天离不开的手机也要实行史上最严的"实名制"了。

新闻2：手机卡不实名将被停机

蝈　蝈：电话实名制确实是好处很多，比较容易追溯到使用电话和短信进行诈骗的人，减少电信诈骗案件的发生，提高警方的追捕效率。

杨　悦：说到手机诈骗，这几天大家最关注的就是山东临沂学生屡屡被骗的案件，我们连续关注了好几天了。

新闻3：山东临沂被骗学费学生增至三人，两人死亡

蝈　蝈：这几个被骗学生的遭遇都有一个共同点，那就是骗子电话都是"170、171"号段的，还有就是被害人信息是如何被泄露的呢？

杨　悦：咱们先来说一说这个号段的事儿。

新闻4："170、171"号段为虚拟运营商运营

杨　悦：根据国家反恐怖主义法的要求，包括虚拟运营商在内的所有通信企业都必须对新老客户完成实名登记，到12月1日，对未实名登记的电话号码全部进行停机处理。这个手段虽然说不能从根本上解决电信诈骗，但是应该起到一定的限制作用。

蝈　蝈：另外，400开头的电话也有很多是诈骗电话，大家一定得多加小心，多注意。

杨　悦：不过呢，相比这号段的问题，学生信息被泄露的问题更是让人心惊啊！

新闻5：信息泄露存在安全隐患，学生群体连遭诈骗

杨　悦：转眼又是开学季，对于家长们来说，终于要把孩子们送出家门了，但是又有操不完的心。

蝈　蝈：特别是一年级小豆包们的爸爸妈妈，孩子进入全新的人生阶段了，对于家长们来说是全新的体验。

杨　悦：看着自家的娃小小的身影背着书包走进学校，内心有着深深的骄傲，也有着淡淡的忧伤啊！

蝈　蝈：你等会儿？这就把孩子送进学校啦？

杨　悦：那我还整个仪式啊？

蝈　蝈：进学校门了？你入学第一步当然得进行分班了。

杨　悦：对啊，现在都是高科技了嘛，分班都用的是电脑软件了，又叫作"阳光分班"。

蝈　蝈：嗯，对，其实一年级家长对阳光分班有些陌生，也特别关注。那么究竟阳光分班怎么分，班主任是怎么确定的，都有什么人现场监督，家长不满意是不是可以换班呢？

杨　悦：这些问题确实挺多的。昨天下午沈阳市和平区几所学校已经首先进行了阳光分班，咱们到现场去看一下。

辽宁卫视《说天下》节目两位主持人杨悦、蝈蝈大多采用对话的方式串联新闻：从脚踏实地说到手机实名制，从手机实名制说到电话诈骗案频发，接着两条新闻分别针对诈骗电话的虚拟运营商和学生信息泄露，再借由学生话题说到小学的阳光分班，环环相扣，一气呵成。

(四) 设计语言

从书面语到口语的转化是"说新闻"的重要一环。这里的转化不是简单的词语置换，而是以听觉为主导的话语方式和表达心态的共同转化。主持人只有从受众角度出发，研究并体验受众的接受心理，才能以受众喜闻乐见的方式完成语言的设计和组织。设计语言包括以下三个方面。

1. 词语处理

将新闻稿件中的书面语转化为口语,要注意符合新闻语体的特点,简洁平易、明快生动;少用或不用专业术语,有专业术语时要给予形象具体的解释说明;多用双音节词,不用生僻词语和成语。

机器人的"恐怖谷"

将近90年过去了,机器人的样子早已经从钢铁之躯变成了有头发、皮肤的高仿人。随着技术的发展,刚好进入"恐怖谷"阶段。也就是说,虽然人形机器人的仿真程度越高,人们越有好感,但是当达到一个临界点的时候,这种好感度会突然降低,越像人类反而就越让人感到恐惧,这就是所谓的"恐怖谷"。现在您随便搜索一下最新的科技展会上的人形机器人,几乎全都是属于那种非常像人类,但就是感觉哪儿不对劲儿,显得非常恐怖。

"恐怖谷"理论是指当机器人与人类相像超过一定程度的时候,人们会突然变得对其极为反感。在"说新闻"过程中,对这个专业术语予以具体的解释说明,并加入个人和群体的主观体验,增强了新闻的生动性。

2. 句式处理

有些新闻稿件长句多,复杂句多,主持人在"说新闻"的语言设计中要将长句拆分为短句和简单句。同时,注意句式的组合搭配,以产生丰富而生动的语气语势,如陈述句、感叹句、疑问句、设问句、反问句、祈使句、排比句等。尽量减少使用倒装句,避免产生听觉误差。

比邻星

原　文:比邻星是一颗红矮星,距离太阳系只有4.2光年,是除太阳以外离地球最近的恒星。这颗温度较低的恒星位于半人马座,因太过黯淡而无法用肉眼看见。

播出稿:那我们来说一说这颗恒星的具体位置吧!先来强调一下啊,用肉眼肯定是看不到的啦!比邻星是位于半人马座的一颗恒星,是一颗红矮星,距离太阳系大约是4.2光年。4.2光年,是什么概念呢?宇宙间的距离非常大,所以只能以光年来计量,光线在一年中所走的距离称为一个光年。光速是每秒30万千米,因此,一光年就是94 600亿千米。4.2光年等于397 320亿千米,将近40万亿千米啊!不过相比之前发现的类地行星动辄就是100多光年,比邻星已经是除了太阳以外离地球最近的恒星啦!它的表面温度很低,颜色也黯淡,用肉眼确实看不到。

播出稿中将原文中的长句逐一拆解为简单句,并运用祈使句、感叹句以及设问句等句式,以增强语言表达的多样性,用相应的情绪体验辅助信息的传递。

3. 语音安排

语言设计要避免同音字,使文字清楚明了,朗朗上口,入耳动听。

(五)流畅讲述

"说新闻"的最后一环是以清晰、准确、生动、亲切的语言展开流畅的讲述。一是强记信息要点和叙事的逻辑顺序。不必拘泥于新闻原有的词句,更不需要背诵新闻原文,而要在头脑中理清信息的关键点和逻辑关系。根据前文设计语言的原则重新组织语句,注意叙事层次的流畅性和连贯性,不要为偶尔的"磕巴"所困扰。二是加强语言的交流感和讲述感。比如,可以从故事性的个案介入,增强讲述的趣味性和亲近性;提高细节抓取能力,加入适当的细节描述,增强表达的形象性和生动性;多采用第二人称以及富有交流感的设问、自问自答等形式,与受众主动交流,等等。

新地球

辽宁卫视《说天下》节目主持人杨悦在介绍"科学家又在太阳系外发现一个新地球,或有生命存在"这条新闻之前做了如下开场:

杨　悦:今天除了向电视机前的各位打招呼问好,还得加一位了,"你好!新地球!"(对着镜头挥手致意)

蝈　蝈:你得抬头仰望星空,45度角。

杨　悦:好吧!(仰头)

蝈　蝈:这边!(笑)哪边也看不见,好吧?

杨　悦:是啊!眼神儿也不济。

蝈　蝈:但是我们现在确实知道,有一个类地行星存在于半人马座那边。它可能有水,而且,它可能有生命。

杨　悦:这也是今天很多媒体都关注的大新闻啊!

杨悦和蝈蝈两位主持人在节目开始时,以拟人化的手法向"新地球"比邻星打招呼,轻松解读这个事件的重大意义,引发了受众的关注。

手机非实名制的弊端

手机"非实名制"一方面确实方便,手机用户爆炸性增长。但是另一方面呢,弊端也来了,普遍是垃圾短信啊、诈骗电话啊。有网友这么说:"据不完全统计,自本人拥有手机以来,中奖137次,资金共计7 260万元,另有各种iPhone手机168部、轿车27辆,被大学录取15次,儿子被拐卖23次,女儿被拐卖43次,被法庭传唤31次,这是我传奇的一生!"这个段子虽然有点夸张,但确实说出了很多人的心声。实名制之后,这类现象应该会有所减少,因为更容易追根溯源了嘛!总之,电话实名制真的要来了。工信部要求在 2017 年 6 月 30 日之前完成全部实名。

主持人在串联"电话实名制真的要来了"的新闻时,首先提到非实名制给大家的生活带来的弊端,并引用在网络中传播广泛的一条留言,以戏谑夸张的口吻进一步引发受众的共鸣,为下文的手机实名制埋下伏笔。

二、"说新闻"应注意的问题

"说新闻"虽然信息多元、语态轻松,但绝不等同于市井闲谈。它处于广播电视等媒体的公共传播平台之上,代表媒体的态度和品质。主持人既要把握"说新闻"轻松灵活的语言特点,也要谨慎选择新闻素材,巧妙编排串联,最终落实到语言表达中还需注意以下问题。

(一)注意口语词汇的选择

"说新闻"中,将书面语转化为口语时,要选择口语词汇。这些口语既要简单明了、易于理解,也要准确清晰、生动恰切,以便符合新闻语体客观、真实、准确的特征。

(二)注意语气的把握

语气代表一句话的感情色彩和分量。在"说新闻"时,语气不能夸张、轻浮甚至带有"江湖气",因为语气不当会使主持人显得油滑、有失真诚,使受众对信息来源产生怀疑。

(三)注意防止"为说而说"的形式主义和庸俗化倾向

"说新闻"是新闻播音的一种语言样态,并不是加入"啊、吧、呢、啦"等诸多语气词就是"说新闻",陷入庸俗化的私人闲聊也不是"说新闻"。"说新闻"要让受众在平等、亲切、自然的语言交流中获得尽可能丰富的信息。

即刻训练

1.以下新闻内容名目繁多,请分类并进行编排。注意将描述变化幅度的书面语巧妙而准确地转化为口语。

据新华社全国农副产品和农资价格行情系统监测,与前一日相比,10 月 4 日,猪肉、鸡蛋价格下降;食用油价格稳中有涨;蔬菜、水果、水产品价格微幅变动;成品粮、奶类价格基本稳定。

多地市信息采集员反映,国庆期间,猪肉供应量有所增加,价格稳中有降。监测数据显示,除10月1日猪肉价格微涨以外,其余3日价格微幅回落。与9月30日相比,10月4日,超六成省区市猪肉价格稳定或下降。其中,山西、青海的降幅相对明显,降幅分别为1.4%、1.2%。

监测的21种蔬菜中,4种价格下降,11种价格上涨,6种价格持平。其中芹菜、四季豆、菜椒、白萝卜、洋葱、豇豆、尖椒、圆白菜、苦瓜、大葱、大蒜价格涨幅在0.3%~1.4%之间;菠菜、胡萝卜、生姜价格下降0.5%,西红柿价格下降0.4%;大白菜、油菜、生菜、黄瓜、茄子、土豆价格持平。

2.下列新闻以叙事为主,要强记信息要点和叙事逻辑。注意句式的多元转化与报道的现场感,尤其是获胜后的现场气氛与情绪体验。

3月29日晚,中国男足在主场西安2∶0战胜卡塔尔队,终于搭上晋级亚洲12强赛的末班车。这也是继2002年之后,时隔15年,国足再度回到世界杯预选赛亚洲区最后阶段的比赛。当天的陕西省体育场有46 000名球迷,东西南北四个看台交替呐喊,环绕立体声般的助威,也让球员们的表现应了球迷打出的横幅,"终点未到,血拼到底"。第57分钟,黄博文一脚抽射拔得头筹。中国队连续三脚射门,那股子不进不服的劲儿,终于为自己迎来了转机。第88分钟,武磊打入了锁定胜局的一球。尽管胜利来得迟,姿势也不漂亮,但这场胜利足以让守候多年的中国球迷一夜兴奋。

3.以下新闻内容信息点密集,数据多、名目多,语言规范严谨。注意既要客观准确,又要生动形象地表达新闻内容。此外,对于专业术语要进行适当的解释说明。

环境保护部网站日前发布2月重点区域和74个城市空气质量状况。京津冀地区13个城市空气质量平均超标天数比例为68.5%,重度污染占22.6%,严重污染占19.3%。2月空气质量相对较差的前十位城市,京津冀占了8个。长三角地区25个城市空气质量平均超标天数比例为31.4%,珠三角地区9个城市空气质量平均超标天数比例为8.4%。

2月,中国重污染天气影响范围大,波及15个省市,面积181万平方公里,其中空气污染较重面积超过98万平方公里。京津冀及周边地区的39个城市中,重污染的城市由4个增加到16个。

环保部副部长吴晓青日前在两会新闻中心举行的记者会上称,污染物排放量大是造成重污染天气的根本原因,燃煤、工业、机动车、建筑和道路扬尘是主要排放源。京津冀、长三角、珠三角是空气污染相对较重的区域,三个区域单位面积污染物排放强度是全国平均水平的5倍。

2月,74个城市中仅昆明、海口、深圳等7个城市达标天数比例为100%,空气质量相对较好的前十位城市是海口、舟山、福州、拉萨、深圳、南昌、珠海、丽水、厦门和惠州。京津冀、长三角、珠三角地区超标天数中都以PM2.5为首要污染物的天数最多,分别占超标天数的88.7%、98.6%、71.4%。

虽然2月重污染天气严重,但与上年同期相比,74个城市平均达标天数比例提高2.7个百分点,主要污染物中除NO_2外均有所下降,其中,PM2.5、PM10、SO_2月均浓度分别下降5.9%、5.9%、8.2%。

补充说明:人们通常把空气中直径在10微米以下的颗粒物称为PM10,又称为可吸入颗粒物或飘尘。

4.以下新闻内容故事性强,主题积极向上,感人至深。在"说新闻"时,用简练的语言表达深厚的情感,可以在开头或结尾对母子亲情加以点评。

图 3-1

这几天,51岁的永康男人张永康火了,他自己却觉得有点不可思议:只不过是跟往常一样,抱着82岁的母亲在江边唠嗑,结果这一幕被人拍下,还发到了朋友圈,一时间被好多人转发。"大孝子",是这几天张永康听到的最多的词,这是大家对他的评价。

这张照片的拍摄者,是张永康一位朋友的父母。看张永康抱着母亲在永康江边聊天,这对父母很是"羡慕",随手就摁下这张照片,发到了朋友圈。谁也没想到,能引起这么大的反响。

2014年,张永康的母亲患上了心血管疾病,一开始总喜欢躺在床上,弯曲着双腿,后来双腿无法伸直,渐渐不能下地走路。从那以后,照顾母亲,就是张永康生活的重心之一。"妈妈不能下地走路,吃不了大鱼大肉,也不能说话。"张永康说,他唯一能做的,就是让母亲躺在怀里,抓着她的手,多一些肢体接触,"多少能给她些安全感"。

带着母亲到江边散步,就是张永康常做的事。在江边,他还要不停地和母亲说话,讲讲城市变化、说说工作生活。很多时候,尽管母亲只能用轻声的"嗯""呀"来回应,但张永康却享受着其中微妙的情感交融。"妈妈偶尔会用拇指摸摸我的手",

这让张永康想起小时候，自己就是这样躺在母亲怀里，享受着母亲轻拍背脊带来的温暖和安全感。

张永康为母亲所做的事，邻居早就看在眼里。他们常能看到这样的情形：儿子小心翼翼地抱着母亲从四楼下来，保姆拿着一把椅子跟在身后。虽然老人体重很轻，但从四楼抱到一楼，51岁的儿子还是气喘吁吁。可张永康却觉得，一切都很值得。

母亲病后，医院下了多次病危通知书，第一次听到医生让自己为母亲准备后事，张永康是懵的。今年三月，母亲出现吐血状况，血把两条白毛巾都染红了，张永康更是吓得浑身发抖，他只能在一旁一个劲儿地鼓励："妈妈你要坚强，要坚持，听医生的话好好吃药，很快就能出院了。"让他高兴的是，母亲迈过了这道坎。这让张永康更加坚信，给母亲多一些陪伴和关怀，比吃什么药都管用。

如今，张永康在邮政负责保全工作，每天都要巡查所辖的23个网点，工作并不清闲，但他总要抽出时间陪伴母亲。为了方便照顾，他甚至从原来的卫星路搬到现在的南苑东路。每天上班前，他都先到位于南苑二弄的母亲家中，陪她说说话；晚上下班后，他还是先到母亲家中，有时候只是为了看一眼，"她安心，我也安心"。

张永康说，自己做的这一切，不值一提，"因为小时候妈妈就是这样抱着我，现在轮到我抱着她了"。

（《扬子晚报》2016年9月22日）

5.请根据以下内容设计思路安排内容，注意数字的类比和换算，保证信息的清晰准确和简单易懂。

有车一族在广州城区停车的支出或将大增。近日，广州市物价局公布了《广州市优化调整停车场差别化收费方案》（以下简称《方案》）。根据该《方案》，广州城区的住宅停车最高可能涨300%，商业停车最高可能涨100%。广州市物价局表示，此《方案》为听证方案，并非最终方案，市民可提修改建议。

城区停车费猛涨

据广州市物价局副局长吴林波介绍，《方案》将提高中心城区停车成本，引导个体车辆尽可能选择城市外围停放，引导市民尽可能选择公共交通工具出行。《方案》将广州市的停车场收费分类由原来的十类简化调整为"商业""公共""住宅区""室内专业""其他"五类。

其中，商业、住宅区的停车收费"涨"声一片。按照方案一，商业停车场一类白天收费由5元/半小时调整至4元/15分钟，升幅60%，停一天最贵128元。咪表则全面提价50%~80%；一类提价最厉害，白天由目前的5元/半小时调整为4.5元/15分钟，升幅80%。方案二，商业停车场提高幅度更大，一类白天收费提高至5元/15分钟，相当于20元一个小时。24小时最高限价达到160元。

住宅停车场则有两个方案:猛涨和不涨。按照方案一,一类住宅停车场的涨幅最高,室内由 2.5 元/小时提高至 1.5 元/15 分钟,升幅 140%,露天由 1 元/小时提高至 1 元/15 分钟,升幅 300%。12 小时限价也由之前的 7.5 元、3 元,提高至 18 元、12 元。而方案二中住宅停车场收费则不调整。

一、二类区域扩大

《方案》调整了广州市收费差别化区域级别划分:一类地区由原来的三大商圈扩大到中心城区和白云新城片区;新划分的二类地区包括中心城区周边道路以及黄埔、番禺等区域;三类地区是除一、二类地区以外的区域(详见调整后的广州市差异化收费区域划分图)。

据介绍,一类地区主要考虑到广州市现行交通状况的实际,将市中心交通较为拥堵的区域组成一个大片区。目前交通拥堵指数为 7.11,路网晚高峰平均速度为 21.44 公里/小时,交通运行状况处于"中度拥堵"等级。另外,参考天河核心区发展情况,考虑到白云新城片区建成后商圈发展及交通运行状况,提前将其纳入一类地区范围。记者留意到,新划分的一类地区基本涵盖了现行标准的一、二类地区。这就意味着,以后在现行的二类地区停车,其停车费的支出将大增。

计时标准为 15 分钟

为加快停车位周转,提高车位使用效率,尽量缩短计时标准,《方案》拟将原来的停车计时标准由"每小时""半小时"调整为"15 分钟"。市交委有关负责人表示,《方案》将有助于加快车位周转率。对此,车主褒贬不一,有人觉得车位周转快,方便停车,但也有车主认为,按此方法计算,停车的费用将大大增加。

首现换乘停车场

《方案》还首次出现了换乘停车场收费标准。据介绍,中心城区外围的换乘停车场按照"保本微利"的原则,收费标准应维持较低水平,吸引市民在城区外围停车后换乘公共交通进入中心城区。换乘停车场一、二、三类采取统一标准,小车为 1 元/15 分钟,12 小时限价 12 元。此外,《方案》还提出,机械化立体停车场收费标准可适当上浮,具体浮动幅度报价格主管部门审批。

6.请编排串联以下一组新闻,要求串联巧妙合理,点评精准到位有新意,讲述清晰并富有交流感。

声音 1:北京不要的低端污染产业,廊坊也不能要。

说这段话的是河北廊坊市市长冯韶慧。他最近在接受媒体采访的时候表示,京津冀协同发展是廊坊的好机遇,但面对北京准备向外转移的 1 000 多家企业,廊坊并不会盲目地接收。他们将从企业清单中精心筛选目标,避免低质低效项目进入。廊坊市相关部门负责人也介绍说,廊坊市将加大力度,对接北京科技、教育、医疗、会展等功能性资源,争取引进环保型高端产业,以降低输入污染,营造良好的生态屏障。

声音2: 从小学市场技术,就是毁孩子?钢琴就高雅,股票就低俗?如果孩子喜欢,学得来,为什么不培养?

5岁开始学炒股,每天放学回家做20分钟的股市观察,写了几大本股市日记,目前已熟知近300只股票,9岁的小学生小佑已经是资深股民了。不过一直以来,他并没有参与真正的股票交易,只是用模拟账号过过瘾。除此之外,他还卖书,班里一半的同学都是他的"客户"。父亲称让孩子接触股票、卖书是为锻炼孩子"财商"。而谈起将来的理想,这个9岁的孩子脱口而出:"我的理想是做个有钱人。"

声音3: 如果是自带酒水请自带酒杯。如果自带了酒杯过来,我们这边不收取您的任何费用。

最近有消费者发现,成都一家餐馆贴出一张告示牌,上面写着:"本店出售的酒水已包含洗杯水电费、洗杯人工费。自带酒水请自带酒杯。"餐馆服务员说,如果消费者自带酒杯过来,就不收取任何费用;但如果自带酒水的顾客没有自带杯子,餐厅还有另一种解决方式:按桌收取人工洗杯子的费用,一种酒25元,酒水每增加一种,还要再加5块。有消费者说,这不是变相收取开瓶费吗?对此,有法律人士认为,这家餐馆的行为属于变相收取开瓶费。

声音4: 这个重点小学里面都是些成绩好或者有背景的学生,只要能进,花多少钱都行。因为以后小孩的关系圈子就不一样了,到了社会上都用得着。

这句话来自一位购买学区房的小学生家长。最近,北京一所重点小学的学区房以每平方米28万的巨额单价出售,引发了大家的关注。据统计,2013年北京市学区房成交均价上涨31.4%,高于全市平均涨幅5.5个百分点。从成交价格方面来看,大部分重点小学的学区房价格,要比周边非学区房的楼盘高出30%以上。学区房的房价虽然越涨越离谱,但是即便如此,有些家庭仍是不计成本,砸锅卖铁也要去买学区房。问到为什么要购买学区房,一位小学家长说出了以上那番话。

7.请编排串联以下一组新闻,完成一档"说新闻"节目。

(1)天宫二号实验设备今起全面测试,伴随卫星全天护驾

在天宫二号飞行期间,身边的一位"保护神"——伴随卫星,一直在保驾护航。该伴随卫星采用小型化、轻量化、功能密度的设计,使得卫星结构小、重量轻,却实现了高功能密度的设计效果。此外,它搭载多个实验载荷,并具备较强的变轨能力,还具备开展空间任务的灵活性与机动性。伴随卫星搭载高分辨率全画幅可见光相机,将在空间绕飞试验过程中对天宫二号与神舟十一号组合体进行高分辨率成像,可谓是天宫和神舟飞船的"自拍神器"。

(2) 中小学新版教材刮起学科"混搭风"：政治课本掺国学

9月新学期到来，中小学新版教材也"换装亮相"。记者从教育部获悉，新版语文教材变化不大，文章顺序略有调整，篇目略有增减，主要变化凸显在课后主题活动中。课后主题活动除了涉及民俗、四季等文学意味较浓的文章引读外，还有一部分更像是在帮助学生掌握生活技能，比如图表阅读等。而在新版《道德与法治》教材中，国学经典与法治教育相互"混搭"。比如，在课后"打开学习之窗"的内容中，就引申出"学习"一词来源于《论语》，其余很多课内的相关资料及引用的活动也是从汉字入手，或是从《论语》《大学》中的个别词汇引入。将中华传统文化及国学经典引入政治教材中，是对教材"本土化"的一种调整。

(3) 世界文化遗产莫高窟接待员、讲解员换装亮相

9月21日，身着全新工作制服的莫高窟讲解员从洞窟前走过。近日，敦煌研究院上百名莫高窟讲解员和数字展示中心接待员经过培训后，身着具有敦煌壁画服饰元素的全新工作制服亮相，为前来参观的游客提供中、英、日、法、韩、德6种语言的接待讲解，新颖别致的服装既方便了游客识别工作人员，也成为景区内一道靓丽的风景。

(4) 身份证异地受理：革除"千里返乡办证"沉疴

9月20日起，26个省份非京籍居民可在北京换领补领身份证。北京不是首个可异地受理身份证的城市。据不完全统计，之前全国已有上海、重庆、江苏、青海、广西等20个省份开展了身份证跨省异地受理工作。时下，身份证异地受理正逐步在全国范围内推开。居民身份证异地受理，是继户籍制度改革和车检驾考制度改革后，公安机关便民、利民的又一重大改革举措，也是打造服务型政府的一步好棋。让信息多跑腿，让群众少跑路，最大限度提供便利，让群众体验更多改革获得感。

第四节　综合训练

一、中国各省人的气质

(1) 请分别对每个省份的人的气质做详细复述。可以以小组为单位，每人复述一个省份，看谁复述得清晰准确又有创意。

(2) 请按照一定的逻辑进行分类概括式复述。

(3) 参考下列资料，自主设计一期文化脱口秀节目。

北京——局气

天子脚下、皇城根畔的得天独厚的条件,赋予土生土长的北京人与生俱来的优越感。深谙京味儿文化的京爷、京妞们,言谈举止中都表现出一种从容不迫的乐观和通达。他们知书达礼却也明辨是非,包容随和却也坦率直白,强烈的社会意识化作生活中的淡定与坦然。其实说到底,北京人骨子里还是更钟情于安逸祥和的市井生活的。这份不卑不亢,注定北京人生来都有着名门望族的范儿。

天津——贫气

曲艺之乡的天津充满不紧不慢的艺术风情,既有西洋格调的浪漫写意,又有相声快板的谐谑风趣。这里生活节奏舒缓,加之经济发达、民风淳朴,绝对是惬意、宜居的浪漫城市。天津人都有着"自来熟"的气质,平易近人、清新随和,总会让人感到一种无可抗拒的亲切和热忱。天津人谈吐间都表现出一种调侃生活的戏谑,这份戏谑有点扯淡却也坦诚。

上海——精气

精打细算、精明能干,是每一个上海人与生俱来的过人之处。上海人的精明反映在日常生活中,既包括谋取个人利益的行为,也包括对个人权益、利益的维护,该得到的,他们一分也不让,从来不会假装大方,反倒活得潇洒自在。上海人大多很会讨价还价,法律意识强,不喜欢低三下四有求于人,所以动手能力很强。上海人崇尚精英,有着自成一派并与世俗分庭抗礼的果敢和锐利,却也谨小慎微,讲求实际,经过经世致用的考验之后才会意气风发。

重庆——烈气

重庆就是江湖,重庆人的脾气充满了江湖气息:火爆、利落、直来直去、果敢不屈。和举世称赞的重庆火锅一样,重庆人脾气热辣,性子刚烈,以耿直著称,快意恩仇,不喜忍辱负重,觉得对的就出来力挺,觉得不对的就用拳头解决。而且网上盛传,重庆人单打独斗的能力甚至强于东北人,这不免让人觉得重庆人有点可怕。其实重庆人是非常容易相处的,并且有闯劲、不服输,关键时刻绝对靠谱。重庆人火爆的性格与其说是受天气影响,还不如说是受地形影响,重庆人要跟天斗、跟地斗。

广东——财气

广东是近代民主革命的发源地,东西方文明的交汇点,改革开放的桥头堡和排头兵;广东人是海洋的族群,充满朝气与活力,富于冒险性、开创性;广东人对空头理论不感兴趣,也没工夫空谈哲理、人生,对政治也不感兴趣。北方人先思考后行动,而广东人先行动后思考,注重效益和价值,不注重形式和外表。广东人好吃不好穿,好茶不好酒,好做不好说,自主性高,地域归属感强,有着自己独特的生活方式,喜欢自顾自地沉浸在自己的小世界里。

(好述:《中国各省人的标志性气质 总结得太精辟了》)

二、广州富有特色的独立书店

（1）请按照详细复述的要求叙述，可以逐一对各个书店的特点进行复述。

（2）请按照概括式复述的要求，提炼各个书店的核心特征，并进行有选择的分类介绍。

在网络盛行的时代，实体书店越来越少，然而总有这么些特色书店，或是隐于闹市，或是藏于窄巷，它们不张扬，却在低调中透露出自己的个性，让爱读书的人都一定要寻上门去。本期《粤游地图》就给大家介绍广州富有特色的独立书店。炎炎夏日，躲进凉快的书店静静享受阅读，也是很不错的体验哦！

博尔赫斯书店

关键词：翻译书

地址：怡乐店，海珠区怡乐路95号2楼；昌兴店，越秀区中山五路昌兴街7号3楼

博尔赫斯书店是广州最早的一批独立书店之一。自1993年陈侗创办博尔赫斯书店开始，博尔赫斯书店已经走过了二十多个年头，虽然其中也有不得不停

图3-2　博尔赫斯书店

止运营的日子，但博尔赫斯书店还是在十几次的搬迁当中挺了过来，一直坚持着专属于它自己的格调，成为广州城市文化当中一个鲜明的符号。

博尔赫斯书店一直坚持做同一种形式的书，坚持维持一种独特的文化氛围，出售的大多都是翻译作品。你很难在其中找到一本市面上的畅销读物。它坚守着自己的领域，以近乎顽固的方式努力地去营造一种单纯的文化空间，以自己的态度坚守着广州的一片文化土壤。

方所

关键词：小资

地址：天河区天河路383号太古汇商场地铁上层MU35号

"定是常住，便成方所"，方所一词取自南朝梁代文学家萧统的《令旨解法身义》。"方"为佛家十方，"所"为聚集之地，方所如同它的名字一般，将来自各方

图3-3　方所

的游人与文化汇融在这 1 800 平方米的空间内,成为广州独特的文化地标。

在方所,书籍并不是其内涵的全部。美学生活区、咖啡馆、每月主题文化展区、植物区、例外服装区与书籍区一同构成一个美学生活的小型展览馆,为懂得文化创意生活的人们提供了一个难得的心灵归属地。

联合书店

关键词:港台

地址:越秀区北京路314号

当你行走在北京路的时候,你会发现有一栋6层小楼特别引人注意,那就是联合书店。联合书店是香港联合出版集团在内地全资投资的第一家书店,它诞生于中华书局的旧址之上,通过设计师的精心布设,将传统与现代结合得恰到好处,摇身一变,成了北京路上的一道靓丽的文化风景线。

图3-4 联合书店

作为港资书店,种类丰富的港台图书是联合书店的一大特色。除此之外,秉持着"人文、艺术、优质生活"的理念,联合书店的每一层楼都为读者提供不同的优质服务,从美馔饮宴、人文艺术、创意美学到知性风尚、文化展演和阳光花园。在这里,阅读是一件能给你带来亲近感的事情。

唐宁书店

关键词:沙龙

地址:天河北路233号中信广场BM后街3号

对于许多广州人而言,唐宁书店绝不是一个陌生的名字。自2003年创立以来,凭借着典雅的装修设计以及温暖贴心的服务特色,唐宁书店迅速发展壮大,成为广州独立书店的一个标识。

唐宁书店坚持将阅读发展成为一种生活方式,强调书和精神是生活当中的一部分,致力于对创意生活的开发。除

图3-5 唐宁书店

了图书之外,唐宁书店还开拓有乐坊、咖啡馆、沙龙等区域,通过读书交流、文创产品、知识讲座、音乐表演、电影分享、艺术展览、名人讲座等多种方式不断地为读者开辟更

宽、更广的文化空间,让读者能够在唐宁书店温雅的环境中使浮躁的心平静下来。

三、互联网公司跳槽成家常便饭

(1)请做概括式复述。
(2)请按照"说新闻"的要求进行复述,注意人称、结构的调整。

"您的当前业务等待人数为8,大厅等待办理总人数为11,请在12号窗口排队办理。"拿起排号的小纸条,李娟哭笑不得。她并不是在银行办业务,而是在公司等待办理离职手续。离职电脑格式化、离职办公用品确认、离职薪酬确认……一项项程序在不同窗口排队走完,花了大半天的时间。

近几年,互联网公司在就业市场上大受欢迎,年薪动辄二三十万元,发展前景一片光明,刚毕业的大学生纷纷"跳入碗里来"。不过,一年之后一起入职的小伙伴还剩几个?在互联网行业,频繁跳槽成了家常便饭。

见怪不怪　一周内百人离职

26岁的李娟在北京一家大型电商企业工作了一年多。现在各大电商都流行"造节","双11"刚过又来"双12","6·18狂欢"结束还有"造物节",你方唱罢我登场。消费者买不买账先不说,背后的程序员、产品经理、运营者们可是苦不堪言。

"KPI(绩效考核)压力太大,听说有的部门还有标语、横幅,跟高考似的。工作氛围也没有想象中愉悦,同事之间很难建立起私交。"工作不开心,李娟选择了离职。"办个离职手续,竟然还要排队取号。"她一边忙活一边感慨。

李娟在离职登记表上看到,仅一周时间,这家公司就有100多人离职。

这绝非个例。"同一批校招进来的已经离职了好几个,目测在50%左右,绝不夸张,"一家知名网络游戏公司的开发工程师小郑告诉记者,"想离职的大有人在,包括那些曾经对游戏狂热至极的男生。在游戏公司,这种离职率也算正常吧。"

根据职场社交平台领英此前发布的报告,一半以上的中国职场人士在一家公司安心工作不到一年半,就开始了辞职跳槽的准备。而互联网是在职时间平均最短、跳槽频次最高、员工流动性最大的三个行业之一,另外两个是商业服务和金融保险。

疯狂加班　正常作息"早十晚十"

有趣的是,记者看到,在网络问答社区知乎上,"你为什么从百度离职?""你为什么从阿里离职?"和"你为什么从腾讯离职?"已经成了三大经典问题,并且不断在更新。离职的"前任"员工们纷纷倒出心里苦水,不约而同抱怨最多的就是加班。

"晚来不要紧,但是一定要自觉加班晚走。""以加班为荣,准点下班会被异样的目光注视。""'早十晚十'是正常作息,平均一周通宵一次。"抱怨比比皆是。

"最近一个游戏快上线,但是数据不太好,策划说想来一次大改,推迟半年上线,估计这六个月会天天加班。"小郑说,刚毕业时在这儿拿到的年薪是同学们中最高的,当时得意了好一阵,可是回想这两年,身体透支了不少,天天跟策划"扯皮",工作也没什么成就感。

不少互联网企业倡导"狼性文化",声称员工要拥有敏锐的嗅觉,不屈不挠、奋不顾身的进攻精神和群体奋斗的意识。但在业内看来,有的公司把"狼性文化"变成了一味的绩效考核,变成了简单的加班和熬夜。"互联网行业加班正常,可这样没日没夜地加班就不正常了。"

"周末即使不去单位也要在家办公,一直对着电脑鼓捣,要不就是一个电话接着一个电话地打,"王悦和爱人还在新婚期,可自从爱人跳槽到互联网公司后就少有休闲时间,"干脆住在电脑里算了!"

一挖就走　跳槽工资涨三成

根据猎聘网近日发布的二季度就业报告,在就业形势最好的行业中,网络游戏排名第一,同时薪酬也最高,其次是移动互联网和电子商务,再次是计算机软件。银行、房地产、零售等传统行业就业形势则不太乐观。

既然互联网行业工作那么累,为什么每年还有大批人才蜂拥而入,甘当"苦力"?大家如此频繁地在互联网行业中跳来跳去,跳的到底是什么?

"互联网行业,只有跳槽,才能高速涨薪。"一位中高端领域的"猎头"王女士介绍,在互联网行业,跳槽一次,一般至少要求薪水有30%左右的涨幅,极端情况涨幅能够达到100%。据了解,从百度、阿里、腾讯"挖人"并不难,在三大巨头之间来回跳槽也很常见。

"有的时候跳好了还能升一级,所以不能怕折腾,越折腾涨得才越快。"看着以前的老同事如今薪水涨了又涨,从事算法业务的小袁调侃道。

频繁跳槽虽不值得鼓励,不过业内分析,互联网公司出现的高流动率正是行业高速发展的表现。领英在报告中指出,在快节奏的行业大环境下,企业很少有足够的时间和资源,去培养有效的内部人才体系,大量人才通过外聘方式招募,引发"跳槽潮"。

"一些中小型互联网公司往往会大手笔拿出极具诱惑力的年薪,为的就是从大公司中找到顶梁柱,"王女士坦言,这些年互联网行业发展太快,业务同质化也比较严重,"所以直接把掌握核心业务的人甚至团队挖来,是短期提升的最快捷、最有效的办法。有能力的人也愿意到更赏识他的地方去。"

(《北京日报》2016年7月30日)

四、毒书皮、毒跑道,这位老爸愿用专业死磕

(1)以下内容包含人物采访、事件叙述、专业词汇解析等多项内容,请采用详细复述的方式以第三人称进行复述训练。

（2）请理清脉络，把握重点，进行概括式复述。

魏文锋：自己因为是干检测的，所以对女儿用的这些产品，它的有毒有害问题特别敏感。我老想，她今天吃的草莓有没有打农药，她明天背的书包、擦的防晒霜有没有有害物质。其实我相信，中国有很多爸爸妈妈心里都会有这样的忧虑。

旁　白：他叫魏文锋，原本是一家行业内小有名气的化学品安全和毒理风险评估公司的创始人和总经理，收入颇丰且家有贤妻爱女，生活一直过得低调安稳。但最近两年，他却成了微信朋友圈里的名人，因为他不但撕下了女儿课本上用的塑料包书膜，还撸起袖子与孩子身边各种生活用品中潜在的毒害"开撕"。

在本周，魏文锋的女儿已经是一名小学四年级的学生了。而事实上，在孩子刚刚上一年级时，魏文锋就跟很多家长一样，对塑料包书膜产生过疑虑：这淡淡的塑料异味，对孩子的身体有危害吗？去年开学之前，魏文锋终于忍不住了，专业性的直觉告诉他，女儿用的这些包书膜并不安全。

四天后拿到的这份检测报告，让曾经身为检测认证工程师的魏文锋感觉极为糟糕。送检的部分产品中，邻苯二甲酸酯和多环芳烃的含量，超出儿童用品国家标准数十甚至上百倍。

旁　白：邻苯二甲酸酯是一类能起到软化作用的化学品，还可干扰内分泌系统。含有邻苯二甲酸酯的软塑料玩具及儿童用品有可能被小孩放进口中，如果放置的时间过长，就会导致邻苯二甲酸酯的溶出量超过安全水平，危害儿童的肝脏和肾脏，也可能引起儿童性早熟。

多环芳烃是煤、石油、木材、烟草、有机高分子化合物等有机物不完全燃烧时产生的挥发性碳氢化合物，是重要的环境和食品污染物。迄今已发现200多种多环芳烃，其中相当大的部分具有致癌性。国际癌症研究中心（IARC）1976年列出的94种对实验动物致癌的化合物中，有15种属于多环芳烃。

魏文锋：这些都是致癌和致畸的物质，大量存在于包书膜中，我想这个问题应该是非常严重的。

旁　白：《开学了，您给孩子买的包书膜有毒吗？》这是魏文锋注册"老爸评测"公众号后发表的第一篇文章，当天点击阅读量就超过十万，随即席卷整个朋友圈。魏文锋发现，自己的生活出现了让他意想不到的变化。

魏文锋：最早我启动"老爸评测"，就是想把包书膜的事情曝光，但是发起了这件事情后，家长们的意思就是说，你除了发现问题、验证问题，还需要解决问题。这个解决问题就是你要去找到那个合格的包书膜，如果没有合格的包书膜，你就去定制一个合格的包书膜。

旁　白：魏文锋找到上海一家包书膜生产厂商，劝说对方改换材质，提升工艺，生产完全无害、安全的包书膜。

魏文锋：刚开始的时候，他是拒绝的。他觉得没有必要去做这个事情，因为他说包书膜按照我们国家的标准检测都是合格的，而且现在外面卖的都是这样的，你提出来的这个要求太高了。后来我就拿出了他小孩子快上小学这个茬跟他聊，我说你看看你小孩以后也要读书，天天用这个东西，你心里会怎么想。这个时候他停了一会儿，说既然你告诉我了，我也觉得自己小孩最好还是不要用这个东西。

旁　　白：父亲疼爱孩子的心是相通的，不同的只是有没有足够的专业性来保护自己的孩子。越来越多的家长通过网络汇聚在魏文锋身边，要求检测的物品也越来越多。塑胶跑道、锅、大米、台灯、杯子、菜板、筷子，每一种孩子能接触到的日用品都成了家长托付给魏文锋的一份责任，但也让他投入的100万元在短时间内都送到了检测中心。他开始尝试用众筹的方式去做检验，又在"老爸评测"的公众号内开设商城，向家长推荐值得信任的产品，甚至还通过股权众筹从112位家长手中募集到了203万元的"新鲜血液"。并不忌讳谈及商业的魏文锋很清楚，做好事的前提是得活下去。

魏文锋：让消费者来众筹，然后让消费者来购买，用众筹和购买来完成我们整个模式的自我造血。我们就是用一个商业的手段实现了一个公益的目标，同时把消费者集合在一起，我们一起来玩这件事情，做了一个很有意义的社群。

旁　　白："有原则，有分寸"，这是魏文锋给自己的定位，从浙江出入境检验检疫局的岗位上辞职下海已经7年的他，知道自己从来都不是什么"维权斗士"，他只是一个想保护女儿的父亲。但在他和众多家长的推动下，周围的环境却在发生着变化，监管部门工作人员加入他建的群，看到问题就会上报跟进检测，并尽快制定新的地方标准。在今年2月份上海和江苏对包书膜市场的抽查中，就按照他的标准增添了2项毒害化学物的检测。

魏文锋：我们用时间一点一点去换空间，一年不够两年，两年不够五年，五年不够十年。我相信会有更多人站出来走这条路，跟我一起，我们去愚公移山，慢慢地、慢慢地，这个山就会动一动，就会被我们移掉。人是无法改变别人的，我们能改变的就是我们自己。

(中央电视台《新闻周刊》2016年9月11日)

五、汉字蕴含的人生哲理

(1)请按照拓展式复述的要求进行训练。

(2)请运用下列资料，以综合式复述的方式完成一期主题为"汉字与人生哲理"的节目。

①舒:"舍"得给"予"他人,自己才能获得快乐。
②骗:一旦被人看穿,"马"上就会被人看"扁"。
③超:"召"示你,不停地走,你才能赶上别人,走在前面。
④乞:"气",少争了"一"口。

对汉字的理解竟然可以这么有趣,其蕴含的人生哲理也值得思考和回味。你都读懂了吗?

图 3-6　汉字蕴含的人生哲理

(中国新闻周刊网 2016 年 4 月 11 日)

六、青春"必修课":基本靠谱的爱情定律

(1)请根据下列内容,做概括式复述。
(2)请根据下列内容,结合自己的感受,做拓展式复述。
(3)请运用综合式复述的方法,依托下列材料,做一期广播情感类节目。

"甜蜜的怪圈"定律

你喜欢的人不喜欢你,喜欢你的人,你不喜欢。

靠谱率:95%

这是如此普遍的一个现象,以至于你的第一段情感经历很可能陷在这样一个"甜蜜的怪圈"里。"甜蜜的怪圈",无论男女,都极有可能落入。

镜头故事:中国传媒大学学生覃小喵就是其中之一。她说:"我觉得爱情这个圈没有这么诡异。不过,现实刚好是,我爱的人也在被他爱的人不爱着,而我也有爱我的人但我即使努力也没办法爱上。你小心翼翼对待的那个人,他在忽视你的同时,又在小心翼翼地对待着别人,而同时,必有一个人在小心翼翼地对待着你。"

"以前觉得,这是一件多么讽刺、多么无奈的事。但总会有一天,你会遇到一个人,你爱他如同爱你自己,而他也刚好爱你如己。而现在的你,要做的只是感恩,谢谢你爱的人和爱你的人,因为我们总在爱别人和被别人爱当中,学会爱自己的方式。"覃小喵说。

"最美的年华"定律

你会在最美的年华里遇到最爱的人。

靠谱率:90%

你一定会在最美的年华里遇到最爱的人。一方面,是你会在最美的年华里发现自己的最爱;另一方面,只有最爱你的人才能让你拥有最美的年华。

镜头故事:香港中文大学的袁同学对此深有体会:"遇见那个来自温州的可爱女孩,我才发现,我的青春和生活原来可以如此不同。"他们已经一起走过了3年,还准备继续走下一个3年、30年和更多年。因为女孩姓梁他姓袁,朋友们都羡慕地称他们为"金玉梁袁"。

"同桌/表妹"定律

在你一生的某个阶段,你一定会对你的同桌或者你的表亲暗生情愫。

靠谱率:80%

喜欢就喜欢了,还有什么不敢承认吗?况且这已成为过去式。同桌可以是前后排的姑娘和小子,表亲可以是表妹、表姐、表弟、表哥。

镜头故事:刚刚从英国华威大学硕士毕业回国的赵同学就遭遇了"同桌定律"。在大一军训结束后不久,她惊喜地发现,语言教室里那个略显木讷、不善说话的男生同桌正是她所欣赏的类型。她悄悄地记录了他的各种"呆萌",记录了自己的心动,甚至拿手机偷拍了他午间趴在课桌上睡觉时"可爱的样子"。如今的她坦承:"好吧,我确实喜欢过同桌,这都被你发现了。"

"有缘终将得见"定律

有缘终将得见。

靠谱率：100%

有缘终将得见。当然，缘分也需要努力，有时只保证你们"得见"而非"再见"，别太奢望。

镜头故事：佳佳在那个开满樱花的校园里爱上了他。佳佳面容清秀，很多男生追她，可是她只喜欢他。午餐的时候，她一定会去他常去的那个食堂，只为了多看他一眼。晚饭后，一定要一圈一圈地逛操场，只为了和去散心的他擦肩而过。感谢"天赐"和"人造"的缘分，他们在一起了。有人看到他们一起在图书馆自习，男孩认真地写实验报告，女孩抬头甜蜜地看他，又低头去做英语题。看来，只要有缘终将得见。

"爱情让生活更美好"定律

爱情会让一个人的生活变得更美好。

靠谱率：100%

爱情会让一个人的生活变得更美好——如果不是，请你相信，你所经历的，绝非爱情。爱情会让你更阳光、温暖，更相信美好事物的存在并理解和珍惜，会让你关心路边的小猫咪，偶尔也会害你对着天空傻笑。爱情还将让你更加尊重其他人的生活方式并理解和接纳与你不同的价值观。爱情也会让你充满活力和创造力，创造力迸发的狂喜简直令人迷醉。总之，爱情会让你更美好，它拥有向善和向上的巨大能量。如果以上这些你都不曾体验，请你深信：你所经历的并非爱情。

镜头故事：有爸爸呵护的幸福生活在她18岁的时候结束了——爸爸去了天堂。已经在浙江大学读大一的茵茵特别难过，她的眼泪只能留给自己。后来，她遇见了一个善良的小伙子。他起初只是陪她自习、跑步，后来，茵茵会把家里的事情告诉他，他会默默地听茵茵诉说，再后来，他们在一起了。这个踏实、积极的男孩给了茵茵前行的动力。茵茵说："谢谢他一直陪着我，但爱情不仅仅是陪伴，更应该相互扶持，一起成长。"

七、失去的一切，我都要拿回来！

（1）这是有关2016年里约奥运会中国女排战胜东道主巴西女排的一篇报道，请通读全篇内容，做概括式复述。

（2）请截取其中的某一部分，做详细式复述。

（3）请根据全篇内容，整体部署，巧妙安排，对信息资料进行再编辑，运用综合式复述的方法，主持一档人物专题节目。

在逆转战胜东道主巴西女排之前,几乎没有人看好这支中国女排。面对全场嘘声和不可一世的对手,中国队用一记扣杀终结比赛,挺进里约奥运会四强。

有人说,没有郎平,就没有这支"长脸"的中国女排。是的,在中国体育史上,几乎没有一个人能连续30年受大众喜爱。她在球员时代的五连冠带领中国女排走上世界之巅,执教以后再次率领中国女排重回排坛顶峰……

所有街道都回响着她的传说

1981年11月16日傍晚,学校停课、工厂停工,连乌鸦也停止聒噪,整个国家似乎都安静下来。全国人民守在黑白电视机和收音机前,此时,第三届女排世界杯的决赛正在进行,中国队对阵东道主日本队。在主场球迷震耳欲聋的呐喊声中,一个叫郎平的北京女孩扣下了世界冠军,中国女排3:2艰难获胜。

图3-7 1981年中国女排7战7胜,首夺世界冠军,实现三大球历史性突破

整个中国沸腾了,人群聚拢在天安门广场,彻夜高呼:"中国万岁!女排万岁!"

据说比赛颁奖典礼还没结束,国家体委、全国体育总会、全国总工会、全国妇联等单位的贺电就已达球队。

《人民日报》12月5日报道说,当时中国女排收到的贺信、贺电和各种纪念品达3万件,而这当中,有3 000多件都是"点名"送给郎平的。

她是"世界第一主攻手",球迷口中的"铁榔头"

"打球已经完全不是我们自己个人的事情、个人的行为,而是国家大事,我自己都不属于自己。女排是一面旗帜。女排的气势振兴了一个时代,她是80年代的象征。"

女排的灵魂人物郎平曾在自传《激情岁月》中这样写道。

据统计,7场比赛,中国队共扣球1 116次,其中郎平一人扣球407次,得到79分,扣球命中率接近50%。球迷们亲切地称她为"铁榔头",她扣球的英姿甚至被画成漫画印上了邮票。

世界第一主攻手的名号得来不虚。当时的郎平展现了"逆天"的身体素质,后辈至今只能望其项背。她力量无穷:深蹲达到180千克,和男子"散打王"柳海龙旗鼓相当。前女排主教练陈忠和甚至说,郎平的扣球和男子运动员没什么区别。她体能无解,单场比赛最多扣杀96次,整整是别人的两倍。

她背负10亿人期许,不断书写传奇

1984年的洛杉矶奥运会,郎平的神话彻底达到巅峰。尽管小组赛1:3不敌美国女排,尽管背负着巨大压力,但郎平还是率领中国女排在决赛中以3:0战胜东道主美国队,夺得金牌,赢得三连冠的傲人成绩。夺冠的那一刻,所有人都沸腾了。这一刻,郎平真的不是一个人在打球。在她的背后,肩负了10亿人的目光和期盼。

1985年11月17日,中国队以3:1战胜古巴队后,郎平激动得高高跳起。

"团结起来,振兴中华。"这句响彻天空的庆祝口号,跟郎平一样,在中国体育史上留下了浓墨重彩的一笔。

传说还在继续。队员时代,她包揽了三大赛(1982年世锦赛、1984年奥运会、1985年世界杯)的冠军MVP,短短五年就带领中国女排实现了五连冠的壮举。

退役后自费赴美求学,从"一无所有"重新来过

顶着冠军的光环,郎平退役后本可在系统内取得一份不错的工作。但郎平却选择了一条不同的路,到北京师范大学学习英语,之后又自费赴美留学。

在美国留学的时候,郎平过得十分节俭,为了省钱甚至每天都吃同样廉价的三明治。由于签证性质的原因,郎平不能在美国打工赚钱,只能在学校里做排球教练,以此来抵扣她的学费。后来,为了赚钱付学费,郎平不得不到意大利摩德纳队打球赚钱。

对于这段"留洋"经历,她在自传里这样写道:

1986年,我正式退役了,先去北京师范大学学英语。半年后,有一个机会,我决定公派自费去美国留学。

当时的想法很简单,我只想出去一两年,学学语言,开开眼界。另一个原因是,在中国女排这些年,我得到很多荣誉,女排队员几乎家喻户晓。虽然退役了,可我不能像普通人一样自由自在地生活,老是被别人注意,身不由己,连上街买东西都受拘束。

有一次,我想去看电影,买了票,故意迟到几分钟,等黑灯了,开演了,我才找到位子坐下。可没想到刚坐下,也许是因为个子太高,还是被几个观众发现了,"郎平,郎平"地叫起来,这一叫,整个剧场都不安宁了,我一看情况不妙,赶紧撤。

可是,很多人不理解我的"撤"。他们总觉得,"女排"是中国的象征,我是典型的

"民族英雄",似乎不应该加入这股"出国潮"。也有人挽留我:"你是世界冠军,你是有功之臣,国家是不会亏待你的。"

我觉得自己似乎被误解了,我不是怕"亏待"。我就是觉得,国家和人民待我太好,我不能再躺在"冠军"的奖杯上吃一辈子老本,不能天天坐在荣誉上。"世界冠军"只说明我的过去,而一旦从女排的队伍中退下来,我什么都不是,我得重新学习本领,我得重新开始生活,必须把自己看成"一无所有"。

一无所有的"国际农民"到美国后,因为我拿的是公派自费的签证,不能工作,没有经济来源,所以就只能把朋友家当作食堂。我吃饱了肚子,吃饿了心。以前都是高高在上的,现在一下子落到最底层,还得靠人家借我汽车、给我买衣服,我所有的优势一下子都没有了,心里很难平衡。

后来,我慢慢地想通了,我来美国学习,就是要掌握自己过去没有的东西,开始新的奋斗。我在大学排球队做助教。学校给我的待遇是可以免费读书。但说是做助教,其实就是在哄一些水平很差的队员。一开始,我心里很难接受:我是世界冠军队队员,跑到这儿来哄一群几乎不会打球的大学生,位置整个是颠倒的。但我不得不说服自己:不想颠倒,回中国去,你来美国,就是找"颠倒"来的。

为了经济独立,我又去意大利的俱乐部打球赚钱。一年后,我的签证因为这段工作经历变为"工作签证",在美国可以办绿卡了。更令人欣慰的是,我以 560 分的托福成绩通过了语言关,而且经过严格的考试,成为新墨西哥大学体育管理专业的研究生。

这段 8 年的海外生活经历,历练了我的心智,我已经把自己这个"世界冠军"一脚一脚地踩到地上了,踩得很踏实。

如果我没有经历过出国后"一文不名、一无所有"的生活,没有这些起起落落、沉沉浮浮,我的人生不会有第二次起航。

为把中国女排拉出低谷,她心力交瘁

1995 年,中国女排陷入低谷,郎平"临危受命",回国担任女排主教练。她"抛家别女",一个人回到北京。

回国执教,不仅薪水不高,风险和压力巨大,而且工作也特别辛苦,已签订的多项合同都取消了,丰厚的待遇和优裕的生活条件都没有了,还要长期面对同丈夫、女儿两地分居之苦。郎平说:"要是为了钱,为了工资,我就不回来了。"

她在自己的自传《燃情岁月》中有着更为详细的描述:

1994 年 11 月,我带八佰伴世界明星队打完最后一场比赛,中国排协打电话给我,要我从香港拐一下到北京再回美国,说有事情商量。到北京的当天晚上,袁伟民(前国家女排主教练)找我谈了女排的情况,我们确实都不忍心看着中国女排落到世界第八而一蹶不振。

袁伟民说,女排最缺乏的是一种精神,是教练的凝聚力。我们要用一种人格的力量来调动运动员,而时间又特别紧迫,离亚特兰大奥运会只有一年半时间,不允许再慢慢启动了。他对我有信心,希望我考虑回来执教。我也知道,袁伟民教练一般是不求人的。1995年年初,中国排协召开全国教练会议,决定更换中国女排的主教练,大家也提了人选,又一次想到了我。于是,排球协会一个电传接一个电传地发到我工作的新墨西哥大学,球类司司长也给我发来电传,有一句话打动了我:"郎平,祖国真的需要你!"确实,最后使我下决心的就是这句话。

当时有美国朋友劝我:你在国家队那么多年,干得那么苦,压力那么大,而且你家庭情况不好,孩子那么小,你怎么能回去呢?再说,你还有那么多的合同,这样大的牺牲值得吗?这些利弊得失,我自己全都想到了。回国执教,这个动作确实非同小可,也许,会又一次改变我的生活和命运。

执教工作困难之多,可想而知。但我更清楚,女排在中国人心目中有一种很特殊的位置,女排打球已经超越了排球、超越了体育本身。虽然我离开国家队那么多年了,但大家还是想着我,尤其在女排最困难的时候,要把这副担子交给我,这是一种信任和托付。

坐在回国的飞机上,想着想着,我脑子里突然冒出一个大大的疑问:郎平,你胆子够大的,回去接这样一支队伍,你哪来的勇气?但我绝不盲目、绝不冲动,比较详细地阐述了我的执教想法,有一个基本精神:坚定信念,卧薪尝胆。

坐十几个小时的飞机,又在考虑训练计划,下飞机时,我有点晕晕乎乎的,头也没梳,稍微理了理。走到机舱门口,我只看到机场上有那么多人,有扛着摄像机的,有端着照相机的,有举灯的,灯都打得特别亮,我还回头看,心想,肯定有什么贵宾坐在这架飞机上。没等我想明白,这些人黑压压一片全冲我来了。好,我还迷迷糊糊呢,十几个话筒伸了过来,一个接一个地提问,我都不知道听谁的好,也不知道怎么回答,前拥后挤的。远远地,我只看了我妈和我爸一眼,他们就被人群挤没了,我也被两个警卫"架"到警卫室,海关都没过,只好走"后门"了。

说实话,一下飞机,就被这样一大团腾腾的热气包围着,我心里又添了把火,让我更有了摩拳擦掌的激情和冲动。我知道,把女排带上去,这是干一件挺大的事啊,会给大家带来激情和活力。当然,到底能干到哪一步,我没数,我也在心里画问号。

我对每个队员都交了底。我说,我既然回来了,把自己的后路都断了,大家就得树立在世界大赛中拿奖牌的目标,就得有这个雄心壮志,向世界的最高峰冲击,还要把亚洲的冠军夺回来。我这个人就有一个特点,要么不干,要干就一定得干出个样子。你们都要想好了,如果你们觉得跟着郎导干,吃不了那份苦,你们告诉我,我不勉强,路都是自己走出来的,别浪费我的感情,也别浪费大家的时间。

在郎平带队的1995—1998年这个时期,中国女排获得了1996年亚特兰大奥运会银牌、1998年世锦赛银牌,两次大赛闯入决赛,惜败正处于"白金一代"时期的古巴队。

没有人责怪郎平,实力不济,情有可原。

郎平为了中国女排可谓倾尽了全力,几乎 24 小时不停歇地工作,甚至半夜一点睡下之后都会爬起来研究比赛录像。

高强度的工作压力和病痛的折磨让"铁榔头"心力交瘁,医生在给郎平做手术时,发现她的膝盖已经老化到 70 岁的水平。"女儿向我跑来时,我不敢抱她,我怕抱不动她。"这是昔日的世界第一主攻手发出的无奈感叹。1999 年之前,包括在亚特兰大奥运会期间,郎平昏厥了好几次,不到四十岁的她身体几近崩溃,加上女儿已进入青春期,正是最需要母亲的时刻,出于种种考虑,郎平辞去了中国女排的帅位。在中国女排任上主动辞职的,郎平是第一人。

辗转执教欧美,她成绩斐然

1999 年辞去中国女排主教练职务后,郎平来到意大利,在排球氛围浓厚的摩德纳执教。在这座面积只有成都一半的城市,最受欢迎的运动却是排球,这里有 100 多支排球队,几乎超过我国排球队的总数。但尴尬的是,摩德纳女排成立 27 年来居然没有得过冠军。

终结这一尴尬历史的,是郎平。在摩德纳待了不到一年,郎平就率领球队获得意大利联赛冠军,一年后,又获得了欧洲联赛冠军,2002 年成就联赛和杯赛"双冠王"。从此,"Jenny"(郎平的英文名字)成了摩德纳英雄。

郎平在意大利的辉煌,不仅仅局限于摩德纳。2002 年郎平执教意大利诺瓦腊俱乐部,2004 年就率领诺瓦腊女排获得超级杯和联赛冠军。

在意大利的几年时间里,郎平在俱乐部培育的球星也成为意大利之星。

2005 年,结束意大利之旅后,郎平在美国开始了一段新征程——担任美国女排主帅。郎平曾说,"能够执教美国的球队,我感到非常骄傲。美国是一个体育强国,如果我对排球的理解能够帮助美国队提高自己的水平,那将是非常美妙的事情"。三年后的北京奥运会,郎平率领的美国女排震惊世界。时隔 24 年后,美国首次获得银牌,平了该队历史最好成绩。

有网友戏称,"郎平一队"(中国队)击败了"郎平三队"(意大利队),又要和"郎平二队"(美国队)争夺冠军。三支球队无疑都深深地刻上了郎平的痕迹,左右当今女子排坛格局的人,毫无疑问是郎平。

再次执教中国女排,她上演王者归来

2013 年,国际排联公布世界排名,中国仅列第五位。伦敦奥运会未能跻身四强,更是令国人扼腕叹息。

很多人把这时的中国女排形容成一块"烫手山芋",无数人劝她,不要去接。

"接!为何不接?30 年前我可以,30 年后依然没问题!"在女排最危难的关头,郎平再次选择了挺身而出。她看起来依然霸气,只是额头上略微松弛的皮肤以及眼眸深处偶然显露的疲惫,才让我们想起,郎平,已经不再年轻了。

重新出山的路并不好走。用郎平自己的感受来形容,第一节训练课下来像跳进了一个火坑。她也许在接手前想过女排今非昔比,可她却没有想到,原来,女排可以这么差。没有基本功,没有心理素质,没有防守,没有移动,也没有串联,亚锦赛38年的最差战绩,女排荣光的大厦在这一刻仿佛就要倾倒。

"好吧,你们现在有多差,以后就会有多出色!"郎平大手一挥,指向旁边的训练馆。18米长、9米宽的场地就此成了"炼狱场"。郎平冷酷地将手背在后面,仿佛看到了30年前的自己。没有人知道她们花了多少时间修炼内功,只知道中国女排,好像慢慢回来了。

是的,郎平上演了王者归来。

2014年世锦赛,亚军;

2015年亚锦赛,冠军;

2015年女排世界杯,冠军!

图3-8　郎平在指导

距离上次中国女排雅典夺冠,已经整整过去了11年。距离1986年夺冠,整整过去了19年。将近20年之后,郎平重新品尝到了冠军的味道,这也是她执教生涯以来的第一座世界冠军奖杯。

所以,这次的里约奥运会,在中国女排战胜巴西之后,郎平也哭了。

这里的哽咽一言难尽。

2009年世界女排大奖赛,险胜中国女排的巴西主帅吉马良斯突然高举双拳,充满挑衅地冲着中国队的教练席大喊,那一幕让很多人至今仍铭记在心。

"我们等了7年,就是要等一个机会,我要争一口气,不是想证明我了不起;我是要告诉人家,我们失去的东西一定要拿回来。"

在"魔鬼主场"逆袭东道主巴西队,这是命运之神对不懈努力、历经挫折的郎平和中国女排最好的奖赏。

可郎平并没有被这场胜利冲昏头脑,当所有人都在问"激励了一代人的女排精神是不是回来了"的时候,她却说:"其实女排精神一直都在,不要因为胜利就谈女排精神,也要看到我们努力的过程。单靠精神不能赢球,还必须技术过硬。"

这一刻,你才真正感受到,她,已经完成了从"铁榔头"到"郎图腾"的完美蜕变。

(央视新闻客户端 2016 年 8 月 18 日)

八、"说新闻"专题训练

(1)请从下列新闻材料中选择合适的内容安排到 3 个子栏目"今日头条""热点关注""社会广角"中,每个子栏目安排 1~2 条新闻,组成一档"说新闻"节目。

(2)请对下列新闻素材进行编辑串联,提炼主题内容,完成一档以简略资讯为主的"说新闻"节目。

网络遗嘱"黑匣子"兴起 律师称其不具法律效力

最近,一家名叫"人生黑匣子"的网站悄然进入人们的视线,用户可以将自己的网络遗嘱寄存在网站,一旦立遗嘱的人发生了意外,网站就会把遗嘱发给用户事先指定的联系人。

记者登录这家名叫"人生黑匣子"的网站看到,注册会员每年只需要 59 块钱就能拥有一个网络遗嘱保管箱,用文字、图片、视频的形式保存情感信息、人生日记和财务状况等。网站客服人员说,用户可以自己设定网络登录时间,如果过了约定时间没有登录,就被视作发生意外,网站就会启动遗嘱返还程序,联系指定联络人。

网站负责人表示,目前网站的用户已经超过 36 万,年龄大多在 20 到 45 岁之间,以高危职业及常年在外地奔波的职业为主。用户分布前 5 位的省(市)为广东、北京、浙江、上海和江苏。一些民众表示,网络遗嘱的私密性和便利性,方便了请不起私人律师的普通人。

面对质疑,网站客服人员表示,这里的遗嘱不是严格意义上的遗嘱,为的是给用户的情感提供寄托平台。河南华浩律师事务所律师李华阳也表示,目前的相关法律条文中并没有对网络遗嘱的任何解释和规定。

(中国广播网 2014 年 4 月 7 日)

广州"地下签证"生意火爆 号称 300 元 5 分钟办好

在拱北口岸地下广场,手机店、话费充值点等也可以代办签证,费用 260 元至 350

元不等,快签 300 元,最快的只要 5 分钟,你信吗?

清明节的下午,来自辽宁的李女士手持护照兴冲冲地欲从横琴口岸出境到澳门,结果被边检人员发现其护照内粘贴的缅甸签证是假的,出境不成,还要按相关法律收缴护照并处罚千元。李女士交代,她是经人介绍找中介代办的快速签证,结果上当受骗。

今年第一季度,珠海各口岸共验放出入境人员 2 616 万人次,创历年第一季度出入境客流量最高纪录。在出入境旅客数持续大幅增长的同时,边检民警查获的假签证也越来越多。无门槛、费用低、速度快,这些因素直接导致"地下签证"市场异常火爆,但也有不少旅客上当,花钱买到手的却是个假签证。

(《广州日报》2014 年 4 月 7 日)

六旬"潮妈"4 年独游 8 国　靠翻译软件和老外神侃

一句外语不会,却独自环游世界,这是年轻人都望而却步的事,却发生在六旬"潮妈"贾捷虹身上。2010 年至今的几年中,她独自游过巴西、阿根廷、荷兰、法国、印度尼西亚、比利时、韩国、阿联酋等 8 个国家。朋友们看了她的游记,在点赞的同时仍觉得不可思议。在旅行的过程中,贾捷虹与很多外国人成了朋友,有的甚至至今都在联系,和他们聊天时她都用翻译软件。

(《北京晚报》2014 年 4 月 7 日)

长春市普查房龄　"35 岁"以上房屋全部列入观察期

记者近日从长春市住房保障和房地产管理局了解到,长春市目前正在对全市房屋进行普查,房龄"35 岁"以上房屋全部列入观察期。

长春市住房保障和房地产管理局副局长陈济生介绍,作为东北老工业基地,长春老旧房屋多,不少房屋已经超过设计使用年限。长春市从去年开始加大房屋安全排查力度,去年 8 月底前,将排查出的 800 栋左右 D 级危房的居住人员全部撤出,对排查出的 C 级危房马上抢险加固。

按危险房屋鉴定标准,D 级是指承重结构承载力已不能满足正常使用要求,房屋整体出现险情,构成整幢危房;C 级是指部分承重结构承载力不能满足正常使用要求,局部出现险情,构成局部危房。

(新华网 2014 年 4 月 7 日)

丈母娘以 27 项标准选女婿　网友笑称"男追女隔个妈"

"男追女隔个妈",近期,"史上最牛丈母娘"在微博上一炮而红。该母亲对于女儿相亲对象的苛刻条件令人咋舌,其条件的第一部分为机器筛选,包括对方外貌、行业、18 型人格等 27 项信息的 Excel 表格;第二部分为人工筛选,丈母娘备有一本详细的相亲日记,记录了双方见面的每一个细节,尤其是车、房、外貌等情况,稍有不满意,立即踢出局。

(中国新闻网 2014 年 4 月 7 日)

农民工幸福感深圳倒数第一 其次是东莞

近日,中国人民大学和工众网联合发布的调研成果显示,中国农民工的幸福感从多个维度看都显著低于国外体力工作人员。从幸福感的角度看,幸福感最高的前三位城市是泉州、青岛、长沙,幸福感最低的城市是深圳,其次是东莞、上海。

南都记者近日走访了深圳特区近百位劳务工,问卷调查和微博调查结果显示,80%的劳务工对自己的工作感到不满意,仅有20%的劳务工对工作感到很满意;约70%的劳务工觉得生活没有方向,看不到未来,30%的劳务工认为生活幸福。

(《南方都市报》2012年5月4日)

中国约有十万汉服爱好者 一套服装最贵数千元

一说起清明,人们想到的可能是"祭奠""扫墓"等活动,实际上,清明节并不只是悼念,还有多种传统风俗活动,汉服文化活动就是其中之一。

记者日前参加了汉文化爱好者在东城区柳荫公园的一次活动,在现场看到很多游客的头上都戴着环形的柳条。公园东门内的广场上,几名青年男女手持柳条,身着古代的服饰,正在进行舞蹈表演。表演结束之后,又与同样穿着的百余人一起,来到公园准备好的一块空地上,将手中的柳条插到土中,谓之插柳。

其中一个女孩告诉记者,他们是汉文化爱好者,或者说是推广者,所穿的汉服,是华夏文化中汉族的传统服饰。而在公园举办的各项活动,则是古代流传下来的清明节的各种习俗,"希望能让更多的人了解我们自己的传统文化"。

这些汉文化爱好者有的是媒体的编辑,有的是学校老师,还有的是装修工人,来自社会的众多行业。但从整体来看,还是以学生为主,女性居多。他们有着自己的QQ群、微信群、贴吧,大家会在群里称彼此为"同袍"。

然而,会员们告诉记者,在北京并没有销售汉服的实体商家,大家所穿的汉服,如果自己没有剪裁制作的手艺,那么就只能在网上定制。为此,记者在淘宝网上搜索了一些销售汉服的商家。记者发现,按照不同材质、刺绣工艺以及面料,一件汉服的价格低至两三百元,贵的则要几千元。

(《法制晚报》2014年4月7日)

第四章　即兴描述

描述就是用生动形象的语言、丰富的修辞手法，对事物进行形象化的阐述，把描述对象的状态、动作、性质、特征具体地展示出来，使其有血有肉、具体可感。例如："幸福是什么，幸福就是亲人的一张笑脸、午后一抹温暖的阳光、晚上下班时万家灯火中为你点亮的那盏灯……"这句对幸福的阐释主要是通过对不同生活片段的描述来呈现的。

对于节目主持人来说，描述是最基本的一种表达方式，在各种节目类型中都很常见。例如：在新闻节目中，主持人运用描述展现新闻事件的现场情境，尤其是关键细节；在社教节目中，主持人运用描述展现事物的特征；在体育解说中，主持人运用描述介绍比赛的场面、运动员的表现、观众的现场反应等。1938 年 3 月 12 日，被誉为广播电视节目主持人"开山宗师"的美国著名战地记者、新闻节目主持人爱德华·默罗在德军进占维也纳的同时，向美国听众广播了他的第一篇战争报道：

我是爱德华·默罗，此刻正从维也纳报道。我是几小时前乘飞机从华沙取道柏林来这儿的。从飞机上鸟瞰维也纳，我发现它跟从前没有两样。但是维也纳确实有所变化……人们在这里把武器举得要比柏林高一些，而且人们说起"嗨，希特勒"这样的字眼声音也要高一些……年轻的纳粹冲锋队员乘车在街道四周游荡。他们乘着军用卡车、各种型号的装甲车，唱着歌，向人群投扔橘子皮。几乎所有重要的大楼都设有武装警卫，包括我现在临时广播的这座楼。整个城市有一种断定要发生某种事情的迹象，每个人都在等待着，想知道希特勒在什么地方，什么时候会到达这里。

这次报道被视为人类广播史上的第一次"现场直播"。爱德华·默罗正是用大量声情并茂的描述，庄重、沉静地反映了二战欧洲一线的客观真实情况。这些精彩的描述感染了无数美国民众，使远隔万里的美国人有身临其境之感。

描述对象包括人、事、物、景。人物描述一般包括：形态描述、行动描述、心理描述和语言描述。相对于"人"这个主体之外的事、物、景，共同构成了环境。环境描述可以分为自然环境描述和社会环境描述,也就是"自然风景画"和"人文风情画"。环境描述也可以分为宏观环境描述和微观环境描述,前者重视整体、背景,后者则是对某一个具体时间、地点、事件的细节化展现。主持人的描述一般应符合三个基本要求:

第一,鲜明生动。描述的基本目的就是把一个事物具体形象、活灵活现地呈现出来,主持人可以借助丰富准确的词汇以及富有表现力的修辞手法,抓住细节,把握特点,展开描述,使受众通过主持人的语言展开联想和想象,从而获得身临其境的现场感受。

第二,适应性地"准确"。这一要求是说,主持人需要根据节目类型和特点,把握描述的准确度。在大多数节目中,主持人的描述都应该对事实进行客观呈现。但在某些特定的语境中,如某些娱乐性节目中,为了追求幽默、戏剧性的效果,主持人的描述也可以适度渲染、夸张。

第三,明确目的、紧贴主题。主持人的描述不是为了描述而描述,应该有明确的目的,如为了讲述更生动、评述更明确、讲解更鲜活、抒情更有力,等等。

要获得良好的描述效果,主持人还应该特别重视观察。观察是描述的起点和核心,有三点具体要求:第一,有感受地观察,要充满热情,积极地对待人、社会、自然,充满欲望地观察节目中的所有事物,不仅要用眼睛看,用耳朵听,更要用心感受;第二,具体地观察,多方位、多角度地了解事件全貌,细致入微,不放过任何细节;第三,深入地观察,要善于透过表象,发现事物的内涵、本质、规律。

第一节 描述方式

一、地毯式描述

地毯式描述即全面描述,对与主题有关的对象一一进行描述,对每一个描述点的刻画虽不一定详细,但对整个事物的描述却比较完整。这种表述方式必须有明确的描述线索和逻辑顺序,比如以时间、方位、事物发展的趋势等为依据,切不可眉毛胡子一把抓或者想到哪个点、看到哪个点就随意说。

清晨堵车

睡了一夜的街道,又开始热闹起来。我骑着自行车上班,骑了不远,发现人们前行的速度慢了下来,我意识到堵车了。我踮起脚尖,极力向前望去,前面人群非常拥挤,黑压压的一眼望不到边。再向后看,一支庞大的自行车大军向我涌过来。我被夹在中间,真是进退两难。大路被堵了个水泄不通。自行车、三轮车和各种机动车辆塞满了整个街道。只要前面有一个空位,就马上有人挤上去,真是见缝插针。大人的抱怨声、小孩的哭喊声、汽车的喇叭声、自行车的相撞声……各种声音交织在一起,形成一首不和谐的交响乐。前边的一辆大卡车发出震耳的轰鸣声,像是一头掉进泥坑里的老牛,在挣扎,在呼叫;以往那威风的小轿车,此时也像甲虫似的缓缓移动。

这段话是对堵车情境的描述,以方位为主线,先是"向前"看,描写前面的场景;然后"向后"看,描写身后的场景;再描写整个情境,包括人物、卡车、小轿车等的具体状态。

女人的心

十几岁的女孩,她的心门是玻璃的,外面可以看见里面,里面也可以看见外面,是透明的;二十几岁的女孩,她的心门是木头的,里面看不见外面,外面也看不见里面,但是,炙热的爱情可以把这扇门熊熊地点燃、烧毁,你就可以直接进去;三十几岁的女人,她的心门是铁栅栏的,火也烧不开,但是,如果你有钥匙,就可以打开进去,可是钥匙只有那么一两把;四十几岁的女人,她的心门就是纯铁的,没有锁,也没有钥匙,但是,她是有密码的,只有一个人懂得密码;五十几岁的女人,她的心门是水泥的,烧也烧不开,既没有钥匙,也没有密码,什么都没有,只有似水柔情、涓涓溪流可以慢慢渗透进去;六十几岁的女人呢……没门了!

这段对"心"的描述,以时间为主线,抓住每个年龄段女性心灵的特点,辅以一定的想象、比喻,描述得惟妙惟肖。

即刻训练

1. 请描述校园的一角。
2. 请描述令你印象深刻的一次女生节或男生节情景。
3. 请描述一次难忘的生日庆祝中,吹蜡烛的那一刻。

二、抽取式描述

主持人的话语特征决定了他们不能,也不需要对对象的点点滴滴都进行描述,更多是在叙述、评述、解说的过程中,抽取需要细致刻画的信息点,对事物、对情感进行清晰的表达。比如:"有人说,在中国最寂寞的地方是农村,而在中国的农村最寂寞的人,就是那些因为父母常年外出务工,而不得不和父母长期分离的孩子。这些从小与孤独为伴的孩子,被大家称作留守儿童。我们来看看这些照片。我注意到孩子们孤独的眼神、期待的目光以及顺着眼角滴下的大大的泪珠;我注意到孩子们的口型,那是在喊爸爸、妈妈;我注意到孩子们的面颊,似乎都很干燥,因为缺少父爱母爱的滋润……"这段话的最后一句是对留守儿童的具体描写,选取了眼睛、口型、面颊为描写对象。可见,抽取什么具体描写不是随意而为的,一般是抽取最能反映主题、最特别、最能触动受众的细节进行描写。

抗战老兵

纪念抗战胜利70周年阅兵仪式结束后,《新闻周刊》选取了阅兵方队中最感人的老兵方队做了一期节目。当老兵方队经过天安门城楼时,主持人说道:"没有任何口令,原本都在招手的老兵们都换成了敬礼。""老兵张玉华乘坐老兵车辆第一个通过主席台,尽管已经100岁,尽管右手在抗战中被子弹打穿,但他仍然敬了一个标准的军礼。"

抗战老兵

纪念抗战胜利70周年阅兵是一个大型的庆典活动,节目选取老兵作为报道对象,本身就是抽取思想的体现。关于老兵有很多地方可以描述,主持人选取了"军礼"这一具有象征意义的手势符号作为描述对象,对于这些百岁老兵以及这场活动来讲均意义重大。同时,这一动作也是最令受众感动的。

战争中的巴格达

2003年伊拉克战争,在美英联军对巴格达密集轰炸后,巴格达千疮百孔。水均益在撤离巴格达的前一夜,来到一幢高层建筑的平台上,向正在收看直播的中国观众做最后一次报道。他告诉观众,他身后流淌的是孕育了美索布达米亚文明的底格里斯河,这条河水已经流淌了万千年,远处是灯火明灭的巴格达市区。那一刻,美英联军的飞机大炮没有轰炸,夜幕下的巴格达是如此宁谧、安详。他请观众和他一起,听一听底格里斯河潺潺的流水声,眺望一眼远处的阑珊灯火,享受一下巴格达短暂而难得的美丽夜色。

巴格达有很多地方可以描述,主持人选择战争间隙这一时间和两个具体对象"底格里斯河"和"夜色中的巴格达市区"做简单描述,没有过多的语言,没有评论,但对战争、对这座古老文明城市的诸多感慨,已经蕴含其中。

即刻训练

1.请观看纪念抗战胜利70周年阅兵视频,做抽取式描述。

2.观看电影《风声》片段,描述李处长、王队长、白副官、顾晓梦、金处长的神态、语言、心理等。

《风声》(片段)

3.谈话节目中,嘉宾分别是姚明、孟非、易烊千玺。作为主持人,请以"描述人物特点让观众猜"的方式一一请出嘉宾。

三、拓展式描述

拓展式描述是指依托现有资料，对文字、图表、画面等内容进行扩展性的细节增补，主要依靠想象和联想，目的是更加合理完整、生动形象地描述对象。需要注意的是，拓展要以原有描述对象为基础，不能天马行空地随意幻想。

门

门是一丝灵感，关上它是传统，打开它是创新；
门是一种联系，关上它是隐私，打开它是交往；
门是一些往事，关上它是随风，打开它是回忆；
门是一米阳光，关上它是暗夜，打开它是黎明。

上述对"门"的描述，依托其"安装在出入口能开关"的本质属性，通过联想和想象，运用比喻、排比、对仗等修辞手法，在连接与关闭不同空间的描述中拓展了"门"的意义。

G20 杭州峰会报道

劳春燕： 我们都知道这次 G20 峰会是在杭州举行的，所以背景板的设计也非常具有江南特色。整体上背景板是西湖的山水，在一侧我们还能看到三潭印月的"三潭"，顶上则是这次 G20 峰会的会标，它被设计成了桥的形状。20 根线条代表了 G20 的 20 个经济体。那么事实上，这 20 根线条还代表了光纤，因为现在是互联网的时代，是信息经济的时代，我们还要加强信息经济领域的沟通。桥在我们中国文化中代表了沟通融合，代表了互动，代表了大家之间的这种合作共赢。所以我们也期待着 20 国经济体的领导人能够坐下来沟通交流，能够为世界经济的复苏增长、为国际金融市场的稳定作出更多的贡献。最后我请大家来看，在这座桥的上方还有一枚我们中国的印章，我们也期待这次峰会能在 G20 的历史上留下我们的中国印记。

这是中央电视台记者劳春燕在 G20 杭州峰会开幕式合影区的一段现场报道。她以合影区背景板的主要内容为对象，适度联想并描述了"桥""20 根线条""印章"等内容的形态和寓意，彰显了"沟通、交流、融合"以及"中国价值"等更为深广的信息内涵。

即刻训练

1. 回忆并描述收到大学录取通知书那一刻的情景。

2. 将小组同学的手机桌面匿名截图收集起来,分别进行描述。除了描述图片本身外,还要引申到其个人特征的描述,并建立两者之间的联系。

3. 在深圳市深南大道北荔枝公园东南口耸立着一幅邓小平巨幅画像,人们献花、鞠躬,在画像前照相留影,表达对这位中国改革开放总设计师的缅怀之情。2018年,是我国改革开放40周年。请查阅资料,以此幅画像为核心,展开深入式描述。

图4-1 邓小平画像

四、写实与写意式描述

除了上述分类方式以外,我们还可以根据描述的目的和效果不同,将描述分为写实式描述和写意式描述。

(一) 写实式描述

写实式描述即客观描述,是对客观存在的社会生活进行细致入微的观察,以还原事实原貌为目的,不需要过多的联想和想象,避免过度渲染和夸张。它就好比一台摄像机,基本保持原貌地再现人物、事件等。这类描述在新闻现场报道、生活服务类节目以及财经类节目的图表描述中被广泛使用。

G20杭州峰会报道

康 辉:一进入会场,我们就被浓郁的中国风韵所吸引。首先,天花板是中国青花瓷的图案,这是世界最为熟悉的中国标志性的符号之一。而旁边我们也看到有中国古建筑中常用的斗拱和举架结构,既是结构也是装饰。整个会场的四壁一共有20幅表现中国各地风景名胜的木质浮雕。大家仔细看呢,还能看到很有中国江南

G20杭州峰会报道

风格的这种雕窗和门扇的装饰,很有中国韵味。另外,我们看到领导人和工作人员坐的这个座椅也是中国传统的圈椅,既庄重大方同时也注重舒适度。另外,请我们的摄像师给领导人座位前面的文具一个特写,也是很有中国特色的。首先是有中国卷轴式的这种文具垫,然后是镇尺,包括桌上的这个呼叫器仔细看的话也是中国玉印造型的。所以走进这个会场呢,你会感到这真的是中国作为东道主的一届G20峰会。

这是中央电视台主持人康辉在G20杭州峰会主会场的一次现场报道。这个会场第一次通过媒体向公众亮相。康辉以精细的语言描述配合摄像机的镜头完成了一次"口头写生",从整体环境到装饰布局再到物品摆设,清晰明了、细致周全。虽然没有一句直抒胸臆的赞美,却让我们从细节中感受到浓浓的中国风韵,一种强烈的民族自豪感油然而生。

即刻训练

1.请选择校园内的一处场所,如图书馆、食堂等,进行写实式描述。

2.请结合下列图片及背景介绍,进行写实式描述。

【新闻背景】我国农村义务教育学生营养改善计划启动实施5年来,广西已有63个试点县实施营养改善计划,160多万名中小学生告别了曾经的"黄豆拌饭"和"粥瓶午餐"等,学生的健康水平和身体素质得到提升。图4-2为孩子们在加热自己从家带的午饭,图4-3为老师和工作人员在准备营养午餐,图4-4为孩子们在操场上吃营养午餐。

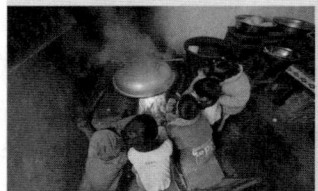

图4-2 加热午饭

图4-3 做午饭

图4-4 吃午饭

(新华网《广西160多万名中小学生吃上营养餐》)

【新闻背景】2016年中国阿拉善草原那达慕大会在内蒙古阿拉善左旗开幕。本次那达慕大会历时3天,将举行赛马、博克等传统民族竞技项目以及诗歌比赛、服饰展示等文化活动。图4-5为舞蹈演员在阿拉善草原那达慕大会开幕式上表演,图4-6为骑手进行马术表演。

图4-5 舞蹈演员表演

图4-6 骑手表演马术

(新华网《内蒙古阿拉善举办草原那达慕大会》)

(二)写意式描述

写意,实为中国画的一种画法,不求工笔精细形似,只求以精练之笔勾勒出事物的神态,抒发作者的情趣。写意式描述借鉴这种形简而义丰的表现手法,不苛求对对象进行完整细致的描述,而注重人、事、景、物的某一状态所蕴含的精神和意义,借以抒发作者的情趣、感受和志向。写意式描述既可以是对整体的感知,也可以是对细节的挖掘或抽取式的局部点染,关键是表述中所富含的情感意味。讲述者往往带着主观情感去观察客观景物,自觉或不自觉地把主观感情融入情境之中,从这个角度来说,写意式描述也是一种主观描述。

《零点乐话》主持词

杨嘉乐,马兰村小学四年级的学生,长得比我还黑,胳膊上满是蚊子叮过挠破留下的疤。今天我带他去了天安门,和他在广场上溜达的时候,我突然想,这个地方我竟然已经22年没来了。

这20多年我都在干吗?这个问题好傻。因为就在昨天,当我第五次获得最佳节目主持人上台去领奖时就问过自己:这么多年,你怎么还在话筒前,还这样深情款款如歌如诉,乐此不疲?

当我感慨时,会习惯性地往窗外望一眼,通常我都会看见直播室外长安街上那盏熟悉的路灯——这么多年,换了无数次灯罩灯杆,可它还是一盏灯,还是在点亮和熄灭间将时间一天天计算,从未改变。

我是否有点像它呢?

这是北京音乐广播主持人伍洲彤在音乐情感节目《零点乐话》中的一段主持词。在回顾近20年(1993—2011)的主持历程时,他没有逐一记录每一次成功,而是选取了"直播室外长安街上那盏熟悉的路灯""换了无数次灯罩灯杆",可这么多年"还是在点亮和熄灭间将时间一天天计算,从未改变",借物抒情,以此表达自己对事业的坚守。虽然只是寥寥数语,却将那盏路灯的模样生动勾勒出来,并以此建立起主持人与受众联想空间的交集,形成情感共鸣。

即刻训练

以"记得那时年纪小"为主题进行写意式描述,不追求回忆内容的全面完整,而强调情感的真实自然。

第六届 CCTV 电视节目主持人大赛(片段)

第六届CCTV电视节目主持人大赛总决赛第二轮比赛,要求选手从九宫格里任选三个数字并根据数字背后的图片或音频资料进行相互关联的阐述。以下是选手徐卓阳的比赛实况。

(1)图片:自行车

画面上的这个自行车现在已经不是什么稀罕物件了,家家都有。但是在座的大多数年轻人有没有想过,时光倒退30年,在20世纪70年代,它是著名的"三转一响"当中的那一"转"。很多人的家里在谈婚论嫁的时候必须有这么一件。所以我们看到,两个轮子不仅载着人从一个地方到另一个地方,同时也反映着历史的演进和我们生活的进步。

图4-7 自行车

(2)图片:稻田

画面上金黄色的一望无际的稻田很容易让我们产生丰收喜悦的感觉。稻田同样与上述的自行车反映了一种历史的进步。自行车的进步表现在经济领域,从买不起到买得起;稻田的进步表现在,自从水稻之父袁隆平发明杂交水稻之后,不仅是一个国家发生了变化,而且全世界的人们都可

图4-8 稻田

以从此不再为粮食而发愁了。当然这只是其中的一个方面;另外一个方面,当我们看到稻田的时候,一方面想到人类科技生产力的进步能保证我们的生活衣食无忧,但真正我们应该感谢稻田底下厚厚的黄土地,正是有了它们,才能保证人类在这个星球上不断地繁衍,当我们看到丰收的时候,应该常怀感恩之心。

(3)图片:青花瓷瓶

历史的车轮不一定会像自行车的两个轮子一样每时每刻都往前进,而是很可能像稻田上的风一样你有时候不知道它要往哪个方向吹。比如说,这个青花瓷,在周杰伦的那首《青花瓷》风靡大江南北以前,谁还记得我们这样珍贵、这样秀美的传统艺术?谁还能说出官、哥、汝、定、

图4-9　青花瓷瓶

钧这五大名窑?所以说,历史有时候并不一定是在进步中为我们铭记,也有可能在进步中被我们遗忘。当这种传统文化只能以现代流行方式嫁接到我们生活中的时候,我们除了在关注青花瓷表面的漂亮和周杰伦歌词的动人的时候,谁会想到它的制作工艺以及它所代表的那种农业文化?那种在农业社会当中非常精美又非常稀少的由官家经营而流传不到民间的这种陶瓷制作艺术呢?这其实给我们两个启示:前一个启示已经说了,敬畏自然;另外一个启示,我们在不断的演进的过程中,一定要铭记历史,并且以流行的方式让我们这一代人记在心里。

选手徐卓阳从三幅图片本身的信息出发,抓住其特征进行写意式描述,如自行车的轮子代表着历史演进,丰收的稻田令人感恩自然,青花瓷在传统与现代间诠释了传承与变革等。选手借由简单的图片信息,进行了极富责任感、使命感和反思精神的描述。

即刻训练

在以下图片中随机抽取三幅进行写意式描述。

图 4-10　写意式描述组图

第二节　实战技法

一、未见"真言"形象勾勒

描述是为了形象地给受众呈现所述对象,让受众感受到所述对象的内涵和外延。但在某些情境下,避开最直接的表述词语,用其他更为形象的词语步步勾勒,会有更好的效果。比如:描述高考前一刻的紧张,如果直接生硬地描述"这位学生特别紧张,紧张极了",意思是不错的,但紧张到什么程度,怎么紧张,受众不得而知。再比如:"这位学生此刻觉得有点不能呼吸,额头上冒出了汗水,走路有点腿软,脑子里好像一片空白……"这一描述虽然没有直接使用"紧张"一词,但却从多个方面呈现出该学生的紧张状态,显然更加细致、清晰。使用这一技法需要积累大量的词语,明晰近义词、反义词的细微差别,运用多种修辞手法,调动多维感官,生动呈现。

东北大雪记者连线

根据中央气象台的预报,这次的降雪是从 11 号开始的,前期以降雨为主,后期随着气温下降省内转为雨夹雪,然后再转雪。其中,黑龙江的中部地区降雪量最大,局部地区将会出现暴雪。另外,雪后会出现 3~5℃的降温,并伴随西北大风。

具体到我所在的省会哈尔滨,从昨天中午就开始飘雨,晚上变成大雨而且风非常大,温度也从前两天比较稳定的5~6℃下降到0℃。另外呢,我留意了一下是从昨晚11点左右开始由雨转雪,直到现在,哈尔滨市的上空还飘着小雪。早晨起来可以看到所有的汽车顶部都盖满了厚厚的雪,刚刚我看了一下手机上的即时天气是-3℃。今早我出门也明显感觉到冷,像降温之前我只穿了一件冲锋衣的皮儿,而今早必须穿上那个抓绒内胆,而且在外面还不敢多待。另外,这个迅速降温呢,虽然现在地上还是一层薄薄的雪,但是市区内的路面在今年入冬以来首次有了积雪。在东北呢,我们就管这个雪叫"站住了",而这个"雪站住了"也是东北人眼里冬天真正来临的标志。

(《新闻纵横·东北大雪记者连线》2012年11月12日)

这是中央人民广播电台驻黑龙江记者迟松的一段连线报道。他的核心表述内容是这一轮寒潮暴雪在黑龙江省尤其是在哈尔滨的表现。他分别对天气预报的数据和自身体感等信息进行了描述,尤其是以自己穿衣的改变来侧面体现降温的情况并给听众以提示性的参考意见,从当地民俗"雪站住了"来证明这轮寒潮的整体影响。这段连线中并未反复出现"冷"这个词,却让我们体会到寒潮来临时东北冬天的气息。记者的连线主旨清晰,感受细腻,内容丰富,表达多样,充满生活气息,是真正来自现实的生动描述。

可怜

中国人的公共假期每年115天,我没有;中国家庭平均住房面积116.4平方米,我没有;中国人均可支配收入3 600美元,我没有;中国男性平均身高174.2厘米,我没有;中国人平均生育1.18个孩子,我没有。恍然间我好像被移民了,可惜我没有。

这段话完全不提"可怜"二字,甚至连其近义词都没有,但幽默、无奈的描述却呈现出一个令人同情的人物形象。

即刻训练

请根据以下话题展开描述,既要以引号中的关键词为话题核心,又尽量不出现原词。

1. 80、90后是"最辛苦"的一代。
2. 妈妈或爸爸"爱"我。
3. 高三是人生中最"苦"的岁月。

二、虚实结合 情真意切

描述不仅可以用于对现实事物的呈现,也可以用于对想象性事物的呈现。想象与现实结合,既是对现实的适度延伸,也是对事物的写意式描述。

山区孩子的冬天

在一期讨论贫困儿童的节目中,主持人说:"我们都觉得这个冬天吧,特别奇怪,开始是入不了冬,可这突然就来了,而且是多年不遇的冷冬。我们在城市里用着暖气、吹着空调都觉得很难熬,我就在想,生活在贫困山区的孩子们,他们穿上棉袄了吗?他们的小手有没有被冻着啊?我们送去的爱心午餐是热的吗?有没有一个肉菜啊?"

这段话是主持人由天气联想到的,不仅切合当时的天气特征,而且反映了山区孩子可能存在的生活困难,很容易引起受众的共鸣和对贫困山区孩子的关注。

大家与小家

《相逢2000——迎接新千年》直播特别节目,时间快接近零点,白岩松说了这样一段话:"我们的国家是由一个个小家庭组成的。只有家庭幸福稳固了,我们的国家才能兴旺发达。此时此刻,我们应该对我们的父母说'爸爸妈妈你们辛苦了',我们应该给家人一个拥抱,给孩子一个深深的亲吻,因为只有'家和'才能'万事兴'。"

新千年的到来有太多东西、太多场景可以描述、想象,主持人选择了与每个人生活都有密切关系的"家"这一元素,几句想象性描述,温暖而现实。

即刻训练

1. 青少年节目中,你作为主持人与几位小嘉宾分享自己童年最喜爱的一部动画片,着重描述自己当时的心情和感受。
2. 分别畅想毕业十周年和四十周年大家聚会时的场景。
3. 谈话节目中,你作为主持人与几位球迷畅谈中国足球的未来,设想中国足球挺进世界杯并闯进16强……

三、由点及面　由表及里

由点及面是指在描述时，抓住核心点逐步推演展开。新闻人要发现新闻点，讲述人也要发现讲述点。这一"点"，可以是图片中最显眼的焦点，事件中的某一个人物，等等。

由表及里是指在描述过程中，不要仅仅对事物表象进行描述，而要透过现象看本质，将隐藏在事物背后的意义、人物内心的情感等富有内涵的东西表达出来。核心点往往就是走向意义深处的通道，从核心点延伸描述，不仅表象勾勒一目了然，而且易于点出深层内涵。比如，图4-11，"国"字缺失一点，最显眼，是描述的重点，再细看这一点恰是"台湾岛"，其寓意不言自明；图4-12中"开学典礼"四个大字和七个学生、一个老师形成特殊的场景，这两大元素既是描述重点，也是这张图片的意义揭示点。

图 4-11　国

图 4-12　开学典礼

即刻训练

请描述下列图片，既可对每一幅图片单独进行描述，也可将四幅图片联系起来展开描述（第三幅图是索马里儿童难民图片，第四幅图是BBC《早间新闻》的两位主播）。

图4-13 训练描述组图

四、分层分类 ——表现

面对较为复杂的场景、事物时,可将其划分成多个描述对象,按照一定的逻辑顺序对各部分分别进行描述,化整为零;或者把相近的事物归为一类进行描述,化繁为简。注意要将各部分巧妙勾连起来,使之具有内在联系。

愤怒、忧虑和乐观

2012年9月,由于钓鱼岛问题中日关系持续紧张,全国各地出现了反日游行,但很多民众的行为超出了正当的情绪表达。白岩松在《新闻1+1》中,做了一期名为《犯罪:别披着"爱国"的外衣》的节目。一开场他这样说道:"首先,我们来看一组照片……面对这样的49张照片的时候,我内心的这种心情也正好是这一段时间以来估计很多人共同的心情,那就是三个关键词:愤怒、忧虑和乐观。'愤怒'的是日本的购岛闹剧,每一个中国人都会格外地愤怒。'忧虑'的是当我们来表达自己愤怒和声音的时候,在这种游行示威当中却开始出现了披着'爱国'外衣的公然的犯罪,这些犯罪跟爱国没有关系。'乐观'是开始担心会不会法不责众,像以前有过的一些类似的行为一样,法不责众、不了了之就过去了。但是这一次没有,我觉得它很有可能成为中国民主政治当中一个非常重要的转折点,不能因为你去追求一个正义的目标,过程就可以是非法的,法律就是法律。"

主持人用三个关键词依次表达了自己的三种情感体验。他像所有中国人一样,对日本的购岛闹剧感到"愤怒",但是对歪曲了的爱国情怀感到"忧虑",进而对这一次犯罪行为的处理表示"乐观"。这是主持人就一个事件,对自己心理状态按照层层递进的逻辑顺序进行描述。

即刻训练

1.请用分类的方法描述班里的同学。
2.请分别用几个核心词概括你心中的"中国梦"并具体描述。
3.我们每个人都有梦想,我五岁的时候想_____,十岁时想_____,十五岁时想_____,如今二十岁了想_____。

五、多维感知 以声传情

多维感知是主持人作为感受主体,通过具体的观察,调动视觉、听觉、嗅觉、触觉等多维感官系统,对外界刺激进行一系列的心理认知活动。主持人的即兴描述既要把接收到的多维感官刺激用词语、句子表达出来,又要记忆相应的情感体验,以声传情。

观看乒乓球

"王励勤,加油,中国队,雄起!"随着观众此起彼伏的呐喊声,中国对韩国的世界杯乒乓球决赛被王励勤与韩国柳承敏的几个大力远拉推向高潮。场内翻滚着一股热浪,坐在电视机前的我们也目不转睛地看着电视,我、爸爸、哥哥戴着头巾,挥舞着乒乓球拍,用力捶着茶几当起场外啦啦队来。王励勤又胜一局,在加油声中一路高歌,这时,柳承敏奋起反击,几个短摆,直线,反手对拉,利用王励勤侧身过多,迎头赶上,我已经能闻到场内达到顶峰的火药味了。这时候,观众的叫声更响亮了,震耳欲聋,把电视机前的观众的心深深地震撼了。我们一家也急得直跺脚,索性脱掉衣服加油,终于,王励勤不负众望,在掌声与欢呼中尽显他的王者风范,一声大叫,一个手势,赢得了比赛,我们也抑制不住兴奋之情,相互拥抱起来。

这一段描述运用了视觉、听觉以及触觉等诸多元素,把观看乒乓球比赛时的紧张、兴奋之情刻画得淋漓尽致。

即刻训练

1. 某天晚上大家在宿舍里聊得酣畅，对此场景进行描述。
2. 适度想象，描述下面两组场景。

（1）第一组

图 4-14　堵车

（2）第二组

图 4-15　放鞭炮

六、归纳整理　阐释本质

在面对较为复杂的数据、图表时，主持人不能——播读，即使可以播读，也无法让受众一下子明白这些数据、图表到底说明了什么。因此，主持人必须对其进行归纳整理，告诉受众重点信息，说明其背后的规律和本质问题。在此介绍"三步描述法"：第一步，宏观描述，告诉受众这是什么；第二步，描述主要或突出的信息点；第三步，描述发现的规律、问题、本质、意义等。第二步和第三步的顺序可以根据内容需要灵活处理。

表 4-1　世界大学排名前 20

排名	学校中文名称	国家
1	哈佛大学	美国
2	麻省理工学院	美国
3	加州大学伯克利分校	美国
4	斯坦福大学	美国
5	牛津大学	英国
6	剑桥大学	英国
7	加州理工学院	美国
8	加州大学洛杉矶分校	美国
9	哥伦比亚大学	美国
10	芝加哥大学	美国
11	华盛顿大学	美国
12	约翰·霍普金斯大学	美国
13	普林斯顿大学	美国
14	宾夕法尼亚大学	美国
14	耶鲁大学	美国
16	多伦多大学	加拿大
17	密歇根大学	美国
18	帝国理工学院	英国
19	加州大学圣地亚哥分校	美国
20	杜克大学	美国

第一步：这张表给我们展示了全世界排名前 20 位的大学。

第二步：目前全世界排名前三位的大学依次是：哈佛大学、麻省理工学院、加州大学伯克利分校。

第三步：从这张表中我们可以看出，美国的高等教育在全球遥遥领先，不仅前三位都是美国的大学，而且这 20 所学校中有 17 所来自美国，占据绝对优势。另外三所是英国的牛津大学和剑桥大学，分别排在第 5 和第 6 位，加拿大的多伦多大学排在第 16 位。

即刻训练

请描述下列图表,注意分步骤理清思路,透过现象看本质,从数据中找出规律。

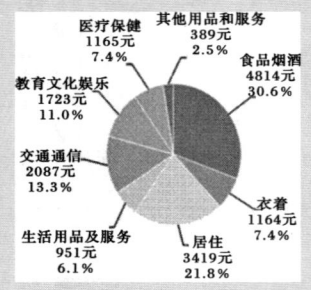

图4-16　2015年全国居民人均消费支出及构成

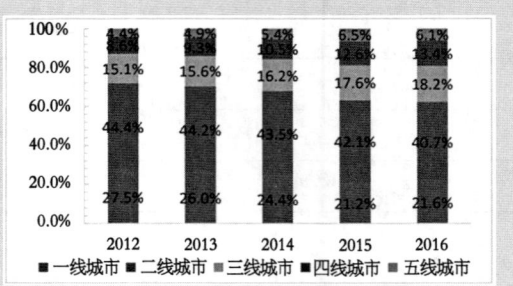

图4-17　2016年上半年省份和城市票房前十

第三节　综合训练

一、运用下列句式进行描述

(1)不必说……,不必说……,也不必说……,单单是……

例句:不必说兵马俑的神奇,不必说大雁塔的雄伟,也不必说华清池的柔美,单单是一碗羊肉泡馍就能让你对西安流连忘返。

(2)来到……,你会闻到……,听到……,看到……,感受到……

例句:来到我的家乡贵州苗寨,你会闻到空气中清甜的气息,听到潺潺的小溪流水,看到一望无际的山脉,感受到苗家欢迎礼的盛情。

二、根据下面的词语展开联想,组成一段描述

世界　友谊　紧张　享受　辉煌　合作

例句:足球是今天世界范围内普及度最高、最受欢迎的一种球类运动,集力量、速度、技术于一体,集比赛与友谊于一体,集个人能力与群体合作于一体。一场足球比赛90分钟,球员酣畅淋漓,斗智斗勇;球迷紧张兴奋,无比享受。中国拥有世界上数量最大的球迷群体,却没有世界一流的足球队伍。但是足球是圆的,这一秒在你的脚下,下一秒也许就在我的脚下,也许下一个10年、20年就是中国队的辉煌期。

三、描述下列现象或情境

（1）我第一次感受到了异性的吸引力，有了心跳的感觉。
（2）近年来，多位中央电视台主持人离职。
（3）近年来，很多国人疯狂出境购物。
（4）我独自走在校园的小路上，很想家。
（5）那一刻，我好痛（可以是身体疼痛，也可以是心痛）。

四、描述下列图片

图片，一般包括照片、漫画、图画、图表等。

（一）照片

照片一般为实景图片，大多可以采用事实性描述的方法还原场景原貌。描述时要在复杂的画面信息中快速找到价值点，不要陷入细碎繁杂的流水描述中。

1.描述下列图片。

图 4-18　献血

图 4-19　高速公路变停车场

图 4-20　电子垃圾

图 4-21　亲吻

2.先一幅一幅描述下列照片,然后将每一排的两张照片作为一组放在一个主题下进行描述。

(1)第一组

图 4-22　稻田　　　　　　　　　图 4-23　稻穗

(2)第二组

图 4-24　列车　　　　　　　　　图 4-25　马车

巩俐

3.根据下面两组图片设计具体的节目情境,进行连续性描述。

(1)第一组:2015 年 MET GALA

纽约大都会博物馆慈善舞会(Met Gala)是时尚界最隆重的晚会,是业界翘楚和冉冉升起的新星最主要的成绩表,因名流汇聚而备受外界瞩目,被誉为"时尚界的奥斯卡"。Met Gala 每年都会有一个极具意义的主题,2015 年的主题为"中国·镜花水月",中国多位一线明星出席。

刘嘉玲　　　　　　　　　　　李宇春

图 4-26　纽约大都会博物馆慈善舞会明星组图

(2) 第二组：创意酒店 Hotel Fox

位于丹麦首都哥本哈根的创意酒店 Hotel Fox，由来自全球 13 个国家的 21 位艺术家设计建造。他们把酒店客房打造成一件件艺术品，而只被赋予一个使命：自由快乐地设计。要求只有三个：一是房间内必须有张床；二是房间设计不得带有色情成分；三是不得出现含有政治倾向的字句。

图 4-27　创意酒店组图

(二) 漫画

漫画是用简单而夸张的手法来描绘生活或时事的图画。一般运用变形、比拟、象征、暗示的方法,歌颂、批评或讽刺某些人和事,具有较强的社会性。描述漫画时,要透过现象看本质,描述清楚漫画的含义。

图 4-28　捶背　　　　　　　　　图 4-29　风驰电掣的隐忧

(三) 图画

图画,这里指一些画作或运用视像技术等形成的图片,例如广告图片、设计图片等。在描述这一类图画时,除了描述清楚图片本身的内容外,更要从画面技法、创意、内涵等方面进行描述。

图 4-30　面包屋

图 4-31　树屋

图 4-32　冰激凌屋

图 4-33　海报

(四)图表

图表描述大多在新闻节目、财经节目中出现。在描述图表的过程中,注意条理清晰,从图表的基本信息入手,继而深入解析图表数据所蕴藏的关键信息。注意用形象化的语言、巧妙的修辞手法,使枯燥的数据、表格变成受众易于接受的信息。

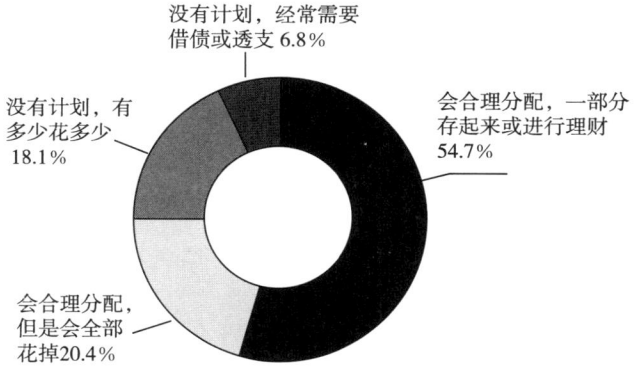
图 4-34　90 后收入(生活费)支配调查

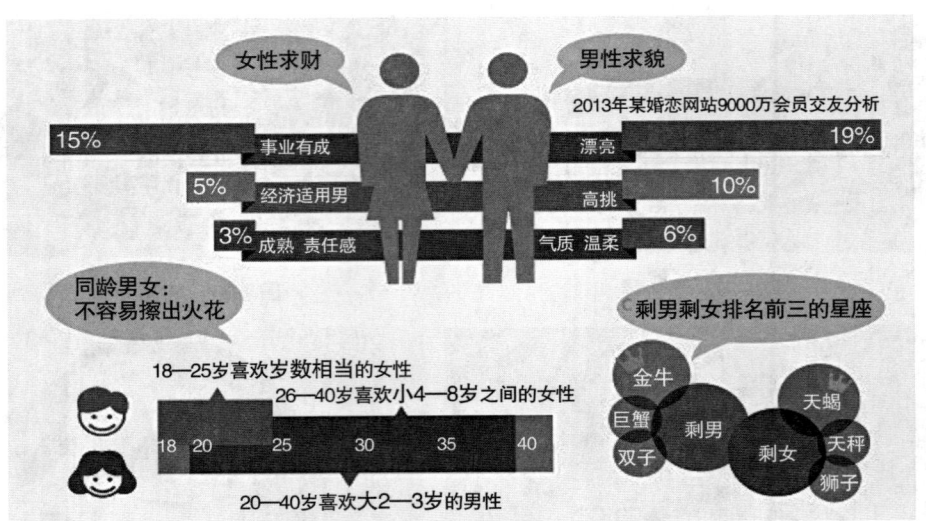

图 4-35　中国男女婚恋观系列调查

五、听音乐，表感受

主持人对音乐进行描述，除了要具备一定的语言表达能力外，还需要音乐感受力、想象创造力、艺术鉴赏力等。训练着重从两个方面进行：一是针对音乐进行描述；二是根据音乐的感觉即兴说话。

(一) 描述不同音乐类型

一般可以从乐器、旋律、节奏、曲风、意境等方面进行专业性或感受性的描述。
(1) 交响乐《红旗颂》
(2) 广东民乐《步步高》
(3) 电影原声《辛德勒名单》
(4) 陶笛组曲《森林狂想曲》

(二) 描述非纯音乐类曲目

除了对音乐本身的描述外，练习描述歌词内容、歌者的演唱特点、歌曲意境等。
(1)《同桌的你》
(2)《时间都去哪儿了》
(3) Because of you
(4)《爱如潮水》

(三)根据音乐情境即兴说话

根据音乐情境即兴说话,训练语感与乐感的和谐。主持人要使心理节奏、语言节奏与音乐节奏相契合,语言内容与音乐意境相融合,使受众获得相应的情绪体验。可以选择不同节奏及风格的音乐作为训练对象。

六、请用描述的方式完成以下嘉宾的出场介绍

金庸　张艺谋　何炅　罗大佑　郑渊洁　杨红樱　比尔·盖茨

示例一:李彦宏

他年轻帅气,他是中国富豪榜上的佼佼者,他32岁回国创业,从此便一发不可收拾。他是BAT的三巨头之一,他使中国成为美国、俄罗斯和韩国之外,全球仅有的4个拥有搜索引擎核心技术的国家之一,让我们一起说出他的名字——李彦宏。有请今天的嘉宾李彦宏先生。

示例二:李书福

这是一个需要英雄,也产生英雄的时代。在我们的企业界有很多卓越的企业家,不仅以他们的事业和梦想,同时也以他们的人格魅力吸引着大家的关注。有这样一个人,有人评价他是一个汽车疯子,有人说他是中国汽车界的堂·吉诃德,有人说他根本就是一个不合时宜的人,也有人把他评价为最执着的中国企业家。他就是我们今天的嘉宾——李书福先生。让我们掌声有请。

第五章　即兴叙述

叙述就是将事情的前后经过记载下来或说出来,即把人物的经历、事件的发展和事情的变化过程表达出来的一种方式。有人说"没有叙事,就没有历史",可以说,叙事是与人类历史共同产生的。任何具有纪录性的文艺作品都离不开"叙述",同时,发表议论、说明问题也离不开叙述。描述的对象可以是静止的、无变化的,而叙述的基本特点在于陈述变化过程。在文学创作中,叙述是使用频率最高的一种表述方法,对于广播电视而言,叙述也是最基本的表现手法。美国电视理论家萨拉·科兹洛夫认为,电视是当今美国社会里最为主要的故事叙述者[1]。美国电视节目《60分钟》的缔造者唐·休伊特认为,坚持"叙述"是《60分钟》广受欢迎的重要原因。电视叙述包括画面叙述和语言叙述。中央电视台《新闻调查》是电视叙述的典型,每期节目围绕一个话题,叙述事件发生的经过,挖掘前因后果。该节目清晰地阐释了叙述的"六要素":时间、地点、人物、事件、原因、结果。

成功的叙述需要对"结构"(叙述的框架顺序)进行巧妙设计,对"情节"(事件的实际内容)进行合理展示。新闻节目主持人叙述新闻事件的前因后果,谈话节目主持人叙述嘉宾的故事,体育节目主持人叙述比赛的过程,法制节目主持人叙述案发的经过,等等。主持人的叙述分为两种:一种是完整叙述,比如谈话节目主持人分享一个自己童年的故事;一种是片段叙述,主持人的叙述是节目的一部分,与画面叙述、画外音或其他传播主体叙述一起构成完整的叙述。需要注意的是,主持人的叙述与报刊文章的叙述是有所不同的。由于在大多数电视节目中,主持人并不是"主演",主持人不可能长时间长篇大论地宣讲。所以,无论是完整叙述,还是片段叙述,主持人的叙述都不能拖沓,应该充分发挥有声语言的优势,尽量使叙述生动简洁。

主持人叙述的目的或功能可以归纳为三点:一是呈现客观事件,即对客观事实的

---

[1] 科兹洛夫.叙事理论与电视[M]//罗伯特.重组话语频道.麦永雄,等,译.北京:中国社会科学出版社,2000:45.

客观讲述;二是引导其他内容,即主持人的叙述是为了引出更多的内容;三是证明观点、说明问题,即叙述的内涵是评价和论证。当然,这三点也是互有交叉的。

第一节 叙述方式

一、详细式叙述

详细式叙述是对叙述对象进行细致的、细节性的介绍。但注意,详细式叙述并不是没有重点地叙述事件中的所有细节,如果这样,叙述目的就会模糊不清。详细叙述分为两种:其一是对某一特定事件的详细叙述,比如,第一次包饺子;其二是对某一段时间里发生的事情的详细叙述,比如,大学四年的生活。很显然,前者因为具体所以可以对细节展开叙述;而后者因为时间跨度很大,包含事件太多,所以不可能对过程中所有事件进行细节式叙述,只能尽量对四年生活中的主要事件、主要时间段,根据表述的需要,作出较细致的叙述。因此,"详"与"略","详述"与"概述"只是相对的概念。

《渴望》导演调电视

《档案·〈渴望〉八十年代的心灵鸡汤》节目,一开始就讲述了这样一个故事:1991年的一天,电视剧《渴望》的导演鲁晓威正在家里头忙活着,突然他听见门口有敲门声,打开门一看,原来是邻居老大妈。老大妈跟他说:"听说你是北京电视台的,我们家电视坏了,你帮我看看吧!"鲁晓威就跟着大妈到了他们家,打开门一看,电视里正在播《渴望》,鲁晓威的心里头颇有成就感。鲁晓威问大妈:"大妈,您家电视怎么了?"大妈说:"我们家这电视一直都有七八个频道,可这两天怎么就剩这一个频道了?"鲁晓威一换台,乐了,原来所有的电视频道都在播《渴望》,乍一看,就好像是只剩下了一个频道,这是鲁晓威第一次感受到《渴望》有多么受欢迎。

事件本身很简单,主持人详细叙述了两人的对话以及动作,如:忙活着、打开门一看、跟着、换台等,完整、细致地再现了当时的过程,让人有身临其境之感。

小公务员之死(节选)

他打了个喷嚏,你们瞧。……举目看看四周:他的喷嚏是否溅着什么人了?这时他不由得慌张起来。他看到,坐在他前面第一排座椅上的一个小老头,正用手套使劲擦他的秃头和脖子,嘴里还嘟哝着什么。切尔维亚科夫认出这人是三品文官布里扎洛夫将军,他在交通部门任职。

"我的喷嚏溅着他了!"切尔维亚科夫心想,"他虽说不是我的上司,是别的部门的,不过这总不妥当。应当向他赔个不是才对。"

切尔维亚科夫咳嗽一声,身子探向前去,凑着将军的耳朵小声说:

"务请大人原谅,我的唾沫星子溅着您了……我出于无心……"

"没什么,没什么……"

"看在上帝的分上,请您原谅。要知道我……我不是有意的……"

"哎,请坐下吧！让人听嘛！"

切尔维亚科夫心慌意乱了,他傻笑一下,开始望着舞台。他看着演出,但已不再感到幸福。他开始惶惶不安起来。幕间休息时,他走到布里扎洛夫跟前,在他身边走来走去,终于克制住胆怯心情,嗫嚅道:

"我溅着您了,大人……务请宽恕……要知道我……我不是有意的……"

"哎,够了！……我已经忘了,您怎么老提它呢!"将军说完,不耐烦地撇了一下嘴唇。

"他说忘了,可是他那眼神多凶!"切尔维亚科夫暗想,不时怀疑地瞧他一眼,"连话都不想说了。应当向他解释清楚,我完全是无意的……这是自然规律……否则他会认为我故意啐他。他现在不这么想,过后肯定会这么想的!"

回家后,切尔维亚科夫把自己的失态告诉了妻子。……她先是吓着了,但后来听说布里扎洛夫是"别的部门的",也就放心了。

"不过你还是去一趟赔礼道歉的好,"她说,"他会认为你在公共场合举止不当!"

"说得对呀！刚才我道歉过了,可是他有点古怪……一句中听的话也没说,再者也没有时间细谈。"

第二天,切尔维亚科夫穿上新制服,刮了脸,去找布里扎洛夫解释……

"昨天在'阿尔卡吉亚'剧场,倘若大人还记得的话,"庶务官开始报告,"我打了一个喷嚏,无意中溅了……务请您原……"

"什么废话！……天知道怎么回事!"将军扭过脸,对下一名来访者说:"您有什么事?"

"他不想说!"切尔维亚科夫脸色煞白,心里想,"看来他生气了……不行,这事不能这样放下……我要跟他解释清楚……"

当将军接见完最后一名来访者,正要返回内室时,切尔维亚科夫一步跟上去,又开始嗫嚅道:

"大人！倘若在下胆敢打搅大人的话,那么可以说,只是出于一种悔过的心情……我不是有意的,务请您谅解,大人!"

将军作出一副哭丧脸,挥一下手。

"您简直开玩笑,先生!"将军说完,进门不见了。

"这怎么是开玩笑?"切尔维亚科夫想,"根本不是开玩笑！身为将军,却不明事理。既然这样,我再也不向这个好摆架子的人赔不是了。去他的!我给他写封信,再也不来了。真的,再也不来了!"

切尔维亚科夫这么思量着回到家里,可是给将军的信却没有写成。想来想去,怎么也想不出这信该怎么写,只好次日又去向将军本人解释。

"我昨天来打搅了大人,"当将军向他抬起疑问的目光,他开始嗫嚅道,"我不是如您讲的来开玩笑的。我是来向您赔礼道歉的,因为我打喷嚏时溅着您了,大人……说到开玩笑,我可从来没有想过。在下胆敢开玩笑吗?倘若我们真开玩笑,那样的话,就丝毫谈不上对大人的敬重了……谈不上……"

"滚出去!!"忽然间,脸色发青、浑身打战的将军大喝一声。

"什么,大人?"切尔维亚科夫小声问道,他吓呆了。

"滚出去!!"将军顿着脚,又喊了一声。

切尔维亚科夫感到肚子里什么东西碎了。什么也看不见,什么也听不着,他一步一步退到门口。他来到街上,步履艰难地走着……他惛惛懂懂地回到家里,没脱制服,就倒在长沙发上,后来就……死了。

这段文字不仅对主人公反反复复的道歉过程做了详细的叙述,而且对此过程中人物的心理活动刻画细致,不仅是详细叙述的典范,也是描述在叙述中运用的优秀示例。

即刻训练

1.谈话节目中,主持人与嘉宾聊起了童年生活,为了能够打开嘉宾的内心世界,主持人叙述了"自己儿时最难忘的一件事"。

2.大学即将毕业,毕业晚会上,主持人从"开学的第一天"回忆起难忘的四年。

3.青少年节目主持人通过叙述"怎样做好西红柿炒鸡蛋"这么一个看似简单的菜,告诉大家做好任何事情都不容易,需要细心和努力。

二、概括式叙述

概括式叙述也叫简述、略述,就是用简单的语句对叙述对象做总结提炼式的介绍。由于节目时间的规定和串联人的角色定位,主持人往往不可能进行长篇大论的叙述。因此,概括式叙述在主持人的表述中运用较多。

刘慧芳的故事

同样是《档案·〈渴望〉八十年代的心灵鸡汤》这期节目,主持人在通过前面那个小故事引入主题后,这样概括叙述了主人公刘慧芳的生活历程:"善良的刘慧芳养育了一个捡来的孩子小芳,而这个小芳竟然是自己丈夫姐姐丢的孩子。为了小芳,刘慧芳放弃了自己的工作,放弃了自己的婚姻,甚至放弃了照顾自己的亲生儿子,最后还受到小芳亲生母亲的百般刁难。面对生活的困苦,刘慧芳选择隐忍,她含辛茹苦地把小芳抚养成人,治好她的病,最后还宽容大度地把小芳还给自己的亲生父母。"

《渴望》这部电视剧长达50集,主持人以对关键事件的提取,如"放弃工作""放弃婚姻""放弃照顾自己孩子"等,概括叙述了刘慧芳抚养小芳成长的艰辛过程,同时清晰地展现了刘慧芳善良的性格特征。

2015年上半年的中国股市

在《新闻周刊》一期节目中,白岩松对2015年上半年的中国股市以四种电影类型进行概括:先是言情片,股民和股市在感情冰冻了很久之后又开始眉目传情谈起恋爱了;接着是喜剧片,股市多日以红盘为主,大家都喜笑颜开;再然后是恐怖片,因为股市以大家想不到的方式连续下跌近30%,心脏不好的人都受不了;而最近呢,显然是动作片,为了股市健康稳定发展,相关"呵护"的动作一个接一个。

这期节目是在2015年7月播出的,主持人抓住了上半年中国股市的诸多特征,以比喻的方式概括叙述了这段时间中国股市不断出现的戏剧场面,形容得惟妙惟肖。

即刻训练

1. 在回顾近年全球空难事件的专题节目中,主持人回忆了马航MH370事件。
2. 主持人概括叙述"抗战胜利70周年阅兵活动"。
3. 年代秀节目中,三组嘉宾分别是70、80、90后,节目主题是讲述他们儿时的玩耍方式,主持人先以90后的身份讲述了自己这一代人儿时的乐趣。

三、顺向式叙述

顺向式叙述也叫顺叙。由于广播电视节目中的叙述大部分属于非虚构叙事,也就是说,叙述对象是真实存在的,所以一般有比较清晰的时间线索。无论是人物活动的过程,还是事物发展变化的过程,都表现出一定的顺序性与持续性。因此,以事件发生次序为依据,按时间的推移进行叙述便是一种最基本、最常用的叙述方法。这种叙述方法符合人们的接收心理和聆听习惯,便于主持人把内容表述清楚。

北京卫视《跨界歌王》开场主持

他们告诉我,在这个房间里,有一群疯狂的人。他们是在中国无人不知、无人不晓的影视明星,他们每个人都片约不断。但这一次,他们居然真的接受了一个节目的邀请,克服了重重困难,跟剧组请假,从全国的四面八方来到了这里,目的只为参加一个唱歌的比赛。是的,一个唱歌的比赛。他们都是影视演员,他们都不是专业的歌手,他们来参加的是《跨界歌王》!

《跨界歌王》开场主持

(地点:演员准备间)

这里,是他们的准备间。同时,这里也是他们今天比赛的正式起点。

(地点:准备间到试唱间的通道)

走出了这扇大门,就意味着今天的比赛正式开始了。这条通道,通往的是试唱间。这是一条看起来不太漫长,但实际上,你会感到非常漫长的一条道路。我们经过严格的测算,这条道路用正常的步伐来走,需要59步,历时38秒。每一个跨界的歌手,在这条道路上都需要放开他们以往所有的荣耀和光环。所以,这也是一条可以产生化学反应的道路。因为,在这条道路上,他们需要跨越的不仅仅是他们现在的身份,更重要的是,他们要跨越自己的心理。

(地点:试唱间门口)

在这里,他们需要调整他们的情绪,他们需要放松他们的心态。准备好了,推开面前的这扇门。

(地点:试唱间)

这里是试唱间,也是我们大剧院舞台的下方,而面前的这个舞台就是我们每一位跨界歌手将会演唱的舞台。在舞台的一侧,有非常简单的伴奏区,我们的音乐总监捞仔老师将会坐镇于此。每一位跨界歌手都会经历60秒钟的试音,而真正考验他们的,是我们面前的三位评委:阿里音乐的董事长高晓松先生、阿里音乐的总裁宋柯先生、著名的音乐唱作人巫启贤先生。(对三位评委说)但是三位,我觉得你们今天好像很严肃啊。虽然是比赛,但是也可以轻松一点的嘛!因为一会儿你们会见到很多你们的老朋友。所以晓松老师,你不仅是我们的颜值担当,也是我们的轻松担当。

好,那现在在我们舞台的上方有一条通道,这个通道就是连接一层试唱间到二层大剧院舞台之间的通道。胜出的跨界歌手将会升到二层舞台,而失败的,只能转身离开。他们能否成功,由我们面前的三位评委决定。按下红色按钮,代表他们成功升上二层空间。(对三位评委说)三位,做好准备,让我们一起升上去吧!

(地点:大剧院舞台)

说心里话,这个感觉真的是太紧张了。这个自下而上的穿越过程虽然没有三位评委的评判,但是越往上升你会感觉这个舞台给你的心理压力越大。虽然说我曾经经历过千百次这样的舞台,但此刻站在这里我还是找到了第一次登上舞台时的紧张感。我想这就是跨界的魅力了。所以,跨界会让人无所畏惧,会让人勇往直前。就好像破茧成蝶一样,在全新的世界找到全新的自己。

这是北京卫视综艺节目《跨界歌王》第一季第一期的开场白。主持人栗坤从演员选手的准备间开始,一边介绍场地,一边叙述比赛流程,同时以体验式的主持语言叙述自己模拟经历比赛过程的感受。这段顺向式叙述用移步换景的方式完成了对节目主题、嘉宾、比赛规则、场地等多项内容的介绍,内容精彩丰富、语言清晰流畅,堪称佳作。

即刻训练

1.在一期讲述刘翔运动生涯的节目中,主持人以顺叙方式回忆了2012年奥运会刘翔退赛的全过程。

2.谈话节目中,主持人以顺叙方式讲述自己大学时和室友一起读书的故事,引出节目讨论的主题"睡在我上铺的兄弟"。

3.主持人通过叙述微博和微信的发展过程,告诉大家科技的发展日新月异。

刘翔伦敦奥运会退赛

四、逆向式叙述

逆向式叙述又称倒叙,一般分为两种:一种是先把结果告诉受众,然后再从头开始叙述,事件发生的顺序是 ABCD,叙述的顺序是 DABC;另一种是完全反向叙述,事件发生的顺序是 ABCD,叙述的顺序是 DCBA。古人讲究"凤头、猪肚、豹尾",就是说文章的开头就要引人入胜,引起读者继续阅读的兴趣。使用倒叙的目的正是如此,希望能够制造好奇感,吸引受众。这是目前新闻专题节目、深度报道类节目常用的一种叙述方法。先呈现事件的结果,再叙述事件发生的过程,分析事件发生的原因。

高考工厂——安徽毛坦厂中学

讲述这所以高考闻名的中学,以下四条 ABCD 是顺序,如果调整为 DABC 或 DCBA 均成立,但 DCBA 的悬念性持续时间更久一些。

A.这是一所在中国地图上都不易找到的小镇中学,却吸引着全国各地的高考生、复读生前来求学,它就是安徽"毛坦厂中学"。

B.这里有严格的制度作保障,题海演练,经过一年高强度的训练,学生的成绩普遍有所提高。

C.高考到了,这个小镇像过年一样热闹,大家像欢送战士上前线一样欢送考生奔赴考场,祝愿每位考生都金榜题名。

D.这所中学高考升学率达到令人难以置信的90%。

主持人(DCBA):有这样一所高中,它的高考升学率达到令人难以置信的90%。每当高考到来时,学校所在的这个小镇就像过年一样热闹,大家像欢送战士上前线一样欢送考生奔赴考场,祝愿每位考生都金榜题名。这里有严格的制度作保障,题海演练,在这里经过一年高强度的训练,学生的成绩普遍有所提高。这是一所在中国地图上都不易找到的小镇中学,却吸引着全国各地的高考生、复读生前来求学,它就是安徽"毛坦厂中学"。

即刻训练

1.在一期讲述刘翔运动生涯的节目中,主持人以倒叙方式回忆2012年奥运会刘翔退赛的全过程。(参见第132页视频)

2.在一期探讨公共交通现状的节目中,围绕"公共交通值得提倡,而现状不尽如人意"的主题,主持人以倒叙的方式讲述自己乘坐公交或地铁的一段经历引出本期节目。

五、插入式叙述

插入式叙述又称插叙,是指在叙述过程中,主持人根据表达内容的特点和需要,暂时中断主线,插入与中心事件相关的信息。插叙结束后,再回到叙述主线上来。插叙的内容通常是对相关人物、事件、背景的介绍,某些情况或内容的诠释说明,与主线内容相关的联想或补充。插叙能够充实内容、丰富情节。

专访李健

昨晚李健得了第一名,他们团队第一次在比赛后吃了一顿夜宵,还喝了点啤酒,闹到凌晨五点才睡。我进房间时,他的两个男助理和女经纪人正在埋头吃一大锅红红的东西当早餐,他则在卧室里打一个漫长的电话。房门虚掩着,门上最显眼的就是一套明黄的绳索。后来我查了一下那东西叫 Total Resistance Exercise(全身抗阻力锻炼),据说是美国海军陆战队用来训练肌肉的,李健曾在电视上公开示范过这套"悬挂训练系统"对于男性练胸大肌的奇效。所以当他懒懒地走出来时,我特地瞄了一下,果然成效非凡。他个子不高,但担得起评书常用的四个字——"猿臂蜂腰",尤其厉害的是,无论怎样歪坐着,40岁的他都完全没有肚腩。

主持人专门插入了对 Total Resistance Exercise 的介绍,不仅是因为该物品显眼,更因为它与后面描述的李健的身形体格有密切联系。

日本遗孤来福

某节目讲述一个日本遗孤来福的人生历程。节目从当年日本战败、黑龙江一户普通人家把来福抱来收养说起,然后介绍来福的成长,再到16岁回日本见到生母。这时插入生母当年是在什么情况下把来福送给中国百姓抚养的背景介绍(当年日本即将战败时,父亲应征入伍,从此杳无音讯,母亲自己甚至无法生存,来福还有一个姐姐,等等),再接着叙述来福在日本后来的成长、学习、工作、家庭等。

节目没有在一开始就介绍来福的身世,而是叙述到来福十几岁见到生母时才回忆起身世,生母这一人物的出现作为对当年事件的插入叙述很合理。

即刻训练

1. 叙述大学时与全班同学的第一次聚会,中间穿插介绍某些同学。
2. 叙述自己第一次参加面试的过程,插叙介绍自己的指导老师。
3. 叙述一次难忘的旅游,插叙途中的一个小故事。

第二节 实战技法

一、从小说起 以小见大

所谓的"小"是指小事或事件中的一个点,因为我们的叙述对象可能是庞大的、复杂的,从哪里说起很重要。如果能够抓住其中一个吸引人的点,或感人,或惊人,就可以用一种聚焦的方式顺利把受众引入故事中。

空难中最小的乘客

2015年10月31日,从埃及飞往俄罗斯的飞机发生空难,机上200多人全部遇难。据判断,此次空难应该是恐怖分子制造的。面对这一令全世界悲痛的事件,有媒体抓住了此次空

图5-1 格罗莫娃机场照

难年纪最小的遇难者——仅 10 个月大的格罗莫娃，作为事件叙述的切入点。因为网上流传着一张格罗莫娃在机场乘机前拍的照片（如图 5-1）。这是格罗莫娃的母亲在机场候机时拍的，她的一双小手贴在机场落地窗上，两眼望着即将乘坐的飞机。但谁也没想到，不久后当她坐上向往的飞机，却再也没有回来。

新闻从机场拍摄的一张照片和照片的主人公——可爱、稚嫩的婴儿说起，顺利引入了对事件的介绍，引发了受众对恐怖分子的痛恨之情。

世界杯高铁女工

每天清晨 4 点，41 岁的焊接女工蔡玉清会在中国北方城市长春准时醒来。3 个小时后，她已经给儿子做好早饭，在夜色里坐城铁抵达长春轨道客车股份有限公司（以下简称长客公司），换好自己那件被光辐射烤得发白的蓝布工装，一头扎进生产车间。

车间里摆满了各式各样的钢铁制品：巨大的列车骨架、笨重的不锈钢板……蔡玉清瘦瘦弱弱，身高只有 1 米 56，看起来并不属于这个硬朗的地方。但她麻利地拎起一台将近 40 斤的焊接设备，爬上 2 米多高的铁架，用风帽、口罩、厚眼镜和长手套把自己包裹严实后，蹲下来，举起焊接面罩，开机工作。随着一阵尖利的电焊声，刺鼻的金属烟尘浮起。

蔡玉清每天的工作是焊好两台车厢的车顶，并确保它们不会漏雨。焊接台旁边写着这台车的标识：巴西 EMU。

从 2009 年下半年起，为这些城铁和地铁焊接成为她最主要的工作，它们将被送往巴西。

……

在 2014 年世界杯期间，里约热内卢 80% 的轨道交通都将换成中国制造的地铁和电动车组。这意味着，来自世界各地的球员、球迷和观众有机会坐在由蔡玉清焊接的列车中，前往巴西最负盛名的马拉卡纳球场观看足球比赛。

……

在蔡玉清每天花 7 个多小时蹲在车顶上电焊的同时，那些抵达巴西的现代化地铁和城铁为长客公司带来了新一批订单。

这段话讲述的是中国的轨道客车走出国门，驶进了世界杯。对这样一个值得自豪的事件，作者选择了一位普通焊接女工早晨的生活状态作为切入点，真实、自然、贴近普通百姓，让大家觉得世界杯就在我们身边，"中国创造"和"中国制造"正在影响世界。

> **即刻训练**
>
> 1.选取一个点,叙述你和最好的朋友这么多年来的友谊。
> 2.选取一个点,叙述你眼中近些年的中国房价。
> 3.选取一个点,叙述近些年来中国电视媒体的变化。

二、抓住关键词　梳理叙事线

事件的发展过程可能很漫长,但其发展总是围绕着某一核心点展开的。如果抓住这个核心点,就有了叙事的线索,就可以逻辑清晰、主题鲜明地进行叙述,也更易使听者领会叙述目的。

8月15日的纪念和反思

康辉:欢迎打开这一期的《世界周刊》,本周的节目有这样一个主题——"纪念"和"反思"。我们要从一个特别的日子说起,这个日子就是"8月15日"。70年前的这一天,1945年8月15日,当时的日本天皇裕仁广播停战诏书,宣布日本无条件投降,就在那天晚上,中国诗人艾青创作了《人民的狂欢节》这首诗,诗中……;20年前的这一天,1995年8月15日,当时的日本首相村山富市发表了"村山谈话",首次明确表示日本政府愿意正视历史,承认侵略,表示深刻的反省和道歉;十年前的这一天,2005年的8月15日,当时的日本首相小泉纯一郎再次发表谈话,对日本的殖民统治和侵略战争表示反省和道歉;而当时间进入2015年,本周我们又迎来了一个8月15日,就在日本宣布无条件投降70周年的时候,现在的日本首相安倍晋三发表了战后70周年谈话,而安倍的谈话又包含哪些内容呢?

主持人在节目开始回忆叙述了"8月15日"的意义和多位日本首相在这一天发表的谈话,最后以这一天引出本期节目要讨论的内容——"安倍谈话"。

> **即刻训练**
>
> 1.请以关键词"速度"叙述改革开放以来中国的发展,注意"发展"可以体现在很多方面。
> 2.请以关键词"消失"叙述我们身边渐渐消失的事物,如"修表匠""铁匠""方言"等。
> 3.请自拟关键词,对某一事件进行叙述。

三、多点提取 合力表达

关于一件事情,可叙述的东西很多,就像小时候我们写作文"一天的旅游",有些人从早上几点起床,吃饭,怎么去学校,写到坐什么车到公园,怎么玩的,怎么回来的,等等,凡是在这一天内发生的事情都一件不落地写出来,看似全面,实则啰唆冗长,没有重点。因此,主持人必须学会"提取",而提取的依据是与所要表达的中心内容相关。这些提取的内容可以形成合力,更好地为表达中心服务。

抽取账单　引出主人

《对话·足球:将改革进行到底》节目,主持人这样开场:"在今天节目的一开始,我想给各位晒一份账单,各位听好了!3亿元人民币入股西甲豪门,5亿元投资中国足球,22亿元收购西班牙地标式建筑,2015年开年之际又以74亿元并购了全球第二大体育市场营销公司,说到这儿,您猜出来我们今天说的这个人是谁了吗?"这时有几个现场观众站起来猜这个人物。第一个女孩说:"国民老公公。"第二位男士说:"我觉得他应该特别爱足球,还有就是特别土豪。"一番叙述和猜想之后,主持人陈伟鸿请大家掌声请出王健林先生。

主持人的这段开场白抽取了嘉宾王健林在几年时间内4次与足球有关的大手笔投资,合力刻画出嘉宾的人物特征。

— 即 刻 训 练 —

1.在一期以"我们的大学生活"为主题的谈话节目中,主持人以多点提取的方式首先叙述了自己大学时丰富多彩的生活。

2.微信公众号"标题党"横行,请以多点提取的方式对"标题党"展开叙述。

3.请以多点提取的方式,介绍即将出场的嘉宾。

四、悬念叙述 追问叙述

悬念叙述是指叙述时,主持人使用一些夸张延迟或顺序重置的手法,激发受众的期待感和好奇心。比如,法制类节目这样开头"在这个平常的小区,住着善良的居民,但每晚他们都要提心吊胆,夜不能寐,是谁打扰了他们宁静的生活?小区内又曾发生过什么?"

悬念叙述注重对矛盾冲突、人物内心冲突的提取和前置。表5-1是悬念叙述与按序叙述的对比。

表 5-1　悬念叙述与按序叙述

悬念叙述		按序叙述
抛出悬念	各位观众,据我们记者了解到,交管局最近订购了1 000具棺材,目前这些棺材已经被放入交管局的仓库中。	各位观众,告诉大家一个真实的数据:去年我们这座城市因为酒驾而引起的交通事故就有200多起,有超过1 000人失去了生命。 据我们记者了解到,交管局最近订购了1 000具棺材,目前这些棺材已经被放入交管局的仓库中。
继续悬念	为什么需要订购这么多棺材呢?难道交管局与民政局合并了吗?这些棺材又是为谁准备的呢?	
揭开事实	告诉大家一个真实的数据:去年我们这座城市因为酒驾而引起的交通事故就有200多起,有超过1 000人失去了生命。	

悬念叙述也可以理解为追问叙述,主持人与受众同样是未知者。在这种方法中,主持人既是设谜者,也是解谜者,在解谜的过程中,即叙事的过程中,往往还会自设迷雾,使谜底并不会一下子被解开,从而激起受众的解读欲望。悬念的设置常使用"难道""怎么可能""会是这样吗"……这些引起猜测性的句法。主持人要从叙述语气、表情、动作上配合悬念的设置。

这种叙述方法在故事讲述类节目、深度报道类节目中使用率很高,节目往往一开始就给受众一个悬念,然后才进入正题。

民国才女关露

在纪实栏目《档案》的一期节目中,主持人对与丁玲、张爱玲齐名的民国才女关露当年的一段往事进行叙述。"1939年,关露在上海滩已经是一个著名的女作家、女诗人,她的爱国诗篇激励了上海当时很多政治青年,"主持人这时开始制造悬念,"但这时关露突然从人们的视野中消失了,一个月后人们发现,关露居然摇身一变,成了汪伪特务头子李士群家里的红人,这是怎么回事呢?这个李士群又是什么人呢?"接着主持人以插叙的方式介绍原因和其间发生的事情。主持人神秘地讲道:"一天晚上,已经很晚了,关露正在修改书稿,可这时有人轻轻地敲门,这么晚了,会是谁呢?"后来讲道关露是接受了上级命令,潜入汪伪特工总部极司菲尔路76号,在李士群身边潜伏,适时策反。这时主持人再次制造悬念:"那么这个李士群到底是谁,为什么要策反他?这个极司菲尔路76号又是一个什么样的地方?"

这期节目采用了典型的悬念叙述方式。在叙述子话题时,又抓住问题的关键,以疑问的语气不断制造悬念,一波未平,一波又起,引人入胜。

土耳其击落俄罗斯战机

《关键洞察力》一期节目开场,主持人说道:"11月16日,G20峰会在土耳其安塔利亚召开,原定在这次会议上大张旗鼓发布的西方延长对俄制裁的协议,在最后一刻以一个非常简短的非正式形式抛出,而东道国土耳其没有位列其中,言下之意是土耳其无意和西方国家一起为难俄罗斯。然而几天之后,土耳其就击落了一架俄罗斯战机,普京说:'今天有人在背后捅了我们一刀。'而埃尔多安也毫不示弱,称土耳其击落俄罗斯战机是合法的,并表示如果俄战机再次进入土耳其领空仍将被击落。敢和普京硬碰硬的土耳其总统埃尔多安究竟是一个什么样的人?"

2015年11月24日,俄罗斯一架战机在土耳其与叙利亚边境被土耳其击落坠毁。这一事件令全世界震惊,所有人都想知道为什么。主持人开场的这段话制造了双重悬念:一是从土耳其之前的行为看,似乎与俄罗斯的关系还不错,为何会在几天后就击落俄罗斯战机?二是对待俄罗斯这么一个军事强国,对待普京这么一个强势人物,土耳其总统的态度为何会如此强硬?

即刻训练

1. 香港回归20周年特别节目,主持人以悬念叙述开场。
2. 设计一期主题为"微信与生活"的谈话节目,主持人以悬念叙述的方式引出要讨论的对象。
3. 《那些年我们追逐的歌手》节目,主持人以悬念叙述的方式介绍本期人物——张国荣。

五、适当想象 拓展叙述

主持人所叙述的事件大多并非亲身经历,而是通过各种文献资料、新闻报道、他人讲述等掌握事件的发展过程。因此,主持人不可能了解事件的所有细节,但是为了讲述的生动性和受众体验的完整性,主持人可以根据讲述对象和情境进行适当的想象性补充。但这种补充并不是"戏说",不能过分夸张或变更事实,主要是丰富细节、扩展情节、适当修饰。

两次停车

南京江宁境内一段数百米的铁路两旁,繁茂浓密的植物枝叶形成浑然天成的绿色隧道。近几年,这里以"爱情隧道"的美名吸引很多游客前来,但存在严重的安全隐患。昨天,一列火车驶来,车灯闪烁,一名女孩在轨道中央,正对着行驶而来的火车拍照,火车被迫停车,然后女孩就离开轨道了。火车又启动了,可能是女孩觉得照片拍得不够好,又走上轨道拍照。火车再次被逼停。

图 5-2　轨道上拍照　　　　　　图 5-3　火车来了

两次停车（拓展叙述）

南京江宁境内有一段闻名遐迩的"爱情隧道"。这其实是一段数百米长的铁路，由于两旁繁茂浓密的植物枝蔓向空中延伸，交织在一起的绿叶好像建造了一段浑然天成的绿色隧道。近几年，这条"爱情隧道"吸引了很多游客前来游玩，但却存在严重的安全隐患。昨天，这里上演了惊心动魄的"两幕"。火车驶入"爱情隧道"，可这时，一名女孩拿着相机就在铁路中央对着迎面驶来并且开着刺眼大灯的火车拍照，好像并不畏惧这个"铁老虎"，幸好司机及时刹车，火车停住了，女孩也有惊无险地躲过了一劫。火车重新启动，可这位女孩根本没被刚才的一幕吓住。她又重新回到了轨道拍照，可能是觉得刚才没拍好吧！这一冒险的举动只能让司机再次紧急停车。不知道这位女孩补拍成功了没有，反正火车是第二次被"成功"逼停。

在保持故事内容不变的情况下，拓展叙述补充了女孩的心理和司机的行为细节，同时用词较拓展前更细腻、形象，比如将"再次被逼停"变为"第二次被'成功'逼停"。

即刻训练

请根据下列新闻事件，结合图片信息，进行拓展叙述。

1. 来自美国俄勒冈州的里拉，今年只有 5 岁，但她已经和癌症搏斗了 3 年。最近医生告诉孩子父母，小里拉已经无法再继续接受治疗。父母决定给她办一个盛大且难忘的生日派对。在当地善心人士的帮助下，生日宴会成功举办。小里拉打扮成灰姑娘的模样，身边簇拥了很多迪士尼的公主。爸爸妈妈安排了生日晚会、毕业舞会甚至婚礼的环节，因为知道女儿以后再也没有机会体验这一切了。爸爸向女儿"求了婚"，还抱着女儿一起跳了一段舞。

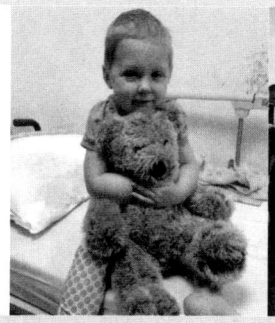

图 5-4　里拉的生日

2. 22 年前，渡口的一位老船工退休，37 岁的庄建民接过了摇橹。作为摆渡师傅，庄建民要持证上岗。清晨，陆续有赶早的乘客推着电动车、三轮车、自行车上船，他们要去往江对面的高桥一带上班，这是庄建民一天工作的开始。

图 5-5　船工的一天

第三节　综合训练

一、请查阅资料,叙述下列人物的成长过程

　　张靓颖　孟非　俞敏洪　蒋方舟　郎朗　莫言　高晓松　成龙　杨澜

二、请观看影片,叙述下列影片的主要内容

　　《茶馆》《阳光灿烂的日子》《大红灯笼高高挂》《可可西里》
　　《阿甘正传》《泰坦尼克号》《英国病人》《拯救大兵瑞恩》

三、请叙述下列事件的全过程

　　(1)我的艺考之路
　　(2)那一天我被老师批评
　　(3)一次争执
　　(4)我第一次登上舞台

四、请拓展叙述下列话题

　　(1)根据北京公交车的对比,叙述北京的过去和现在

图 5-6　北京过去的公交车

图 5-7　北京现在的公交车

（2）微信用户的一天

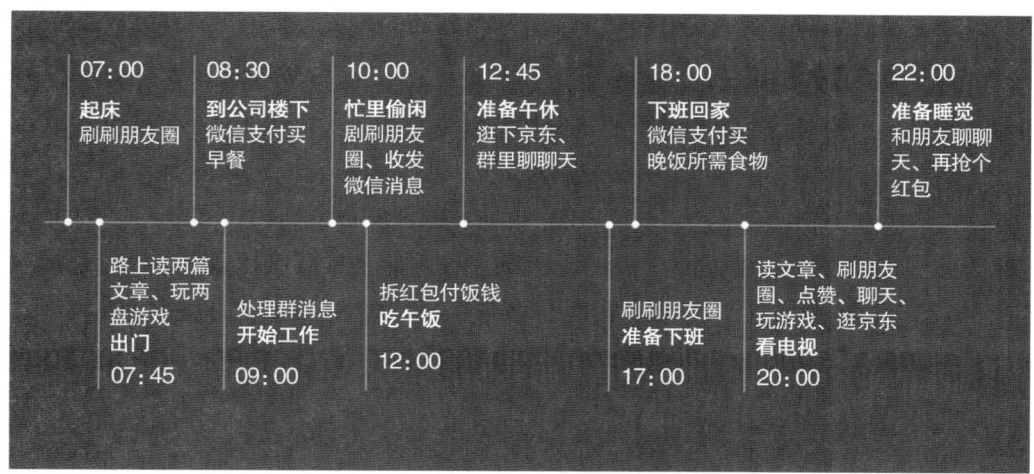

图 5-8　微信用户的一天

五、通过想象,叙述以下话题

（1）假如我是老师,我讲授的第一堂课
（2）假如时间可以倒回高三那年,我会这样度过
（3）假如我是一名导游,我会这样带大家游览我的家乡

第六章　即兴评述

即兴评述又称即兴评论,是叙述与评论共融的一种语言表述方式。社会语言学家拉波夫与瓦列斯基(Labov and Waletzky)通过对叙事话语结构的分析以及对话语内部差异的研究,提出了一个简洁、实用的叙事性话语结构模式。这一模式将叙事话语分为六个主要组成部分:概述(abstract)、背景介绍(orientation)、过程(complication)、评价(evaluation)、结局(resolution)、终结句(coda),从而为故事找到了一个较常用的"语法结构"[1]。可以看出,在叙事的整体概念中,"评价"本身就是不可缺少的一环。朱羽君教授则指出:"电视媒介所报道和揭示的事实本身就包含着评论,而且是最有力的一种评论。""事实的呈现本身就是一种意见表达,但这种表达需要通过记者、主持人的视线,通过摄像机的镜头有目的地进行,让事实在动态过程中展现。"[2]

评论是对某一客观事物的品评、讨论,并有针对性地发表见解、主张。由于新闻评论节目受到的关注度较高,所以很多人认为评论是新闻评论节目的专属。但事实并非如此,在很多类型的节目中,如谈话节目、真人秀节目、游戏节目、体育竞赛节目,主持人都必须进行即兴评述,只不过因为节目类型不同,表达的规律和特点有所差异。总体来说,主持人即兴评述有三大特点:

第一,短小精悍,精辟有力。电视节目的即时性决定了主持人不可能像报刊评论员那样,经过深思熟虑后形成一篇格式严整、讲究章法的评论文章。即使是传统的新闻评论节目,留给主持人评论的时间也很有限。比如《焦点访谈》,少则一二十秒,多则两分钟左右。因此,主持人即兴评述更全面、确切的解释应该是:主持人在节目中应时、应景的即刻性意见信息表达。这一瞬间表达的意见可能是一两句话、一两个字、一个简单的肢体动作等,但却意义重大。正因如此,主持人评论也常常被称为主持人点评,尤其是在非新闻评论节目中,"主持人点评"这一概念更为适当。第二,观点新颖,

---

[1] 代树兰.电视访谈话语研究[M].北京:中国社会科学出版社,2009:6.
[2] 朱羽君,殷乐.声音的汇聚:电视评论节目——电视节目形态研究之五[J].现代传播,2001(5):130-134.

见解独特。俗套的观点表达不具备吸引力,主持人应该以自我个性和对事物的独特分析为基础,表达出鲜明、独特、有意义的观点。第三,话语灵活,表达丰富。传统意义上的评论给人的感觉十分"严谨、正式",但主持人点评绝非如此。主持人应根据节目情境和评论内容灵活变化,尽量丰富多样,在幽默中评论、谈笑中评论、歌唱中评论……

业内不少专家认为,主持人将来的发展方向是记者——好记者——主持人——好主持人——新闻评论员。在英国广播公司(BBC)要想成为一个具有评论话语权的新闻主持人,一般都要经过信息采集员(researcher)、通讯员(reporter)、记者(journalist)、时政新闻编辑(political editor)、新闻主播(news presenter)、评论员(commentator)这样一个历程。在话语理论中,解释与评论是最顶层的话语类型。因此,从某种角度讲,评论员是最高级别的主持人,即兴评述是最高级别的口语表达。

我们要特别注意,评论是意见性信息的传播,指向鲜明、影响广泛,主持人必须对自己发表的观点有确切的把握,否则,一次随意的认同、一声简单的附和、一个不假思索的否定……都可能引起争议。

第一节 评述方式

一、直言式

直言式评述是指主持人在节目中直入主题、开门见山地表达自己的观点、看法,不绕弯子。这种评述方式简洁明了,信息点易于被受众捕捉,适用于各种类型的电视节目,是主持人最基本、最常用的评论方式。

学会做人

一台演唱会上,当歌手信(苏见信)正在演唱时,有歌迷上台献花,信接过花,却直接扔下舞台,并且口气较为强硬地告诉现场歌迷:"唱歌的时候不要送花。"歌曲唱毕,主持人董卿直言说道:"唱歌好固然不错,但更重要的是学会做人。"董卿话毕,全场掌声、尖叫声送给董卿。很快,信在微博中致歉说:"对于那位给我送花的人,很抱歉,伤了你的心,也伤了大家的心。我对于表演有一定的坚持,但冲动的个性让我的行为做了不当的示范。谢谢董卿小姐的指正,但也请大家如果要献花,可以在唱完的时候比较适当,比较不会打扰或中断表演,再次说声抱歉。"

主持人直接表达意见,一针见血,得到了受众和评价对象的双重认可。

工人为天

白岩松在《中国周刊》一期节目中针对接二连三发生的矿难这样说道:"我背后的

屏幕上有一张照片,是今年辽宁阜新孙家湾矿难发生之后,幸存的矿工们在事故发生的井口等待消息。这些工人背后醒目的'工人为天'四个字显得那么刺眼……在发生矿难的煤矿中,这样的口号随处都可以见到,比如'安全就是生命,健康就是福''全员、全过程、全方位把住安全生产关''责任重于泰山',等等。显然,口头上的安全与标语里的生命并不能真正地落到实处,即使再有文采的口号,如果不能在制度与举措上落地,越有文采就越像讽刺,那么问题在哪儿,考验又是什么?"

白岩松并没有在现场,但却从照片中机智地发现了话题点。从观察到的一句口号入手,直接批评管理者没有真正保护好工人的安全。

即刻训练

1. 在一期婚恋交友节目中,一位女嘉宾直言,本科以下学历的男士是没有事业前途的,如果跟这样的男士牵手,自己的未来看不到希望。这时,作为主持人的你会直言评论说……

2. 在一档谈话节目中,有人说雷锋精神在那个年代是值得肯定和宣传的,但今天意义已经不大了,这时,作为主持人的你会直言评论说……

3. 你作为主持人在监狱与一名杀医案的罪犯对话,这名罪犯说:"我不后悔,因为他作为一名医生既没有医术,也没有医德,我是在为社会惩治他。"这时,作为主持人的你会说……

二、陈述展现式

陈述展现式评述是指不直接展现观点,而是通过叙述一件事情、一个概念,描述一个场景、一个现象,从而渗透出主持人的观点。换言之,主持人通过对人、事、物的叙述或描述,调动起受众的兴趣,使之在品味和体验中感悟到观点。叙述与描述不等于全方位的"复制",人们在叙述一件事情,描述一个场景时,已经含有一定的思想和态度。《焦点访谈》创办初期的原则是"多报道,少评论",但它还是无可争议地成为当时中国最优秀的评论节目,这就是用事实说话,事实胜于雄辩的表现。有人曾对一个月内的《焦点访谈》做了一个统计分析,结果发现:从内容上看,记录事件和人物的节目占78.6%;从访谈形式上看,访多于谈的节目占71.4%,基本上是以叙带议。[①] 这种评论方式使观众在"聆听"中感悟"观点",在"感悟"中领会"观点",

---

① 于松明.电视新闻评论节目形态探析——以央视和凤凰卫视部分新闻评论节目为例[J].中国电视,2008(11):37-39.

在"领会"中接受"观点"。

老人占车位

北京电视台《第七日》一期节目中主持人有这样一段描述性话语:"很多小区,到了下午三四点钟,就是太阳最毒、气温最高的时候,总能看见很多大爷大妈,拎着马扎,捧着茶杯,摇着蒲扇出来。以为是乘凉来了,却不找树荫,专找太阳底下的空场,烈日炎炎也毫不动摇。那自虐的劲头,就好像是美国海军陆战队搞魔鬼训练。为了什么?为了给儿女占一个车位。要不,儿女辛苦一天下班回家,没地方停车,开车满世界转悠。当爹当妈的看了,心疼。"

这段话在揭开现象背后原因的同时,渗透出主持人的观点:可怜天下父母心。尤其是最后一句话,渗透出深刻的含义。而这一含义正是体现在前面故事的铺垫之上的。

在这种意见表达方式中,陈述的逻辑、线索、顺序并不完全以评述对象为中心,而要以表达的观点为中心。主持人可以在一段叙述或描述之后加上一句意见性的引导,使得观点更明晰。

——即刻训练

1. 请通过典型事例,评论"祖国强大了,中国人在海外的地位也就提高了"这一观点。
2. 请通过典型事例,评论"爸妈的微信朋友圈",并给出自己的观点。
3. 请通过典型事例,评论中国人的境外购物热潮,并给出自己的观点。

三、评述一体式

评述一体式简而言之就是使叙述、描述与观点评价融合并存、相互支撑,构成整体的语义表达。这种表述方式与陈述展现式的相同之处是都与"述"紧密相关,不同之处是陈述展现式基本就是对评论对象的叙述、描述,使受众在这一过程中既领略了"述"的内容,又体会到主持人传达的观点;评述一体式则是既有叙述、描述,也有主持人直接发表的评论。根据"评"与"述"的比例和顺序的不同,这一评论方式又可以分为:先述后评、先评后述、评述相间、详述简评、详评简述,等等。在实际运用中,主持人应根据评述的内容和要传播的观点自然表达。

退一步海阔天空

邓超的第二部导演作品《恶棍天使》在2015年12月24日公映,这是邓超和孙俪在大银幕的第一次合作。近来两人分别因为《芈月传》和《奔跑吧!兄弟》处于人气巅峰,这本来应该是利好,但《恶棍天使》上映后,豆瓣评分一度低至3分。邓超和影片的另一位导演俞白眉却在采访中强调影片的差口碑源于"水军搞鬼"。"差评事件"高潮发生在12月27日,邓超在微博为《恶棍天使》连续刷屏,1小时内连续转发78条网友对该片的好评,结果近9万人对其取消关注。大家都应该明白,"退一步海阔天空","嘴硬"是救不了影片的。

这段话首先向大家介绍了《恶棍天使》这部电影的市场反响情况,然后告诉大家此片导演的观点和行为,全部都是真实叙述,最后用一句话点评,将主持人的观点明确显露出来。

即刻训练

1.南京某大学图书馆门口,大学生排着几百米长队有序地等待进入图书馆。原来是因为天气变冷,安装有空调等取暖设备的图书馆就成了大学生周末看书自习的最佳去处,而图书馆的座位数量有限,这就使得不少学生纷纷早起,顶着寒风排队。请就此现象进行评述。

图6-1 排队的大学生

2.深圳一位父亲从学校附近的网吧将儿子揪出,令儿子跪在人行道上,对其边打边教育。父亲怒吼道:"你给我跪下,为什么别的同学能自觉地去读书,而你偏要沉迷网络游戏,没心思上学。我跟你妈供你上学容易吗?"请就此事进行评述。

3.在大学生就业难的背景下,近些年,"慢就业"和"待定族"现象日渐突出。许多人的择业观正在悄然改变,不再恪守"毕业即工作"的传统模式,而是更多地考虑未来规划和就业质量,成为"慢就业"一族。请结合身边的事例进行评述。

四、情理结合式

受众是有情感诉求的能动主体,所以情感与观点在话语表达和传播效果中有着紧密的联系。唐代诗人白居易说:根情、苗言、华声、实义。意思是说:情感是根本,言语是苗叶,声音是花朵,内容是果实。情感与内容紧密相连,内容就是情感的直接表现。情感对每一个个体都有很大的影响,甚至大过任何"道理"。近些年,中国电视荧幕大打"亲情牌",即使在综艺娱乐节目中,如《舞出我人生》《中国梦之声》《妈妈咪呀》等,也频频深挖选手背后的感人故事,常常激起评委、观众、主持人的感动之情。

情理结合式评述就是感性与理性相结合,是感性的吸引力与理性的说服力相结合。人类的情感总体来说包括:高兴、恐惧、愤怒和悲伤四大类,又可以细分为亲切感、幽默感、荣誉感、成就感、道德感,等等。主持人在评述中常用的是亲切感、愉悦感和幽默感。

从家庭到足球

我们现在这代人压力很大,我们这代 80 后叫什么呢? 叫"四二一"结构。我这边两个老人,老婆那边两个老人,四个老人,再加上我们两个,如果有一个孩子,原来是父母宠一个孩子,对吧? 现在再加上四个老人就是六个人宠一个孩子,那这个孩子还得了啊,各位? 就像我们刚才说的,为什么有那么多"熊孩子"? 不是父母不想管,而是父母一旦管他的话,他的父母就会再来管他,是吧? 因为隔辈人真的是……这个感情很难分得清楚。不知道为什么,小时候对我那么严,怎么对你孙子那么好,不能理解。更何况,这个问题就涉及我们中国足球队为什么踢不好。我们想,六个大人惯一个孩子,他就不学好了,我们现在是十三亿人惯他们十一个人,他们能有出息才怪了呢,对不对? 我们伟大的中国男子足球队,已经把世界上拥有足球队的国家基本都输过了,为什么他们还能存在呢? 都是我们这些做家长的不好啊,我们太惯着他们了。

主持人先是高度概括了如今大部分中国人的家庭结构,让受众打从心里认同孩子成长中的问题,然后话锋一转,把这一观点植入中国足球,在幽默的语言中让大家觉得确实如此。

"7·23"甬温线动车事故

如果没有人的安全,这样的速度我们要不要? 比方说,能不能让我们喝一杯放心的牛奶,能不能让我们住一套屹立不倒的楼房,能不能让我们城市里的大马路不要突然坍塌,能不能让我们坐一趟安全抵达的列车……能不能让人们的幸福享有最基本的安全感? 中国,请你放慢前进的脚步。不要走得太快,把人们的灵魂落在后面。

这一评论的背景是 2011 年"7·23"甬温线动车事故。主持人从我们日常喝的一杯牛奶说起,引发一连串设想,逐步加强老百姓对获得基本生命安全保障的请求之情和鞭策之力,最后饱含深情地对祖国呼号。这段评论情真意切、一气呵成,在生活细节中裹挟着悲天悯人的大爱和深邃的思索。

即刻训练

1. 调查显示，目前全国农民工总量为27 395万人，50岁以上的农民工比重上升至17.1%，绝对数量高达4 685万人。这是一个庞大的群体，但由于缺乏完善的养老保障体系，他们难以退休。请你对该调查作出适当评述。

2. 10月1日，李强开车带着孕妻前往成都做检查，途经一隧道时遭遇堵车，当时孕妇腹痛难忍，疑似快要临产，情况十分危急。在接到报警求助后，交警立马安排人员进行一场争分夺秒的护送。交警用大喇叭告诉前方车辆孕妇情况后，广大司机纷纷让出道路，共同为孕妇搭起生命通道。在原本异常拥堵的国庆出行高速路上，交警仅用一小时就将孕妇送到了医院。请你对交警的行为作出适当评述。

3. 汶川地震周年纪念日，假设你站在地震遗址前，请情理结合地评价当年那场地震和全国人民对汶川重建作出的贡献。

五、引用他言式

在这里，"引用"是指"引用他人观点"，主持人为了合理、恰当、有效地表达自己的意见，而引用其他人的相关言论。可以直接引用他人观点，也可以间接引用，将他人的言论用自己的话语进行转述或在转述的同时进行少许加工。引用的原因通常有以下几种：

第一，观点的来源可信度高、说服力强，如来自知名人士、专家学者、事件目击证人等。特定或权威人士就特定的问题进行解释、评论，比主持人直接评论具有更好的传播效果。传播学原理已经证明信息源与传播效果有直接关系。

《双城记》

面对叙利亚持续不断的战火，主持人说道："狄更斯在《双城记》里有这样一段话，这是信仰的时期，这是怀疑的时期，这是光明的季节，这是黑暗的季节，这是希望之春，这是绝望之冬。相信他当时写下《双城记》的时候，一定不曾想到，这是两个世纪之后叙利亚的真实写照。"

主持人运用狄更斯的名言，恰切地描述出叙利亚的动荡不安和人民看不到希望的现实状况。

第二，由于某种外部原因，如政治环境、国际关系、媒介角色等，主持人不便直接发表评论，于是巧妙地借用他人的观点实现自己的传播目的。

空姐的真言

湖南电视台《今日谈·小山智丽被丈夫抛弃》节目中，主持人直接引用了一位空姐的话。这位空姐说:"一个为了个人恩怨抛弃自己祖国的人,祖国的人民会抛弃她,她的家人会抛弃她,甚至她的丈夫将来也可能抛弃她。"(背景:小山智丽战胜邓亚萍后直言战胜中国是自己最欣慰的事)话毕,主持人追加了一句:"现在这一切都被不幸言中。"

如果主持人直接表达"抛弃祖国的人会被祖国抛弃"这样的观点,显得与媒介代言人的形象不符,也有些武断。因此,借用一位空姐——一个普通中国人的真实感受来表达,不仅巧妙地表达了自己对小山智丽的看法,而且更贴近受众。

灾后的信心

汶川地震后18天,5月30日,主持人这样开场:"随着时间的推移,地震灾害带给人们的伤痛正在渐渐地沉淀。恩格斯说,'没有哪一次巨大的历史灾难不是以历史的进步作为补偿的'。成都一位年轻人给一家杂志写信说,'在这次事件之前,我对人性没有信心;这次事件之后,我知道,人性、信心、善良、中华民族的凝聚力量都在,而且还很强'。我们也相信,灾难会烙在历史的记忆中,而抗震救灾、众志成城的智慧和勇气,也必将成为我们勇往直前的动力……"

主持人的这段话既引用了名人名言,又引用了灾区普通人的话语,在感性中表达了这样的观点:虽然自然灾难带来了伤痛,但我们也在收获,我们有勇气积极地面对未来。要知道,灾后对人们信心的鼓舞至关重要,而媒体是实现这一目的的最重要的推手。

即刻训练

1.在一期讨论环保的节目中,主持人引用专家论断说明在我国尤其是一线城市中,垃圾污染已经严重地影响市民的生活。

2.一期谈话节目,主持人对话王思聪,请引用几条大众对王思聪的评价作为开场语。

3.一期职场类节目将要结束时,主持人引用商界名人对年轻人的职业规划和工作建议作为节目的结束语。(巴菲特:做自己喜欢的事,成功就会随之而来。因为只有你喜欢一件事情,才可能创造性地把它做好。比尔·盖茨:烙牛肉饼并不会损害你的尊严,你的祖父母对烙牛肉饼可能有不同的定义,他们称它为机遇。)

六、引导他人式

主持人在这种评述方式中不是观点的直接表达者,而是传播观点的"组织者"和"策划者",调度嘉宾、选手、现场观众等节目中的其他人物表达观点。由于是在特定的情境和时机下,又有主持人的引导,所以最终传播的观点实际上是主持人的预设观点和预期内容。之所以用这样的方式发表评述,通常有两种原因:一是在特定的情境下,他人传播某一观点可能比主持人直接表达效果更好;二是由于角色特征和身份定位,主持人有时不便传递某些观点,于是通过他人传递。

嘉宾轮流评论

《非诚勿扰》一期节目中,一位看上去有些风趣幽默的男嘉宾却在谈到理想女生时表示"相貌无所谓,但年薪要在100万至300万之间,这样我可以少奋斗10年,就算当上门女婿也可以考虑"。此言一出,现场立刻炸了锅。然而,主持人孟非没有以制止的方式维护节目秩序,反而说道:"从24号开始说,一人15秒钟。"于是女嘉宾们毫不客气地开始了轮番"轰炸","兄弟赶快回家洗洗睡吧""你是给电视机前的富婆做广告""你长得就像个吃软饭的""你除了滑稽点儿,能贫点儿,其他的你什么都没有",等等。在女嘉宾们一番愤慨的"轰炸"之后,孟非以一个主持人的身份做了一个含蓄而深刻的评价:"这个舞台面向每一个人,每个人都有权利展示自己,但是要承担这个展示的后果。"

很显然,主持人没有直接对这一自己完全不能认同,大多数人也不能接受,甚至相当反感的价值观提出批评,而是发出了"女嘉宾发言"的指令,以主动给予言论空间的方式形成有序的群言式评论,不仅有力地表达了主持人的态度,而且相较于主持人一个人的评论内容更丰富、话语更鲜活、场面更活跃。

需要强调的是,这种评论方式对传播条件有较高的要求,是天时、地利、人和的情况下主持人的一种调度,应当以适当的时机、人物作为先决条件,以主持人恰到好处的组织调动为引擎。

即刻训练

一档辩论性节目,讨论的话题是"大学生应该先创业还是先就业"。请在小课组选六位同学,分为两组,代表两种观点进行辩论,其他同学扮演节目的现场观众,主持人在适当的时候引导观众发表评论。(可以不断变换话题和角色进行训练)

七、建议总结式

建议通常是针对一个人或一件事,提出自己的见解或意见,使其向着更加良性的、积极的方面去发展和完善。在许多节目中,主持人都有发表建议的话语空间,如真人秀节目、谈话节目、评论节目等，主持人可以向参赛选手、谈话对象、社会大众等发表建议。

职场选择建议

在一期求职节目中，有位求职者要在德国取得学位以后才能进入企业工作，中间有近两个月的时间。针对这种情况，主持人提醒道："有一点，不是针对你，这是我借着你来说这句话，我希望呢，所有的求职者都能够做到这样一件事情。如果你在这找到了一份工作，就希望你尊重自己的决定。当然，有可能出现更好的机会，在你真正去入职之前没人拦着。不过我认为即便有了更好的机会，特别有礼貌地、饱含歉意地去跟原来应聘你的那家企业说声抱歉并解释原因，说我去不了了，也是一件很重要的事情。"

这一建议是主持人根据现场情况，主动发表的建议性评论，不仅显示出主持人对求职者和用人单位的责任与关心，更显示出节目的服务定位和媒体的人文姿态。

除了在节目中主持人因为各种情境发出的建议外，节目尾声主持人往往会作出总结，给出自己的观点和建议。

死刑能否有效遏制食品犯罪

主持人结束语：当我们把手指都对向相关部门的时候，别忘了你我也有责任。什么责任？告诉您，"发财"的机会来了。您看看，现在山西省设置一千万元奖励，鼓励市民举报，北京市5月15号启动为期三个半月的夏季食品安全整治。我们希望这不是口号。三个半月之后，如果有机会，我们原班人马在这里等着，等着看看是否真的进步了，不是只说，而是做了多少！

这期节目的背景是中国出现了很多食品安全问题，如瘦肉精、毒奶粉、毒豆芽、问题胶囊……主持人的最后一句话显然是个人对此类事件的直接意见表达，把媒体对问题的关注和讨论，定格在全民监督的高度。

安倍右倾会否让日本孤立于亚洲邻国？

主持人结束语：事实上，咱们中国正在打造自己美丽的复兴之梦，而安倍也想打造日本的美丽的梦想。历史告诉我们，每一个梦想的形成，都必须要正能量的出现，希望每一个梦想的达成都不会造成别的民族的噩梦，期待中日之间能够找到新生代的、新一代（相处）的智慧。

这期节目的背景是日本多名内阁成员和国会议员参拜靖国神社，首相安倍晋三也发表极右言论。在节目最后，主持人胡一虎以委婉的方式指出，日本不应该在创造自己梦想的时候伤害他国，同时提出期望。

即刻训练

1. 一期谈话节目中，男主持人说以前私下里听过嘉宾唱歌，唱得不怎么样，强烈要求嘉宾现场再唱一次，看看歌艺有没有进步，嘉宾面显尴尬，不是很想唱。如果你是另外一位女主持人，你会怎样化解嘉宾的尴尬？

2. 一个内地旅行团在一名香港导游的带领下前往香港某珠宝店参观购物，原定停留1小时，可一对母子逗留5分钟后便"拉队"离开，要求前往下一个景点，遭到女导游拒绝。10多名团友一度围住女导游对质，双方发生肢体冲突，女导游声称被袭，并报警。作为主播的你播报完这条新闻后，请分别对导游和游客提出建议。

3. 在一档婚恋交友节目中，某女嘉宾问男嘉宾："如果我成为你女朋友，要求你断绝同所有异性的联系，你会同意吗？"男嘉宾支支吾吾，无从回答。这时请作为主持人的你向男嘉宾提出建议。

第二节 实战技法

一、多重视角 全面思考

在实际工作中，主持人会遇到各种话题，有些话题的是与非很明确，如姚明在国际上对中国的积极宣传、中国载人航天工程取得成功、莫言获得诺贝尔文学奖，等等。这类话题不涉及多种观点的相互博弈，主持人只需要纵向深入分析。但还有很多话题存在明显争议，如同性恋是否应该合法化、少年班是否应该开办；或者不同群体对同一问题有不同的看法，从多个视角分析都有一定道理，如某高校表演专业要求学生开通微博，将其粉丝量作为课程成绩的参考，对此可从教师、学生、学校以及教学规范、专业特性等多重角度展开分析。主持人不是法官，不能轻易地对评论对象下定论。主持人是讲述人和分析人，分析事物的各个方面是其职责。当然，很多时候主持人会在给受众呈现几种观点的同时体现出个人倾向。

二孩调查的多重解读

"单独二孩"政策陆续在各省实施，但二胎准生证的申请未现井喷，大部分父母对生二孩的热情并不高。《新民晚报》的调查显示，仅有28.9%的受访者打算生育二孩，约51.1%的受访者表示不会再生。

主持人：这个调查结果首先让我们感觉到的是，多年的计划生育政策好像已经打消了中国人想多要小孩的想法。这不无道理，人们总有习惯性，再加上现在养孩子的成本很高,已经不能和30年前相比,所以很多人不想要二孩也很容易理解。但再一想好像又不能完全这样理解这个数据,首先,我们看到这两个数字加起来是80%,那也就是说,20%的人正在犹豫,只有不到30%的人有生育二孩计划;其次,这次调查是在上海做的,并不能完全代表全国的情况,一线、二线城市和三线、四线城市,人们需求和认同还是会有一些差异的,也许我们在三线、四线城市和农村做一次调查,结果会完全相反。所以,我觉得到底有多少人会响应二孩政策,可能要等时间来告诉我们了。

针对调查数据,主持人首先分析它直观说明的问题,然后阐释这一数据所反映的现象未必具有足够的代表性和说服力,体现出主持人看待问题的全面和深入。以主持人的专业知识无法就生育二孩问题作出绝对评判,而事实是这一政策的落地情况到底如何,专家们也都在观望。因此,主持人巧妙地告诉观众:时间会告诉我们答案。

即刻训练

1.近年来,在高中生作文考试甚至是高考作文中,常常出现很宏观的题目,如中国崛起的特点、中国的发展现状、中国的发展趋势等。请你作为主持人就该现象发表评论。

2.在一期辩论性谈话节目中,大家就大学生毕业后是应该趁年轻先尝试创业,还是应该先工作几年积累一定的社会经验再尝试创业,进行了激烈的辩论。请你作为主持人在最后发表个人意见,结束节目。

3.下图为北京四名高三学生拜孔子,拜完之后竟然连预测卷都烧了。请你作为主持人就该事件发表评论。

图6-2 北京四名高三学生拜孔子

二、观点独特 尽显个性

主持人的观点阐述要有理有据，令人信服，这是主持人评论的基本要求和意义，我们不再赘述。而在个性化的时代背景和差异化节目制作的行业背景下，主持人评论中个性的彰显越来越重要，主要表现为观点的独特性。但独特并不意味着另类，而应在有道理、有说服力的前提下力求独到。这是主持人作为一个具有评论能力和权利的媒体人应该具有的思辨力和评判力。

白岩松：校园足球不能大跃进

看样子，校园足球是真要轰轰烈烈地搞起来了。宏观层面看，这是绝对的好事儿。但没搞的时候，真心盼着赶紧搞，可真的发动了，又得泼一点儿冷水，以便真搞好。

第一，目的。不能让人误以为是因为中国足球水平太低，所以从校园足球开始抓，目的是为了中国足球冲出亚洲。错，大错。在校园搞足球，最重要的是让足球成为一种教育，让中国的孩子在足球中学会想赢不怕输，学会团队合作，学会大局观。这才该是发展校园足球的真正目的。否则，（校园足球）会演变成另一种急功近利的面子工程。

第二，保险。过去不搞校园足球，责任不都在校长身上，家长责任也不小。如果孩子受了伤，有的家长向学校兴师问罪，学校只能赔。于是，没几次，学校就不再让孩子在校内从事危险的运动。不要说足球，跳马什么的都取消了。这背后，是校园内运动伤害保险的大空白。接下来，想让校长真心并放心地抓校园足球，这种保险必须建立。否则，校长嘴上说搞，实际上不想搞。

第三，场地。搞校园足球，不仅校园内要有场地，更重要的是，学生离开校园，住家附近会有免费的小球场吗？场地如果随处可见，不愁孩子们不踢球。可现如今，城市中足球场地已成高消费场所，学生不可能踢得起。那么，校长搞了校园足球，可市长会提供更多属于孩子们的场地吗？

第四，教练。开始抓校园足球了，带孩子们踢球的教练都在哪里？如何诞生？否则，犹如种了树，却发现没人浇水，树也会死。一来，这需要各级足协、教委办很多个足球教练培训班；二来，更需要职业、半职业球员多以志愿者的身份投身到校园足球中来。别的先不说，明年的中超、中甲，规定每名队员在一年中必须提供六到十个小时的校园足球志愿服务，去校园里当一当孩子王。这样既塑造了职业联赛的公益形象，又为校园足球提供了好的资源，何乐而不为？

自2013年起，国家体育总局、教育部联合下发通知，发展校园足球，这回足球好像真的要从娃娃抓起了。就在此时，白岩松以冷静的态度和独特的视角，评价了这一行为的真正意义，提出其中存在的问题，并对如何做好这件事献出了良言。

交通拥堵怎么看

一期沙龙式谈话节目的主题是"北京的交通拥堵",很多参加谈话的嘉宾都对目前北京的交通状况持批评态度,认为糟糕的交通状况严重影响了市民生活的幸福指数,而且对短期内交通得到改善不抱有期望。

主持人:如果说是交通影响了大家的生活,不如说是私家车太多影响了大家的生活。但我又想问,如果回到30年前没有私家车的时代,又有多少人愿意呢?所以我们首先应该觉得,现在生活挺幸福的,至于交通拥堵,只是快速发展中出现的一个需要解决的问题。想想中国才花了多长时间就让老百姓住上了楼房,开上了汽车,难道就没有能力解决交通问题吗?办法会有的,也许就在我们今天的讨论中产生。

主持人指出造成目前交通拥堵的主要原因是私家车太多,而私家车多恰恰说明我们的生活水平提高了,这一解释有道理且容易让大家接受,对嘉宾们进行了正确的思想引导,然后顺利地将讨论从批评抱怨转向建言献策。

评论观点的独特性来自个人对评论对象的观察、理解和分析,也基于个人独特思维下的观点提炼。在训练中,主持人应该努力从多个角度看待评论对象,发现与众不同但有理有据的评论点。独特的观点以个性化的语言作为表达载体,主持人个性会得到更鲜明的彰显。但语言表达的个性化不是评论的专属,在此不作详细讨论。

即刻训练

1.请就下列话题展开小组讨论,看看谁的观点更独特、更新颖。
(1)老鼠的贡献
(2)"狗仔队"的功劳
(3)亡羊补牢的价值
2.观察下列图片并发表评论,要求观点独特或多元化。

(1)　　　　　　　　(2)

图6-3 物品组图

3.近几年,国内城市房价的飙升让很多年轻人"望房兴叹"。日前,国家统计局对外发布的一组关于全国人均住房面积的数据引起了大家的广泛讨论。这篇题为《居民收入持续较快增长,人民生活质量不断提高》的文章称,2016年全国居民人均住房建筑面积为40.8平方米。也就是说,如果以40.8平方米的人均居住面积做粗略计算,可以大致得出结论:我国平均每户家庭的居住面积约为123.2平方米,超过英国、德国、荷兰等绝大部分欧洲国家。不少网友表示,自己"被平均了"。那么,这一看起来十分光鲜的数据实际参考价值如何?"平均"的意义何在?请针对上述问题发表评论。

三、先退后进 先抑后扬

主持人进行评价的时候,可以先承认某一事物、行为、说法的积极性,然后再表达自己的观点,这样一方面可以减少传播对象对观点的排斥,有助于传播对象以较为平和的心理接受主持人的观点;另一方面可以突出"扬"的内容,即评论的核心。

近日,中国第七座欢乐谷——重庆欢乐谷正式开园,翘首企盼多日的重庆市民终于得以一睹其真容。然而,不少参观过的游客却纷纷吐槽,46个游乐项目仅19个正常开放,整个欢乐谷目前仍然是个半成品,甚至有网友称其为"一个正在施工的大工地"。"欢乐谷里面,设施还在刷漆,到处都是建材和垃圾,一眼望去都是土坡坡,灰尘积得厚厚的,导向图、各项服务、游乐项目都不到位!"

中国之声《新闻纵横》点评:企业赚钱无可厚非,但是君子爱财还得取之有道。大部分设施还在建设之中就开门迎客,未免操之过急。为了短期小利,砸了企业苦心经营多年的招牌,得不偿失。提供完备的设施,排除安全隐患,让游客乘兴而来,尽兴而归,赚钱、口碑两不误,何乐而不为?

这段点评首先肯定企业盈利属于正当需求,但是话锋一转,强调要"取之有道"。接下来又从维护品牌、保障安全等角度评说,始终站在为企业着想的立场,在"规劝"的同时,以退为进,进行了善意的批评。

门票上涨的合理性

记者就旅游景区门票不断上涨的问题采访了多位景区负责人,这些负责人给出的解释大多是:运营成本不断提高,涨价也是为了维护景区质量。

主持人:每年物价总是要上涨的,没错;景区的维护是需要资金投入的,也没错。这些解释都很合理。但是,我们想说的是,目前景区门票的上涨速度远远超过了 CPI 的上涨速度。与此同时,我们还很怀疑不断上涨门票是否是科学的运营方法呢?世界上很多著名景点,如大英博物馆、巴黎圣母院、富士山,等等,都是免费向游人开放的。我国著名景区西湖,自从 2002 年取消收费以来,旅游收入反而增加了好几倍。因此,我们建议景区管理者下一次在上涨门票前,先全面地思考思考。

主持人在评述中先从客观上承认了景区负责人给出的理由具有一定道理,但紧接着指出看似合理的解释并不合理,也不科学,这样比直接评点更能突出其存在的问题。

即刻训练

1. 在一期沙龙节目中,嘉宾探讨各地方教育部门一再要求停止中小学生竞赛活动,但各种竞赛却屡禁不止的现象。参加讨论的一名小学校长认为,竞赛也是改进教学方法、提升教学质量的一条有效途径。这时,作为主持人的你立刻说道……

2. 在真人秀节目中,一位评委指出台上的歌手唱歌不专业,也不具备成为歌手的天赋。而事实是,这位歌手是所有参赛选手中最勤奋、最努力、最执着的一位,也很受观众欢迎。这时作为主持人的你想要作出一些修正,说道……

3. 节目组深入可可西里国家级自然保护区调查藏羚羊的生存现状,发现由于国家采取了很多保护措施,新生藏羚羊的成活率有所提高,种群规模逐渐恢复,但与曾经的数量还有很大差距。采访中,大家普遍把矛头指向残忍的非法捕猎者,这时,作为主持人的你说道……

四、罗列事实 充分证实

摆事实、讲道理是一个很传统的论证方法,但主持人在进行口语表达时要注意两点:一是所罗列的事实不宜过长、过于复杂,这样不易表达也不利于受众理解;二是事实要摆得巧妙,易于领会,受众通过事例或者再经过主持人引导就能够明白其中的道理。例如,在谈科技创新时，主持人说道："智能手机颠覆了诺基亚，数码相机颠覆了柯达，网络购物颠覆了沃尔玛。"好的事实罗列不仅能够突出观点，而且与时间、环境贴切。这里的"事实"是一个广义的概念，包括客观事件、理论原理、已有的话语内容，等等。

诺贝尔和平奖（获得者）也发动战争

一期节目在讨论饱受极端组织伊斯兰国（ISIS）困扰的伊拉克现状。节目以画面加解说的方式重点介绍了伊斯兰国对伊拉克少数族群雅兹迪族的种族迫害，对雅兹迪族目前逃进山区缺衣、缺食、缺水的生活现状作了介绍。在这种情况下，美国出动战机对伊斯兰国控制区进行了轰炸，美国总统奥巴马骄傲地告诉世人："美军已经打破了伊斯兰国对辛贾尔山的围困，帮助难民回归安全，拯救了很多无辜的生命。"紧接着画面转至主持人李梓萌，而她的第一句话则是："'诺贝尔和平奖（获得者）也发动战争了'，这是德国《波恩总汇报》的评论。"这句转引自他人的评论，让观众在思维上来了一个180度大转弯。李梓萌接着说："2009年奥巴马获得诺贝尔和平奖的原因之一就是他承诺从伊拉克撤军。我们来看一看奥巴马之前的三位美国总统：老布什曾经把伊拉克军队赶出了科威特，克林顿轰炸过伊拉克的防空系统，小布什则发动了伊拉克战争，如今奥巴马成为第四位对伊拉克采取军事行动的美国总统。对此，彭博社《商业周刊》不禁发问：'美国又将重返伊拉克战场吗？'"

主持人短短几句话列举了连续四任美国总统在伊拉克发动的军事行动，罗列事实的主线清晰，信息简洁易懂，使观众恍然大悟：伊拉克的今天原来正是美国连续四任总统的"杰作"，奥巴马是在进行战争，为的是自己国家的利益。

以身示例

美国一位女官员在南卡罗来纳州某学院发表演讲："我的生母是个聋哑人，因此没有办法说话；我不知道自己的父亲是谁，也不知道他是否还在人间；我这辈子找到的第一份工作，是到棉花田去做事。如果情况不如意，我们总可以想办法加以改变。一个人的未来怎么样，不是因为运气，不是因为环境，也不是因为生下来的状况。一个人若想改变眼前充满不幸或无法尽如人意的情况，只要回答这个简单的问题：'我希望情况变成什么样？'然后全身心投入，采取行动，朝理想目标前进即可。我的名字是阿济·泰勒·摩尔顿，今天我以美国财政部长的身份，站在这里。"

人们对真实事例更有感触，如果事例得当，讲述会有更强的说服力。

即刻训练

1. 近些年，各大地方卫视纷纷崛起，大有挑战央视"老大哥"地位之势，但节目同质化却是不争的事实，请就此展开评论。
2. 在一期有关纪念二战胜利的节目中，请作为主持人的你通过罗列事实告诉大家，今天的日本并不能真诚地面对历史。
3. 请用罗列事实的方法论证：很多时候拥有创新思维比拥有丰富的知识更重要。

五、紧扣核心 深入分析

这里的核心主要是指主持人通过判断发现评论对象的关键点。这个关键点可能是一句话的中心字眼、一个事件的主要原因、一个环境中的突出点……主持人对这个关键点集中精力深入分析，某种程度上讲就是对整个评论对象的深度挖掘。

"你们相信吗？"

《新闻1+1·中国高铁：重建信任！》这期节目中，主持人针对"7·23"甬温线特别重大铁路交通事故以及铁道部新闻发言人的言论这样说道："由于近一段时间以来，接连出现的各种各样的铁路事故，让我们对铁路的信心和信任恢复起来需要时间。昨天（7月24日）晚上，铁道部的新闻发言人王勇平在举行新闻发布会的时候也意识到了这一点。我帮他统计了一下，他向所有的记者和在场的人员提出这种反问：'你们相信吗？'一共提出了不少于三次。他的回答是'我相信'。是，我相信他必须得说'我相信'。但是你要问我呢？我的答案是，一个多月之前我愿意相信，但是现在我不敢信、不能信。就算我简单地信了，对铁路纠错也不一定很好，要想让大家真信，相关部门还有很多的工作要做。"

本期节目重点讨论民众对中国高铁的信任问题，主持人抓住铁道部新闻发言人在新闻发布会上的一句话"你们相信吗？"以及其中的关键词"相信"展开评论，恰切地反映出本期节目要表达的观点：对于中国高铁，人们不可能短时间内简单地相信。

"健康"

一期节目讨论了某位女司机因为不规则变道被打一事。

主持人：不管女司机是不是别车在前，惹恼惹火了之后的男司机，但是暴打女司机，而且35秒4次打人家脸都是违法的残暴行为，他当然会受到法律的惩处。然后受伤的女司机也应该反省自己的驾驶行为，但愿她出院之后收获两个"健康"：身体健康,并且养成健康的开车习惯。而对于我们这些围观者来说,能不能保证开车的时候也真的是健康驾驶呢?

主持人抓住了这一新闻事件的核心——不健康驾驶,呼吁所有人文明开车,健康驾驶。

即刻训练

请根据下列新闻内容,把握核心关键词,展开评述。

1. 我国从1958年开始便有高考保送生制度,这一制度的实施目的在于选拔优秀人才,确保优质生源能够进入大学。但记者在多个省市调查发现,由于存在自我裁量甚至暗箱操作空间,加上相关信息透明度低,以及高校面试存在"走过场"等问题,一些特殊群体将"保送生"渠道异化为子女升学"捷径"的现象并不鲜见。

2. 中国人去日本购买马桶盖、家用电器的热潮尚未消退,现在前往日本求医的中国旅客也越来越多。数据显示,如今获取签证到日本求医的外国人比2011年多了13倍,其中,中国人占九成。赴日就医价格也着实不菲。据了解,光中介费就五万八起步,晚期癌症患者至少需准备100万人民币。如今,不仅是癌症患者,有些只是腰酸、跌打等患者也赴日就医,更不用说组团去体检了。

3. 从硅谷爆发的"冰桶挑战",借助互联网的力量快速传遍美国的政界、体育界、演艺界,也传到了中国。但"冰桶挑战"在国内却渐渐演变成了一种游戏、一场全民的狂欢,大家渐渐忘记了关爱"渐冻人"这一初衷。

六、整合信息 凸显观点

整合信息是一种"集合""交合"式的思维方法。主持人按照自己最终想表达的意思,对相关已知信息进行整合处理,使之产生新的意思,最终达到凸显主持人观点的目的。因此,信息整合的过程就是评论的过程。尤其是在新闻评论节目中,主持人面对既定的探讨话题,有充足的准备时间,通过整合大量相关信息进行传播,可以自然而然地表达出自己的观点。

古城连续受损

2014年7月《新闻周刊》一期节目中报道了凤凰古城遭遇洪水侵袭,沱江水位猛涨,古城被淹的事件,但作为评论节目要更深入地探讨其原因何在。在一番关于古城近些年扩张建设、超负荷发展旅游等原因分析之后,主持人白岩松这样说道:"今年似乎不是古城的好年景,一月香格里拉独克宗古城被大火烧去近三分之一,四月丽江古城又遇火灾,七月凤凰落难。从某种角度来说,古城像人群中的长寿老人,我们究竟该如何尊老……"

主持人将一年之内中国三座古城受损的信息整合到一起,凸显了"古城保护"这一问题的迫切性。

即刻训练

1.在一期讨论明星社会影响的节目中,请作为主持人的你以整合信息的方式评价近几年名人吸毒对社会造成的负面影响。

2.在一期讨论大学生心理健康问题的节目中,请作为主持人的你以整合信息的方式说明当今大学生心理健康问题非常严重,随后以同样的方式评价大多数学校开设的心理辅导课程效果不佳。

3.在一期节目中,讨论电视节目主持人的离职潮。

七、比较论证 道理呈现

比较论证就是通过对象间的相互比较说明问题、阐述观点,包括类比和对比两种。类比是将两个或两个以上对象在某些属性上具有的相同或相似点进行接近性比较,推导出要说明的问题;对比是一种求异的思维方式,侧重于从事物的相反属性来揭示论点。

钉钉子

在一个少儿节目中,主持人说道:"我们最好不要亡羊补牢。"一个小朋友问:"为什么呢,不是亡羊补牢为时不晚吗?"主持人想了想说:"哥哥给你讲这样一个故事吧!一个小男孩特别喜欢发脾气,于是他爸爸想了个法子,让他每发一次脾气就往墙上钉一个钉子,过了一段时间,墙上密密麻麻的都是钉子,小男孩意识到他的脾气实在太坏了,于是就决心改掉这个坏毛病。他的爸爸告诉他:'以后如果你能坚持一整天不发脾气,就可以从墙上取下一颗钉子。'不久小男孩就把墙上的钉子都取下来了,而且他的性格也变得温和起来,这时候他的爸爸问他:'你看到墙上那些密密麻麻的小孔了吗?'小男孩回答:'看到了,是我原来把钉子钉上去的时候留下来的。'爸爸说道:'这些密密麻麻的小孔就像那些曾被你用言语伤害过的人心里的阴影,虽然你把钉子拔走了,可小孔还在;虽然你不再朝别人发脾气了,可伤痕却永远留在了那些人身上。所以,很多事情是无法完全弥补的,我们最好在做事之前想清楚。'"

节目中,主持人采用类比方式讲述了一个小男孩的故事,使解释对象——小朋友觉得就像发生在自己身边的小伙伴身上一样,有亲近感,容易产生兴趣,也容易接受。同时,故事的发生方式比较直观形象,有助于小朋友理解,说明主持人充分考虑到了交流对象的身份特点。

焦点访谈·靖国神社里的甲级战犯(下)

昨天和今天的节目,我们向大家列举了供奉在日本靖国神社里的 14 名罪大恶极的甲级战犯……在这里我们不能不联想到另外一个国家——德国。德国和日本都是第二次世界大战的加害国,但德国早就颁布了法律,严禁为纳粹法西斯翻案。德国的领导人多次在公开场合道歉甚至下跪向世界表明忏悔的心情,他们以自己的实际行动赢得了世界人民的理解和尊重,可是日本对待这场战争的态度与德国却大相径庭。

这是一个运用对比的典型案例。德国和日本是第二次世界大战两大战败国,但战后两个国家对战争的认罪态度却完全不一样。将两者进行比较,可以恰当而有力地说明日本对待战争的态度存在问题。

即刻训练

1. 在一期谈话节目中,谈到了爱情与物质条件的关系这一话题,请作为主持人的你通过对比告诉大家,物质条件并不能与爱情的幸福指数成正比。

2. "留守儿童"一直是人们对外出务工人员子女的描述,但城市中高强度工作的白领,每天一大早上班,晚上很晚才下班,几乎见不到自己的孩子,孩子基本上是由阿姨照顾的,这些孩子实际上就是城市中的"留守儿童"。请作为主持人的你通过对比告诉受众,这些孩子同样很需要关注。

3. 不久前,为期两天的江苏省幼儿师范男生招生面试展开。记者采访发现,现场七成报名男生遵循家长意愿,"被报名"参加面试。请通过对比告诉受众,男幼儿教师是孩子们的需要,也是光荣的职业。

八、数据鲜活 有理有力

数据是一种最直接的说明方式,有效数据最具真实性和直观性,让受众一目了然。数据可以让叙述的内容清晰、准确,也可以用于证明某一观点、说明某一问题。

钟山说事·高考天问

我不知道一个考试有多么重要,能让家长们觉得冲马桶的水响都是一种罪过,为除蛙声甚至不惜荼毒一池青蛙;我不知道一个考试有多么重要,能让家长自发把路过的车辆拦截,把骑自行车的市民强行拽下甚至不惜和路人多次发生冲突;我不知道一个考试有多么重要,能让父母强颜欢笑隐瞒亲人的死讯,甚至不惜让孩子错过与妈妈爸爸的诀别;我不知道一个考试究竟有多么重要,为了走进考场,甚至不惜让孩子无奈地离开倒在血泊中生死未卜的妈妈;我不知道一个考试有多么重要,能够让母亲不顾个人的尊严甚至不惜下跪央求监考老师让自己迟到2分钟的孩子进场考试……安徽每7 826名考生只才有一个人能上北大,而北京的每190名考生当中就有一个人可以上北大,那么这样算下来,北京学生考进北大的概率是安徽考生的41倍,是广东考生的37.5倍,是贵州考生的35.4倍,是河南考生的28倍。但是我告诉你,复旦比北大更狠,上海考生进复旦的机会是全国平均的53倍,是山东考生的274倍,是内蒙古考生的288倍。北京大学简直就是北京的大学、北京人的大学,复旦也成了上海人的复旦。

主持人钟山通过一连串数字,简洁明了又极具冲击力地呈现了北京、上海等地名牌高校在高考生源录取地域上的巨大差异。虽然没有直接评论,但令人震惊的数据已经引起大家的强烈关注,并引发观众和相关部门、高校的深思。

即刻训练

请先查阅资料,通过分析数据,理出观点,进行评述。

1. 探讨"春晚"的价值和意义。
2. 分析历届世界杯8强球队,发现南美和西欧是当今世界无可争议的足球强区。
3. 相较其他国家,我国房价已经处于绝对高位。

九、提出问题 引起反思

发表关于某一事物的见解,并不一定要全盘托出,而可以在一定环境、语境下,恰到好处地提出问题,引起受众思考。

足球腐败的反思

《新闻直播间》在报道《第二批足球反腐系列案开庭审理》的消息时,现场主持人崔志刚在铁岭对原国家体育总局足球运动管理中心主任南勇庭审进行现场报道,崔志刚在介绍完南勇实物受贿的特征后说:"在贿赂犯罪当中,是一些人性或者说人情的潜规则在起作用,因此从这个意义上来讲,我个人觉得,我们不能过多地把这样一个心理动机层面上的批评全加在南勇一个人身上。那些向他行贿的人,为了获得什么样的名次,为了获得什么样的机会,是不是也应该从中反思一下呢?"

主持人通过反问使受众对南勇案进行了更深刻的反思,即"犯错的并不是南勇一个人"。

即刻训练

请就下列新闻事件发表评论,不必下定论,着重从事件的引申意义和影响等方面提出问题,引发思考。

1. 人民网盘点中国收费最"狠"的10所大学,中央戏剧学院高居榜首,成为最贵的高校。人们认为名校收费高并不合理,这样等于把很多家庭条件一般的学生挡在了门外。

2. 中国海外三峡希望小学近日开学,531名移民小学生将在这里学习。该小学采用欧式建筑风格,周围环境非常好,学校各项设施至少50年不落后,被网友称为"中国最美丽的希望小学"。小学总投入350万元,相当于捐建17个希望小学。

3. 由于承受不了大批游客的"游园",国内很多知名大学,如清华大学、北京大学、厦门大学等,纷纷挂起了"免游牌",谢绝游客。

第三节　综合训练

一、改编歌曲,评述下列现象

选取观众耳熟能详的经典歌曲,把歌词改为以下话题的评论内容,用原有歌曲曲调唱出。

1. 新时代
2. 网络改变生活
3. 大学生创业
4. 电视真人秀
5. "中国创造"将替代"中国制造"
6. 穿越剧
7. "全面二孩"政策
8. 祖国统一

二、请对下列群体进行评价

低头族　啃老族　月光族　背包客　留级生　代购族　女汉子

三、根据下列材料发表评论

1.武汉理工大学一名副教授主动躺在教室门前，要求学生跨过自己，一开始学生不敢动弹，只是围观拍照。在这位副教授的再三催促下，100多名学生终于都跨了过去，而他躺在地上欣慰地笑了。据这位老师说，这是为了帮助学生克服对权威的盲目服从心理。

2.中国工程院公布了经院主席团审定的521名院士增选有效候选人名单，均系处级以下领导。同时公布的还有《中国工程院院士候选人党政机关领导干部身份认定规则（试行）》。据了解，这是工程院院士章程修订后的首次增选，处级以上干部不作为院士候选人。

3.江苏宿迁烈日炎炎，一位八旬老人顶着日头在市区南菜市场附近的路边违规摆摊卖菜。此时，四名巡逻城管队员围了过来，当路人都以为他们要罚款、收掉老人摊子时，几位城管却自掏腰包买光了老人的菜，并耐心劝他离开。

4.有网友反映，近日他乘坐飞机闭目休息时被飞机上的广播吵醒。而广播的内容是提醒大家要卖东西了。身着制服的空姐开始展示各种商品，有飞机模型、LED灯、面膜、纪念小熊，等等。网友感叹，自己一时半会儿不知道是在火车上还是在飞机上。

5.又是一年高考后，高校的录取情况再次引起全社会的关注。以清华大学新生为对象统计显示，户籍在农村的学生比例仅为17.0%，而同年全国高考考生中，农村生源的比例高达62%。

四、审视具体情境　进行即兴评论

1.在一期心理咨询类节目中，一位高三男生的父母要求他必须考上清华，他承受的学习压力很大，最终因无法忍受而离家出走，并拒绝参加高考。节目组把这位男生和他的爸爸妈妈一同请到节目现场。父母在现场不断地说着他们的理由和付出的努力，妈妈说为了孩子能上清华而辞掉了工作，父亲说能上清华不仅儿子的人生从此会不一样，也圆了自己的梦……其间，孩子一声不吭，但从表情上不难看出他完全不接受，甚至已经开始准备离开节目现场。这时作为主持人的你，打断父母的话，对他们的观点进行总结和评价。你的评论必须既客观，又能为孩子和父母所接受，同时还要保证节目的继续进行。

2.在一期报道远征军回家的节目中，主持人讲述了几位健在的远征军老人在耄耋之年想回到家乡的故事。但他们的回家之路是令人心酸的,有的回到家乡发现家乡已与儿时记忆不同,而且自己也不再适应家乡的生活;有的在公益组织的帮助下回到家乡,却已没有任何亲人或是熟识的人;有的收到从家乡传来的消息,并不被欢迎回家。请为本期节目做一个评论式的结尾。

3.一期新闻纪实类节目关注江边救人志愿者老张。据南京市心理危机干预中心统计,自从南京长江大桥建成,在大桥上自杀死亡的已有3 000多人。一次偶然的机会,老张救下了一位正准备投江的轻生者,从此他便与江边救人结下了不解之缘。他觉得大多数人只是一时想不开,这样失去生命太可惜。他不仅救人,还在江边不远处租了间小屋,给这些他救下的人提供食宿,开导他们。在节目中,老张一直对自己的行为挺自信。但谈论到两个问题时,他不禁有些伤感。一个是妻子说,这些年家里的积蓄全部用来给被救者提供食宿了,已经基本用完。她问老张:"你有想过接下来怎么办吗?你有想过我们这个家以后怎么办吗?"另一个是老张一直试图成立一支救助队。这些年他一直想多组织几个人,成立一支队伍,这样可以把江边救人这项工作做得更好,但每次来的志愿者都坚持不了几天。请作为主持人的你在这两处发表适当的评论。

4.在一期辩论性节目中,主持人介绍说:"近日一则新闻《北京大学连续四年问鼎大学'盛产'亿万富翁排行榜》,使人们再次热议大学的功能与职责。"节目中,一些人质疑"大学怎能依据钱来排行",认为"经济上的成功并不能等于教育的成功"。另一些人认为,"产生多少富豪可以成为衡量一所学校综合实力的标准之一,经济上的成功与教育上的成功具有一定的关联性"。意见双方经过40多分钟的辩论,似乎很难分出胜负,这时请作为主持人的你进行评论性的总结,并给出建设性意见。

5.在一期访谈节目中,新华社记者李竹润谈起这样一件事:"1981年4月,我像往常一样接收'外电',一则美国合众国际社的消息引起了我的兴趣,里面提到'西点军校学员学雷锋,高唱学习雷锋好榜样'。于是我就以笔名'黎信'发文,将它作为新闻编入当时正在撰写的一份教材中。可是直到16年后的1997年,我才发现,当年的消息竟是西方媒体开的一个愚人节玩笑。"这时请作为主持人的你对此事作一个简短的评论。

第七章 即兴解说

解说,是解释说明客观事物、事理的一种表述方法,也是一种常用的口语表达方式。节目主持人的解说是以广播电视为传播媒介,以节目中呈现的对象为传播依据,以观众为交流对象,以有声语言对其进行描述、介绍、解释和评论的一种语言传播行为,也是对已有信息和现场的视觉文本、听觉文本进行的二度编撰和传播。对于没有画面的广播而言,如果没有有声语言的二度创作——解说,就没有节目的呈现;电视传输是声画同步的,但很多活动、比赛本身没有太多具有审美性的声音,为了使活动、比赛能够更容易地被观众理解,就必然需要另外一种具有艺术性和讲解功能的声音,解说便成了必要。解说员就好像节目中的导游,其专业水平直接影响到受众的视听体验。

解说与主持的话语表达行为具有一定的差异,主持人与节目中的人物或广播电视受众呈交流状态;解说员虽然也是在与受众交流,但精力却更多集中于解说对象,是特定环境下、特定需求下的一种交流方式。目前运用解说方法的电视节目主要包括体育赛事,如 NBA 篮球比赛、欧冠联赛、西甲联赛等;大型活动、事件转播,如香港回归、奥运会开幕式、国庆阅兵、汶川地震等;益智、游戏类节目,如《城市之间》《勇者大冲关》《狗狗向前冲》《最强大脑》等;某些综艺节目中设置的游戏环节也需要主持人的现场解说。

从解说行为发生的地点可以把解说分为两种:一种是"双空间解说",即主持人在演播室,根据传输的画面进行解说;一种是"单空间解说",即主持人就在事件发生地、目击现场进行解说。

第一节 解说方式

一、解说功能

总体而言,解说是为了让受众更好地理解视听对象,有更好的视听体验。具体功能有以下三点:

(一)解读内容

主持人(解说员)是解说对象空间里的动态行为与视听空间里的受众之间的桥梁,以专业的、人性化的方式对内容进行解读,包括解释、说明和评论。解释受众看不懂的,说明受众不知晓的,点评受众想不到的,完成 3W,即告诉受众"是什么——what"、"为什么——why"和"将怎样——will";达到 3D 的效果,让受众"看得更远——distance""理解更深——deep""产生更多共鸣与讨论——debate"。

汶川地震全国哀悼日直播解说

康　辉:观众朋友,现在我们在电视机中看到的画面是在北京天安门广场刚刚为在汶川特大地震遇难者默哀 3 分钟。结束之后无数的群众仍然聚集在广场上,大家手举着国旗,呼喊着"加油中国""加油四川""加油汶川"这样的口号。"汶川挺住""坚强中国,坚强汶川",在广场上的无数群众,代表的是 13 亿中国人民,我们心中呼喊着同一个声音,我们一定能够战胜这场特大自然灾害,把我们的家园重新建设得更加美好。当 13 亿人民为同胞失去的生命,为同胞遭受的苦难,我们的泪流在一起,我们的心连在一起的时候,向世界传递出的就是这样的信号:中华民族对生命有极大的尊重,中华民族有着顽强的钢铁一般的意志,可以战胜一切困难。当 13 亿人心手相连的时候,没有什么可以打垮我们! 中国挺住! 四川挺住!

2008 年 5 月 19 日为"汶川地震"全国哀悼日,中央电视台进行直播,3 分钟默哀之后,天安门广场的群众仍然不愿离去,手举国旗,情绪激动地高呼:"加油中国! 加油汶川!"天安门广场的画面接进直播间,这时导播要求当班主播康辉看着画面即兴说几句,便有了这一段内容准确、感情充沛、分寸得当的现场解说。这段话不仅是对现场画面的描述,更是对事件情境的深度解读,主持人以敏锐的新闻触角和强烈的责任意识,在解说的同时发掘信息的深层价值并适时准确地进行引导,将新闻现场与收视观众融汇在同一个情绪场中形成合力,鼓舞人心,增强信心,焕发强有力的家国意识和民族凝聚力。

（二）渲染气氛

解说是有声语言的二次创作，除了要对解说对象作内容上的说明阐释之外，还要从声音和语态中反映并渲染解说对象，以增强比赛、活动、游戏的气氛，让受众有一种身临其境的体验，甚至产生超越身临现场的感受。凡是去比赛现场看过球赛的观众都会有这样的感受，现场观看的清晰度其实并不一定比收看电视转播好，但现场观看比坐在电视机前收看转播兴奋许多。这就是现场的群体性观看氛围所带来的身心刺激。在广播电视转播比赛的过程中，这种氛围主要依靠解说员的有声语言来营造。因此，解说员要肩负起渲染视/听氛围、刺激受众神经的重任。比如，刘翔在雅典奥运会夺冠的那一刻，主持人高呼："刘翔，刘翔赢了，刘翔赢了！"这既是对比赛内容的解说，也是对比赛氛围、收视氛围的渲染。试想，如果奥运会中国选手夺冠，而主持人以冷静平和的语态告诉观众，受众会是一种什么感受，他们的兴奋劲立马会被打消一半。正如詹姆斯·凯瑞在《作为文化的传播》一书中把传播分为两大类：传播的传递观和传播的仪式观。如果说传播的传递观核心在于信息在地理上的拓展，那么传播的仪式观核心则是人们以团体或共同体的形式聚集在一起的神圣典礼。从这个意义上来说，解说所构建的媒介与受众之间的共有氛围便是信仰共享的基础。

（三）引导受众

所谓的引导受众有两层含义：一是引导受众积极、正确地理解、感受视听对象。比如，2004和2008年奥运会射击比赛中，美国名将埃蒙斯两次意外失利而错失金牌，"受益者"分别是中国选手贾占波和邱健，有些受众可能会觉得拿这个冠军有点运气的成分。这时，解说员不仅要体现出对埃蒙斯的同情和人文关怀，更应让受众明白，这一结果也是贾占波和邱健以自己的实力获得的，因为心理素质的比拼也是体育比赛的一部分。二是对比赛过程中非良性突发事件或行为进行思想引导。人们说："体育，是和平时代的战争。"既然是"战争"，任何事情就都有可能发生，观众不满裁判的判罚，球迷恶意攻击对方球队，球员打架……2014年巴西世界杯，半决赛中巴西队1比7惨败于德国队。比赛进行到40分钟时，巴西队已经0比5落后，巴西球迷开始高喊脏话怒骂巴西总统迪尔玛·罗塞夫，这一情况持续了3分钟。这时，无论是现场解说员还是电视解说员，都应该对广大球迷作出巧妙而合理的引导。

二、解说原则

（一）言之有物 言之有意

解说是根据具体情境对事物的描述、介绍、解释及评论，解说员必须在恰当的时刻,以恰当的方式,完成对解说对象的深入解读。比如:"意大利队开始组织进攻,5号把球传给8号,8号带球前进,把球传给10号,10号射门,球进了,射门的是罗伯特·巴乔、罗伯特·巴乔。"这种解说看似言之有物,没有不切实际地乱说一通,但所说内容均是受众能够看到的电视画面,实为"言之无意"。有时我们也看到,足球比赛中,一方已经攻入禁区了,球员正在做着酣畅淋漓的配合,一脚射门球进了,但解说员却并不理会这一精彩瞬间,仍旧延续着刚才对球队历史的介绍。这一解说方法与上一条恰恰相反,解说员没有简单地跟着画面跑,但解说角色严重失位,也没有意义。因此,解说员既不能白描,也不能读稿,而必须以解说对象为严格依据,并作出及时的深度解释和评论,做到言之有速、言之有物、言之有意。比如下面的解说,就有"失败"之嫌。

2014年世界杯第二场半决赛

2014年世界杯第二场半决赛,荷兰对阵阿根廷,由资深足球解说员刘建宏和前中国队主帅朱广沪共同解说。这本该是很专业的解说组合,却引来了一片质疑,观众认为解说没有专业内涵、枯燥、无聊、严重跑题……有网友统计,在这场包括点球、加时在内长达120分钟的比赛中,刘建宏说了18个成语、6句名人名言,7次提到中国足球,5次提到青少年,4次谈论德国足球;当比赛进行到大约60分钟时,刘建宏和朱广沪开始讨论荷兰与中国的足球人口问题,完全抛开了正在进行的比赛。连同事水均益都不解地在微博上问:"不懂足球解说,但为啥觉着不着边际呢?场上的比赛不说,干吗老说不相干的呢?"

在解说中运用成语、名人名言本是有效表达的妙招,谈论中国足球、德国足球、青少年足球等,也不是完全跑题,如果刚好涉及,作为解说的适度延伸或补充实为不错的选择。但当解说员舍本逐末、远离核心内容的时候,这些原本没有问题的方法和话题就变成了问题,而高度的重复、片面选择解说点,更是解说员之大忌。

(二)明确身份 控制情绪

主持人(解说员)要明确自己客观解说者的身份,自己不是教练员,不是裁判员,不是某一方的粉丝。一旦解说员不能明确身份,就可能出现角色失位和越位。比如,有的解说员在解说中直接告诉受众今天这场比赛其实应该用什么阵型,目前场上这一阵型是错误的,以专家或教练员自居,引起受众反感。在2001年的世界杯足球赛亚洲区"十强赛"期间,央视某著名解说员因为对中国和卡塔尔之战中时任主教练米卢·蒂诺维奇的用人有不一样的看法,在解说过程中不断表现出不满和指责,偏离了自身客观解说者的角色定位,更像是一个泄愤的球迷,引起当时很多媒体对如何进行解说的讨论。身份不明确还很容易出现情感倾向问题,如果又没有意识控制的话,就会表现为情绪失控,解说失实。

2006年世界杯,黄健翔在解说意大利队与澳大利亚队的八分之一比赛时,由于他个人对意大利足球的喜爱,而完全违背了一名解说员客观、公正的职业准则,以近乎疯狂的嘶喊、完全倒向一边的解说,将比赛解说变成了对意大利足球的个人膜拜。国内外一片哗然。

2006年世界杯意大利队对澳大利亚队

黄健翔：……过他,好的,进去了！亚坤塔！点球！点球！点球！格罗索立功了！格罗索立功了！不要给澳大利亚人任何的机会！伟大的意大利的左后卫！他继承了意大利的光荣的传统！法切蒂、卡布尼、马尔蒂尼,在这一刻灵魂附体！格罗索一个人,他代表了意大利足球悠久的历史的传统！在这一刻他不是一个人在战斗！他不是一个人！托蒂面对这个点球,球进了！比赛结束了！意大利队获得了胜利！淘汰了澳大利亚队！他们没有再一次倒在希丁克的球队面前！伟大的意大利！伟大的意大利的左后卫！马尔蒂尼今天生日快乐！意大利万岁！

黄健翔解说世界杯意大利队对澳大利亚队

路透社发表文章说,一名中国解说员因热爱意大利球队而引发自身危机。法新社则评论,黄健翔放弃了一名职业解说员所应有的中立立场。就连意大利的安莎社对这件事情也给予了客观评论,认为黄健翔的解说有失公允,言论偏颇,并且认为意大利队获得的点球存在争议①。澳大利亚大使馆则直接提出抗议。黄健翔"解说门"的当晚,主持人张斌就在《豪门盛宴》节目中代黄健翔朗读道歉信,并鞠躬致歉。同时,中央电视台将意大利队与澳大利亚队的比赛重播解说换为贺炜,并且取消了原本应该由黄健翔解说的西班牙队对法国队的八分之一比赛。

当然,在有地区所属性的比赛中,一定的情感和解说倾向是合乎常理的。比如转播中国足球队与外国足球队的比赛,中国队自然是主持人解说的重心；NBA赛场如果某队有中国球员上场,在国内的转播中,主持人也会给予该球员更多的关注。这种解说中心的适度偏移,能满足受众的心理和情感需求。但要注意,无论怎么偏移或倾向,都是以客观公正为前提条件的。

(三)"一心二用"把握受众

解说需要"一心二用"：一是关注解说对象,察觉其变化和特征；二是要观察或设想受众的反应,可以有意识地用一些互动性的话语,增加对象感和交流性。我们发现很多同学在解说时,精神非常集中,生怕漏掉关键信息点,这本无可厚非,但结果却是

---

① 国外媒体关注黄健翔解说事件有失公允言论偏颇[EB/OL].(2006-6-29)[2017-11-1].http://sports.people.com.cn/GB/61784/61795/4541928.html.

忘掉了一切,沉浸其中自言自语。解说员首先要明确受众人群、了解受众,这样解说才能有针对性,达到深入浅出的目的。比如,转播一场西甲比赛,所用语言就可以专业一些,因为关注这种赛事的都是真正的球迷。但如果解说一场中国女足的世界杯比赛,就应该考虑用语稍微通俗易懂一些,因为受众范围更广,可能还有很多不懂足球的女观众,她们的爱国情绪高于对足球本身的关注。

(四)风格各异 内容至上

对解说话语的审视维度与其他主持人话语表达一样,一是表达形式,二是表达内容,也可以理解为解说风格和解说内容。宋世雄清晰流畅快速的解说风格、黄健翔充满激情的解说风格、贺炜充满诗意的解说风格等都被观众所喜爱。同一对象、同一画面,不同的解说风格会带给受众不同的体验。2010年广州亚运会开幕式,董卿、朱军和白岩松分别在不同频道进行了解说。董卿、朱军的解说字正腔圆、文风华丽,无论声音和语态表现都更为端庄大气,具有较高的艺术性。但白岩松的解说平和细腻、逻辑性强,尤其注重新闻背景的补充,给人感觉更为真切、深邃。

2010年广州亚运会开幕式

董卿、朱军:广州亚运会开幕式解说

董卿:水,是生命的依托,她与人类文明素有难以割舍的情缘。

朱军:今晚,我们将围绕水为你讲述中国故事,诠释东方神韵!

(节目表演:《芭蕉男孩》)

董卿:此刻,一个小男孩乘一片晶莹的芭蕉叶御风而来,他手里捧着玲珑剔透的水晶五羊。

朱军:五羊雕塑是广州市的城徽,五羊衔谷的传说为这座城市增添了"羊城""穗城"两个动听的名字,也为这座繁华都市赋予了奇幻色彩和浪漫气息!

董卿:水晶五羊里盛满了清水,她来自广州的母亲河——珠江,象征着生生不息、滋养人类的生命之水。

朱军:此刻,生命之水倾洒向大地,润化万物,泽被苍生,从古至今,富庶的珠江流域哺育了中国南方广袤大地,为两岸人民带来了丰收、欢乐和希望!

2010年广州亚运会开幕式

白岩松:广州亚运会开幕式解说

白岩松:2010年11月12号,中国广州,这里是中央电视台新闻频道为您现场直播的第16届广州亚运会开幕式的实况。我们今天将用5个时间的维度去关注这个开幕式。第一个是2000年,广州这座城市的建城历史是2 224年,它将怎样浓缩在这个开幕式里呢?第二个是200年,今天是在室外举办的开幕式,承载这个室外舞台的是海心沙岛，它是被珠江水在200年前开始冲击形成的。第三个时间是20年，中国人的记忆当中，从1990年的北京亚运会到2010年的广州亚运会，走过了20年的道路，这20年我们在变，中国在变。第四个是2年，从2008年的北京奥运会到2010年的广州亚运会，总导演就是当初北京奥运会的副总导演。开幕式会带来什么样的创意？最后一个时间段是2个多小时，那就是8点将要开始的开幕式。究竟在北京奥运会以及多哈亚运会已经形成精彩的印象当中，它会有哪些独特？会否在2个多小时之后，这精彩的瞬间就成为我们记忆的开始？在这5个时间维度当中，我们走进广州，走进这座重新会给大家带来新的亚运记忆的城市。

一个大型运动会的开幕式从哪里开始呢？就从这一滴水开始。它是生命的起源，也似乎是这座城市的开始。因此有人开玩笑地说，这是一滴水引发的开幕式。出来的第一段歌曲就是广州的童谣《落雨大》，上来就用粤语告诉我们这届亚运会姓"广"名"州"。

这是一个芭蕉造型的小船，别看它小，长4.85米，宽1.52米。小船上的男孩叫熊钰翔，才7岁，是参加这次亚运会钢丝表演的最小的演员。他是由两个钢丝吊着进行表演的，是广州东风东路小学二年级的学生。他最大的特点就是胆儿大，而且是遗传，他的母亲是战士文工团的演员叫刘晶，一会儿开幕式上也将有他母亲非常大胆的演出。7岁的小男孩熊钰翔训练了3个多月的时间。说句实话，(他)小的时候连过山车都不敢坐，开始也紧张，现在一点儿都没问题了，还经常提醒他妈要注意安全，可见遗传有多么重要。

支撑这个芭蕉小船的是水柱，是在直径1.5米的圆周上分布了24个大口径的喷嘴，在变频器的作用下来变换这种节奏，让这个船出现了摇摆的变化。因此，水，当然是这个开幕式非常重要的特色。芭蕉的选择，当然具有当地的一个特色。不仅如此，它也是四季常青，而且它的果实都长在同一根圆茎上，一挂一挂地挨在一起，有团结友谊的寓意在里头。

在彰显个性、受众需求多元化的今天，我们鼓励多种风格的解说，但内容的真实性、准确性、生动性和深入性是不变的原则。

三、解说技巧

（一）有序准备 做足功课

"有备而来"是主持人工作的一条不变准则。谈话节目主持人应该尽可能了解嘉宾的背景，选秀类节目主持人应该了解每一位选手的经历、特点。对解说而言，"备课"更为重要。因为在节目解说中，解说员并不是节目的"驾驭者"，对节目并没有控制力,节目的主线是事件的发展,而解说员必须对正在进行的事件进行描绘、解释、说明。因此,无论是任何类型节目的解说,解说员都需要充分了解解说对象。解说对象大致可以分为人、事、物三大类:

第一,人。比如体育比赛包括教练员、运动员、裁判员、体育官员、经营管理者,等等;国庆、阅兵、纪念日等大型活动包括出席活动的领导、中外来宾、现场观众、表演人员,等等。

第二,事。比如体育比赛中的项目概况、历史掌故、球队文化、技战术特点、比赛规则,等等;国庆、阅兵、纪念日等大型活动的流程、特色、庆典的具体内容、意义,等等。

第三,物。比如体育比赛中的比赛城市、场馆、天气、风速等;大型活动同样包括城市、具体地点(如天安门、金水桥)、天气、活动相关设施等。

这三类解说对象在具体实践中是融合交叉的。比如,在 2012 年钻石联赛美国尤金站 110 米跨栏比赛中,刘翔虽然以 12 秒 87 的成绩获得了冠军,但经过赛会的测试,当时比赛的风速达到了每秒 2.4 米,已经超过了赛会规定的正常风速,所以这个世界纪录未能被赛会承认。解说对象是"人——刘翔""事——比赛,发挥好,夺得冠军,打破纪录""物——天气,影响了赛会对记录的承认"。

彭定康绕行三圈

1997 年香港回归,末代港督彭定康要离开港督府,中央电视台对这一具有历史意义的事件进行了直播。彭定康主持完港督府降旗仪式后乘坐汽车在港督府内绕场一周。这时现场记者说:"彭定康的汽车在港督府内绕了一圈,车行缓慢,试图表示末代港督对这块土地的依依不舍之情。然而,历史的车轮滚滚向前,香港回归祖国已经是任何人也无法阻挡的现实。"这是一句可圈可点的解说语。但彭定康的车绕了一圈后,并没有离开,而是围着院子又绕行了一圈。这一情境记者并未想到,也未准备,于是机械地描述了画面"彭定康的汽车又在院子里转了一圈"。但由于彭定康的车开行缓慢,这一句话无法填补画面,于是报道者又将之前说的"历史的车轮……"重复了一遍。但不料彭定康的车绕完了第二圈后,还是没有离开,继续绕行第三圈。这一次,现场记者实在无话可说了,尴尬地说道:"彭定康的汽车又转了一圈。"

1997 年之前港督离任时,汽车绕行三圈是常规,意思是"我还会故地重游的"。显然,现场记者对这一政治文化缺少了解。

北京奥运会闭幕式 8 分钟

北京奥运会闭幕式上,一辆红色双层伦敦大巴驶入鸟巢,车上有歌手、演奏者、贝克汉姆等很多人,有些为观众所熟知,但也有很多人观众并不了解。可是我们的解说员并没有向受众解释太多,8 分钟里只说了只言片语。而美国 NBC 的解说员告诉观众,演唱者是英国专辑销量纪录的保持者利昂娜·刘易斯,吉他手吉米·佩齐是20世纪70年代红极一时的摇滚乐队"齐柏林飞艇"的主音吉他手,还突出介绍了那位将足球交给英国女孩的中国小女孩,这个中国小女孩是中国、加拿大、马来西亚和乌克兰4国混血,代表了"世界儿童",具有奥运精神传递的意义。

作为一名受众,也许无法知道主持人在这里失语究竟缘何,但大家最能猜到的就是我们的主持人资料准备不足,对这些人和事并不了解。

(二)观察对象 找解说点

在一场体育比赛、一次大型活动、一场游戏竞赛中,解说员可以解说的对象和内容非常多,因为任何元素的细微变化,如人物的一个动作、一个表情、一声吼叫,等等,都是解说对象和素材。但并不是每一个元素、每一点的变化都具有解说价值。解说对象瞬息万变,需要解说员集中精力观察,一定要敏感,要反应迅速,在瞬间发现、选择值得解说的对象。比如据业内人士研究,现在一场足球比赛中,一个球员大约有70~80次突然加速,40~70次急停、变向,这些都是瞬间突变的可解说元素。

具体而言,解说员以事件的正常推进为解说的横坐标,跟随着事件的自然发展状态不断更新解说话题和内容。选择解说对象的原则是以"中心线索、中心人物"为主,以"周边突出元素"为辅。例如:足球比赛中的中心线索是足球的运行轨迹,解说主要跟着足球的运动走,中心人物是正在带球、抢球、传球、接应的球员,其他球员、裁判、观众等有"突出"或"异常"的行为才进行解说,比如现场观众提前离场,非持球的两名球员突然发生了冲突等。

如果不能有序地找到解说点,就一定会出现"失语"现象。失语有两种表现:一是解说点杂乱,受众不易理解也难于被激发热情;二是无话可说,受众长时间听不到解说语。

两个人在说话

中国申办2022年冬奥会,代表团上台陈述。冬奥会冠军杨洋陈述时,白岩松这样说道:"现在进入杨洋陈述的时间,我觉得非常不容易,为什么呢?她是一个人说话,可是两个人使劲儿啊!肚子里六个月的孩子可是真够帮忙的。"

在这个隆重的时刻,白岩松没有介绍杨洋为这一陈述做了多少准备,而是抓住了杨洋怀孕这件事,并辅以幽默的表达方式,让受众以另一种方式感受到代表团成员的不易,也使这个紧张的时刻多了一些轻松和温情。

(三)补充介绍 有效描述

介绍解说对象的相关情况是解说的一种基本方式。介绍是现场解说的一部分,是对正在发生的事件的有益补充。比如解说国庆阅兵,有必要对战士们付出的努力、仪式前期的准备、各国对此次阅兵给予的关注等情况加以介绍。当然,解说员一定要明确介绍的目的。一般而言,介绍是为了使受众对事件有全面而深入的了解,但是介绍并不能取代对现场内容的描述。解说员要选择恰当时机,比如体育比赛在开赛前、休息时间以及比赛的非高潮时段可以插入补充介绍。

关于解说中的描述,对广播而言,需要通过有声语言把"画面"尽量形象、清晰地呈现;对电视而言,为了让受众更全面深入地了解解说对象,要深度解读画面、补全画面信息的意义内涵,而不要仅对画面内容进行"有声翻译"。描述是对重要内容以有声语言方式的再度呈现,但不是对所有内容的逐一展现。同时,恰到好处、情感恰切的描述可以渲染气氛、感染观众。比如足球比赛中"射门,球进了";游戏节目中"哎呀,这位闯关者居然在最后一关掉进了水里";宠物类节目中"啊,这只狗狗太顽皮了,竟然停下脚步自己玩了起来",等等。这些生动形象、极富感染力的描述可以增强解说的现场感和代入感。

2008年奥运会百米大赛前的解说

杨建: 在2004年雅典奥运会之后这四年的奥运周期当中,实际上,新老交替从来没有这么激烈过,有一大批老将选择了退役。另外,一批年轻队员的成长,要超过2000年到2004年和1996年到2000年的水平。所以,我们也说,百米飞人大战是一个焦点,它也是一个角度,看出奥运赛场12年一个轮回:1984年洛杉矶奥运会,卡尔·刘易斯9秒99,人类电计时百米大赛第一次打破10秒,创造了世界纪录,获得了奥运会冠军;在1996年亚特兰大奥运会上,多曼·贝利9秒84创造新的世界纪录,他也开创了跑进9秒90的先河;12年之后,2008年的北京奥运会的鸟巢比赛场,新的历史使命落在了这批年轻的、富有朝气的运动员身上,他们有责任在今天的比赛当中,向世界展示他们的实力,也没有人能知道,他们在今天到底能跑多快。

这段介绍既是对奥运会男子100米比赛近些年历史的回顾,也是对观众专业知识的科普,同时使受众对本届比赛产生高度期待。

2012年奥运会百米大赛前的解说

杨建: 好的,观众朋友们,让我们一起来关注2012年伦敦奥运会人类速度大决战。不但是博尔特会用什么样的表现来回馈我们,而且这也是交锋最强的百米决战。世界纪录是2009年博尔特在柏林创造的9秒58,奥运会纪录是2008年鸟巢9秒69,目前这个星球上跑得最快的8位选手已经站在了起跑线上(介绍),全世界的目光此时此刻都聚焦在伦敦碗,每一个人都像一个战士一样,他们要向全世界观众展现速度、能力。博尔特也显得异常严肃(描述),他知道这场战役对于他来讲是多么重要,也可能是他职业生涯当中最难的一场战役(介绍)。全场8万名观众都已经基本上是站立起来了(描述),来看看选手名单(介绍参赛选手)……

这是在比赛开始之前进行的解说,有对过去几年该项目取得的优异成绩的介绍,有对8位比赛选手的整体描述,对重点人物博尔特的描述,也有对现场观众的描述,营造了一个紧张而充满悬念的比赛氛围。

(四) 解释到位 评论有度

解释是对描述内容的丰富和深化。美国著名体育节目主持人雷·斯科特讲过这样一段小故事:"当我在匹兹堡的时候,一位高中的橄榄球教练曾经给了我一点小启发。他说:'雷,帮我个忙。我能看到四分卫完成了传球。那么告诉我谁接下了球,他获得几码,而谁又试图阻挡他。告诉我一般球迷没有但是你却能知晓的东西。但是,看在上帝的分上,不要告诉我我能看到的东西。'那是我在这一行业中所获得的最好的建议。"①可以作为解释点的元素非常多,比如宠物竞赛中每个宠物的特点、体育比赛中的技战术、规则,记忆大赛中大脑的记忆规律、特点,等等。2007年田径世锦赛中,刘翔被排在第9道,普通观众并不了解跑道与选手发挥之间的关系。解说员就为受众解释第9道在短跑中的劣势:运动员易受到场边的干扰,不易洞察道次中间实力强劲对手的情况等。

评论是对某一具体事件、人物、现象进行的判断和分析,也可以理解为是对具有意见价值、值得讨论的内容加以思考和点评。受众不会满足于看到的内容、听到的描述和介绍,也不满足于通过解释知道为什么,还希望知道怎么样,应该怎么看。比如上述的田径世锦赛中,刘翔最终夺冠,这一比赛过程和最终结果通过电视画面清晰可见,受众还希望听到主持人对刘翔在这一过程中技战术运用等作出点评。著名体育主持人黄健翔指出:"新时代的观众需要解说员态度更明确、位置更贴近、看法更专业、语言更犀利,只有加大评论分析的成分,体育解说才能满足现代观众的要求,解说员和主持人才能赢得观众的认可。"②

陈一冰的"失利"

2012年伦敦奥运会体操吊环单项比赛陈一冰在表现绝不逊色于任何一位选手的情况下,与金牌失之交臂,解说员金宝成作了这样的解释和评论:"这块金牌巴西队拿到之后,有些观众发出了嘘声。陈一冰大度地举举手。这个地方我给大家作一个简单的介绍。体操比赛分两个裁判组:一个是由两人组成的D组裁判,也就是打难度分的

---

① 海德里克.体育播音艺术[M].任悦,王群,等译.北京:中国广播电视出版社,2008:86.
② 岑传理.金话筒的诉说:电视体育节目的解说与主持[M].北京:中国经济出版社,2000:87.

裁判,两人之间是可以相互商量的;一个是 E 组裁判(完成效果打分),6 个人组成,互相不能商量,各打各的分。去掉一个最高分,去掉一个最低分,四个裁判相加的平均分是选手的 E 组分。D 组分和 E 组分相加是他最后的得分。我们要说的是,纳巴雷特在难度分与陈一冰一样、完成差不多的情况下,下法纵了一步,为什么得分比陈一冰高,这里面反映出 E 组裁判之间他们认识上的差异,他们水平上的差异,他们个人好恶上的差异,别的还先不说,所以形成这个结果。我想,比赛的争议永远是比赛的一部分,重要的是陈一冰在没有拿到冠军后所表现出的大度和宽容赢得了很多人的赞誉。我想陈一冰同样应该拿到一块金牌,你没有失败。如果非要说失败,也是最成功的失败者。你赢得了比金牌更重要的东西,那就是世人对中国人的尊重。"

解说员在第一时刻意识到,现场观众的嘘声是对比赛结果的不满和不解,电视机前的中国观众就更是如此。于是,解说员先对体操打分规则的专业性作出解释,说明问题可能出现在哪个环节。然后立刻对陈一冰的表现作出点评,感性的认可、支持和鼓励不仅缓解了电视机前观众的不满情绪,还使得大家为陈一冰的大度感到骄傲。

(五)叙议一体 有机结合

介绍和描述属于事物叙述层面,即"述";解释与评论属于意见表达层面,即"评"。它们既是解说的两大话语样式,也是实际运用中你中有我、我中有你,有机结合的两种话语内容。宋世雄指出"当述则述,该评则评,述评结合,评述兼顾,述中有评,评中含述"①;孙正平指出"述评结合,两者兼顾,述中有评,评中有述"②;黄健翔指出"夹叙夹议,述评结合"③。解说中,必须将这两者恰当地结合起来,才能让受众听得明白、听得入味、听得见理。如果仅有述,受众会觉得解说不够深入,专业度低;如果仅有评,解说难免变成散乱的观点集合。2010 年南非世界杯一场比赛中贺炜这样说道:"本届世界杯前 8 名的队伍当中有 6 支都获得过世界冠军,他们加起来一共获得了过去 17 届冠军当中的 15 届。"然后推理道:"因此本届世界杯堪称世界杯历史上最传统的一届世界杯、最经典的一届世界杯。"可以看出,叙述的内容不仅是延展的起点,还是观点的依据,同时观点又深化了叙述。

2014 年巴西世界杯结束词

比赛结束了,比赛结束了。第 20 届世界杯的冠军已经产生,德国队他们在 1990 年之后,时隔 24 年之后再次获得了世界杯冠军。德国总统高克、总理默克尔在接受各方贵宾的祝贺……(叙述)可能有的人不喜欢德国队踢球的特征,但是你无法不佩服

---

① 宋世雄.宋世雄自述——我的体育世界与荧屏春秋[M].北京:作家出版社,1997:315.
② 瞿优远.CCTV 体育人[M].北京:北京体育大学出版社,2000:166.
③ 李升科.追求新时代的体育解说风格——记中央电视台体育节目主持人黄健翔[J].新闻战线,2000(3):70.

他们,德意志战车真是名不虚传……(评论)

而阿根廷队也许踢得不如过去几届行云流水,但是这支球队特别像1986年世界杯夺冠的那支球队,严丝合缝的防守体系是他们不断前进的根基,拥有一个10号的天才队长这样的攻击群为他们带来胜利。(评论)阿根廷队本届世界杯的所有的胜利都是建立在最经济的获胜基础之上。(评论)进入淘汰赛之后,他们并没有在常规时间内失球,这样的阿根廷队不是来表演漂亮足球的,他们是来试图获取胜利、拿到冠军的。(述评)过去的阿根廷队身上总是有一种悲情的气质,踢得好看华丽,不过总是不能走到最后,有时甚至早早出局。这届的比赛阿根廷队厌烦了红颜薄命的故事,开始回归铁血精神,他们明白艰难的生活并不浪漫,踏实地活着才是最高明的艺术。(评述)他们已经放弃了华而不实,对自己完成了革命,要知道对讲求完美的阿根廷人来说,这样的革命是有多么痛苦,也许只有拿到大力神杯的那一刻,所有的隐忍和努力才有回报,但是现在就差一步。(评述)就如同那首著名的由阿根廷作曲家所谱写的探戈舞曲《一步之遥》一样,奖杯就在眼前,他们自己的面孔都已经映在了杯身上,呼吸甚至都触摸到了杯座,但是却只差一步。(叙述)探戈舞曲当中与生俱来的悲情气质和阿根廷队的气质真是有些暗合,挥之不去,就像宿命一样,不过阿根廷人永远是无休止地朝着心中所爱前进,不断地自我革新,以求更接近自己的目标,这本身就很让人着迷,不是吗?(述评)相信很多的阿根廷球迷像他们喜欢的球队一样无怨无悔,你爱上一件事物当然不是爱它的成败,你爱的就是它的气质,对不对?(述评)祝贺德国人,我们也要为阿根廷人鼓掌,任何敢于放弃自我、不断革新、为心中的目标不断改变自己的人都值得尊敬。(评论)

这段解说来自中央电视台足球解说员贺炜。他在比赛结束后对胜利一方德国队和失败一方阿根廷队分别作了回顾、总结和评论。在有关阿根廷的这段解说中,解说员将评论与描述融为一体,词语优美,比喻得当,想象合理。

第二节 实战技法

一、情感流动 语言变化

主持人的情感要在一定控制下自然流露。节目解说中,由于解说对象有起伏变化,主持人解说时必然会体验到其中的喜怒哀乐,也应当以适当的方式表现出来。2004年刘翔雅典夺冠一刻,主持人近乎疯狂地高声呐喊"刘翔赢了,刘翔赢了",不仅不为过,还在恰当的时机唤起了无数中国人的爱国情结、奥运情结和民族自豪感。这些合理的情感会在解说的内容和语气中表现出来,也应该表现出来。因为随着情感而变化的语言是丰富多彩的,由此激发的受众情感才会跌宕起伏。但注意,这里强调的情感变化是随着解说对象而变化的,不宜因某种外部原因而表现出超越解说对象本身的情感。北京奥运会就是一个很好的例子,因为这是中国人期盼已久的向世界证明自己的盛会,包含着太多的民族情感和国家意义,所以中央电视台对开闭幕式的解说都过于煽情,事后有观众对此表示出不认同。中央电视台也公开承认,奥运会开闭幕式的解说不尽如人意。

语言的变化,主要指语气、语调的变化,除了随着情感的自然变化之外,还应该有意识地随着氛围和解说对象的变化而变化。比如奥运会开幕式,开始氛围是庄重、大气的,但运动员入场时气氛变得活跃起来,主持人的语言也应该跟着变得轻松、欢快一些。文艺表演开始后,主持人的语言表达又再次跟着表演的内容开始变化。

2010 年世界杯德国与英国比赛结束语

我们想想吧,此时此刻,在柏林,在慕尼黑,在纽伦堡,在科隆大教堂,肯定有无数的德国球迷为之欢欣鼓舞;而在伦敦,在利物浦,在曼彻斯特,在泰晤士河边的小酒馆,也有无数的英格兰球迷为之黯然神伤。不过,让我的内心感到无比欣慰的是,在生命中如此有意义的时间节点,在今天晚上,电视机前的亿万球迷,(和)我们能够一起来经历,共同分享。这是我的幸福,也是大家的幸福。我是贺炜,观众朋友们,再见!

解说员贺炜以想象性的描述,表现出德国队获胜带来的欣喜和英国队失败带来的忧伤,但最后话锋一转,站在电视观众的角度抒发一起观赛的幸福感。解说员以相关的三类人群的视角,自然流露情感。

二、掌握时机 把握节奏

解说并不是对解说对象以有声语言的方式进行"全覆盖",任何解说对象都不是从开始到结尾都是高潮、都是精彩点,而且有些活动在某些时刻是规律性不需要发声的。比如田径比赛准备跑前的十秒左右,网球比赛准备发球的那一刻,全场会保持肃静,解说员也会同观众一起屏住呼吸。因此,解说员的解说必须掌握好时机,该说则说,该停则停,有的放矢。

节奏是自然、社会和人类活动中一种与韵律相伴的有规律的突变。有声语言的节奏体现于它的抑扬顿挫、轻重缓急。节奏是有声语言重要的呈现方式和表达技巧。解说员语言的节奏调度主要考虑解说对象的节奏变化,或者说,一般情况下,解说节奏需要配合解说对象的节奏,比如 100 米跑比赛和 10 000 米跑比赛两者本身的节奏就与很大不同。因此,解说员对于前者的解说处理是快节奏的,而对后者的解说则要平缓很多。解说员需要感受并理解解说对象的节奏变化,进而把控有声语言的节奏。

三、判断预知 快速同步

所谓预判,并不是说事情还没有发生,解说员就通过自己的判断告诉受众接下来会发生什么,而是说解说员对解说对象下一步的发展有一个预知性的意识或判断。这种预判来自解说员精力集中的观察,来自对解说对象规律的了解和相关知识的储备。

预判可帮助解说员对解说对象的变化作出及时反应,反应越迅速,越能使解说声音与画面同步。比如:一名球员已经带球突入禁区,这时解说员要提醒自己,球员可能要射门了,在球员抬脚的那一刻就应该有"射门"这一声音发出,否则可能会出现,射门动作已经完成,才听到解说员高喊"射门了",而此时的画面已经是守门员飞身救球,这就是常说的"解说慢半拍"。

四、建议期望 有益引导

建议是解说员在进行解说时很常用的一种话语表达方式,建议的对象可以是选手、教练员、观众、裁判员、比赛组织机构,等等。2015年亚洲杯四分之一决赛,中国队以0∶2不敌东道主澳大利亚队,但是中国队前三场小组赛三战全胜,创造了历史最佳成绩,本场对澳大利亚的比赛队员们也拼尽了全力。基于这样的背景,在小伙子们的亚洲杯征程即将结束之时,在现场的中国球迷站立于看台久久不愿离去之时,解说员说道:"我提议,我恳请,电视机前的您也起立为中国队鼓掌。"

期望是与建议非常相近的一种意见表达方式,是指解说员从自己的观点出发对人、事、物发出的寄语,比如"今晚是两个强者的对话,我们期待着精彩的比赛""我们期望某某尽早伤愈""希望中国队能够持续首场比赛中的良好状态"。期望性话语对于活跃比赛氛围、激发观众收看欲望、传递情感诉求等都十分有益。

值得注意的是,解说员的建议和期望不是"纠错""指导""命令",而是"商讨""祈使""提醒"。无论给谁建议、建议什么内容都是解说的一部分,都是为了更好地让受众理解、感受视听对象。

五、语言丰富 变化多样

语言丰富本是解说员话语表达的基本要求,在这里专门提出是因为很多活动或比赛中同一行为会反复出现,比如篮球比赛中上篮、足球比赛中守门员扑救、排球比赛中扣球等,但解说员如果重复用词,就会显得单调、枯燥。曾经有一场足球比赛中,每次进攻方射门后球被守门员抱住时,解说员都会说:"皮球被守门员没收了。"这本是解说员一句形象的比喻,但重复几次后就变成了累赘。因此,解说中特别要注意语言丰富,即解说员使用各种词汇、句型、语气、语调传达意思,避免在一次解说中重复同样的话语内容和样态。

解说员也可以尝试不同风格的语言表达。贺炜常用的是诗一般的语言,但他偶尔也会使用幽默的语言,比如"在这忙碌的世界杯赛场,唯有这只悠闲的麻雀在享用它的晚餐"。(镜头:一只麻雀在球场一隅啄食)也有激情豪放的语言,比如2014年巴西世界杯八分之一决赛中,巴西对阵智利,加时赛最后关头,智利队射门,球击中门柱弹出,贺炜激动地高呼:"这脚射门让整个巴西都黑暗了一下!"这种幽默的解说为节目带来了意想不到的效果。当然,解说员语言丰富、风格多样,都要建立在语义准确、逻辑合理的基础之上,这也是即兴解说的立足之本。

即刻训练

1. 请选择自己喜欢并了解的体育项目,针对一场比赛的某一片段进行解说。
2. 美食节目中,请解说一道菜的制作过程。
3. 请在脱口秀节目中以"减肥"为主题,用个性化的表达方式解说减肥的重要性和"花式"减肥大法。

第八章 即兴对话

对话，或称谈话、交流，并不是访谈节目的专属，在任何类型节目中，只要存在两个以上主体，具有说话的自主权，就存在对话。比如真人秀节目中，主持人与选手、嘉宾、观众之间要交流；体育赛事解说中，解说员与评论员之间要交流；综艺节目中，主持人与表演者之间要交流……因此，在节目中根据情境即兴对话是主持人一项重要而基本的技能。美国心理学家穆勒尔经过实验证明，许多人在自己的会客厅里比在别人的会客厅里更能说服对方。这说明，人们在自己熟悉的地方处于社交的主动位置。也就是说，节目中的主持人处于谈话的有利位置，而且这一身份也决定了其必须是谈话的掌控者。

主持人与其他主体的交流过程就是节目的生成过程。主持人应该既能够良性开启，也能够良性持续；既能够调动充足的期望性信息，又能够让交流对象倍感舒适；既能够积极交谈，又不至于过度反应。这就需要主持人具有艺术化的交流技法，本章将对主持人即兴对话中的一些普遍规律加以介绍。

第一节 对话方式

一、洗耳聆听 倾目观察

（一）洗耳聆听

"说"与"听"，即信息的"传出"与"接收"，在传播活动中同时存在。听是说的前提和准备，说是听的反馈和延续。美国著名谈话节目主持人拉里·金说："要善于谈话，首先要善于聆听。""人人都认为我赚钱的方式就是问问题。说得没错，但只说对了一半，另一半就是倾听别人的回答。"这说明，倾听是交流的绝对前提。

第一,倾听是形式上的交流,是对说话对象的尊重,是传播风度的一部分。现代传媒强调主持人与受众的平等关系、主持人对受众的服务意识,追求主持人与受众良好的交流状态。倾听是实现这些目标的必须行为,甚至是首要步骤。没有倾听的交流连形式上的沟通都不存在,更不必说内容上的真正呼应。

第二,倾听是对交流内容的把握,是与交流对象心理上和思维上的交流。因为主持人是节目的主导者和调度者,所以在与其他节目主体交流时,只有听清楚、听明白了,才能有效组织自己的话语,掌控节目。因此,主持人的倾听是在精力高度集中下的主动性行为和主动性思维。如果不是这样,必然会造成交流不畅,降低交流的可欣赏性。美国著名主持人休·唐斯讲述了这样一个故事:有一次他的同事采访一位越狱者,越狱者讲他们如何用几个月的时间挖掘地道,到了一天半夜,他们估计越过了围墙,于是把头上的木板锯断了。当这位囚犯伸出头,看到的景象却把他吓呆了。他说:"我一伸出头,发现自己是在监狱长的办公室中央。""但是,你们永远也想不到,我的同事接下来问了些什么,他问:'你有什么嗜好?'"[1]主持人在倾听中要把握对方语气、语调的变化,一个微小的停顿、一个词语的使用……

我们在第一章讲到,"观察感知"是口语表达的第一步,"听"与"看"是观察他人、感知他人最重要的方式。主持人朱军对此深有感触:"有些时候在节目现场,在面对嘉宾的时候,你的内敛、你的谦逊、你的倾听都是一种美德,更是一种能力。说话谁都能说,提问谁也都能问,但不一定谁都能听,谁都能真正地去倾听对方的谈话,并且用心底里的情感、用自己最真实的情感去捕捉谈话对象所要传递给你的一切东西。"[2]

第三,倾听是激发谈话欲望的绝佳手段。在聆听过程中,主持人会发出反应信号,如"对""是的""喔"或点头、微笑,等等。这种信号具有理解、尊重、信息接收等多种意义,是保证谈话顺畅进行的重要因素。研究发现,言语上的赞同(如"你说得对")和非言语的赞同(如点头、微笑)都会促使对方更多地发表意见,而缺乏这种赞同则会使人少发表意见。[3]《鲁豫有约》制片人樊庆元在评价陈鲁豫时这样说过:"她特别可贵的一点就是会听,她觉得自己不应该说的时候她一句都不说,她就静静地听你说,她会让你觉得我特别爱听你说,让人谈话欲望特别强烈,就会把该说的不该说的都说了。"[4]但是,倾听过程中作出的反应不宜过于频繁,因为过于频繁地收到他人正面的情感反应,发言者就会对这种反应产生饱和感。

主持人倾听有两点需要注意:第一,切不可做形式上的倾听者。表面上在倾听,实则是在准备提出事先准备好的问题,一旦对方话音落下就立刻抛出问题。第二,主持

---

[1] 王群,曹可凡.节目主持语言智略[M].上海:复旦大学出版社,2008:119.
[2] 雷蔚真,邓力.电视品牌的策划与创建——《艺术人生》透析报告[M].北京:中国传媒大学出版社,2008:177.
[3] 罗洛夫.人际传播社会交换论[M].王江龙,译.上海:上海译文出版社,1997:64.
[4] 朱冰,毕蜂.口述凤凰1996—2006[M].北京:作家出版社,2006:144.

人的倾听不仅仅要做到专心、听清、听懂,还必须选择重点信息理解、记忆。尤其是有些时候说话主体一口气说了很多,主持人不可能全部记住,必须有选择性地记住话语的核心内容或关键点,以此为基础进行提问、解释、强调、反驳……以保证接下来的对话具有针对性。这一技能近似于复述中所讲的"记忆"。

对话·天下粮仓

陈伟鸿:这是一个全新的世界纪录,我们要用掌声表示一下祝贺。刚才您说到988.1公斤的时候,那个时候袁老特别自豪,就感觉马上要登上世界奥林匹克大赛这个冠军的领奖台了。如果真的登上领奖台,给您30秒钟的发表获奖感言的机会,您会说什么?

因为倾听才能在交流中抓中重点。在这里,主持人显然是抓住了上一段讲述中特别值得强调的数字"988.1公斤"。

(二)倾目观察

我们只要对身边的人稍作观察就会发现,咬嘴唇、皱眉头、转眼睛、摸脑袋、深呼吸等动作会以相当高的频率出现,而这些都是我们心理的外在表现。大脑中的每一个想法、反应都会以这样或那样的方式影响到我们的外在行为。我们都有这样的体会:当感到恐惧时,嘴唇会发干;当说假话时,有点不自然,虽然会尽力掩饰,但眼睛不敢直视对方。换句话说,人类的惊讶、悲伤、愤怒、恐惧、快乐、厌恶、轻蔑这些情感都会以外部行为的方式呈现。正因如此,这些由身体表达的符号恰恰更生动、更丰富、更直接。美国心理学家艾伯特·梅拉比安提出"7%、38%、55%"沟通定律,分别指人们面对面沟通时使用到的三大沟通元素——词、声调、肢体语言所发挥的影响比重。加利福尼亚大学教授阿尔伯特·麦拉宾在《沉默的语言》一书中指出:"人的感情和态度能用声音表达的只有不到40%,而无声的肢体动作表达能达到50%。"人们面对面谈话时的举手投足、一颦一笑都是谈话者最真实想法的充分展现,相比有声语言,要真实和直接很多,所谓"耳听为虚,眼见为实"。观察是主持人话语表达的一项基本要求,在对话交流过程中尤为重要。其观察对象主要是人物交流主体,当然,如果节目现场还有其他相关群体,如评委、咨询师、观众等也应观察其行为反应。观察重点是人物的身体表现和行为举止,包括眼神、手势、面部表情、肢体动作、站姿坐姿等。读懂了对方的表情、行为,也就读懂了他的心。

微微地低头

一期谈话节目中,谈话嘉宾是一位女影星,她告诉大家自己有一个美满的家庭,尤其是谈到孩子时候非常兴奋,情不自禁地讲起了很多自己与孩子之间的美好故事,这时主持人突然问了一句:"发生这些趣事的时候,爸爸不在身边吗?"这位女影星稍有迟钝,头微微下低,说了句"是的"。

一个细微的头部动作,已经能反映出这位女影星略显尴尬,说明她勾勒出的美好家庭可能并不那么完美。

二、相知为本 沟通各方

"对话"是人类必不可少的行为,"沟通"一词可以理解为是这种行为具有目的性的状态描述,最终目的是实现有效沟通,即达到预设的对话效果,也可以简单地理解为达成共识,达到相互知晓与心理和谐。在当代广播电视节目中,常常会存在多个和多类话语角色,比如歌唱类真人秀节目中,一般有主持人、参赛选手、评委、现场观众四种人物角色,主持人不仅要与其他人物角色形成线性对话关系,达到有效沟通,同时还肩负着融通其他各个和各类人物的责任(如图8-1),即:使他们之间相互了解,达到整个节目的深度感知与和谐。因为所有人物主体之间都存在着互动关系,任何两个主体之间的沟通不畅,都会影响节目的顺利进行。谭盾曾经做客北京电视台《国际双行线》,节目的前半程,谭盾表达得神采飞扬,节目进行得非常顺利。节目过半后,国内著名指挥家卞祖善被邀请出场,卞祖善并不认可谭盾的音乐并对其进行批评,不料谭盾拂袖而去,留下主持人、观众与卞祖善完成剩余节目的录制。专业上的相互切磋不应该有太大问题,友善的批评通常也是可以接受的,但造成这样的结果显然是主持人、谭盾、卞祖善都没有把握好自我角色应有的沟通方式。节目中的各类人物之间或相识或不相识,或了解或根本不了解,产生隔阂、不解、矛盾都属正常,但主持人应该把握好对话语境,迅速发现双方的冲突点,化解矛盾,传达有效信息。

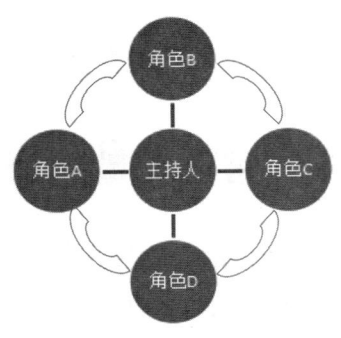

图8-1 主持人沟通角色示意图

补充背景,鼓励选手

《中国最强音》一期节目中,选手尹熙水表演结束后,导师们纷纷指出其"不在状态",尹熙水本人面显尴尬。这时主持人朱丹充满支持、充满关爱地说:"在上台前一直在和老师商量要不要跟大家说,尹熙水一直在发烧,但又害怕增加感情分,所以就让水哥自己决定要不要说。当三个导师指出可能身体不适的时候,我发现水哥特别沉稳,一个字都没解释。水哥,我为你鼓掌。因为你承担着了,你扛着了。确实,歌手在舞台上的表达,没有任何理由可讲。你没有给自己任何一句解释,我敬佩你!"

主持人首先补充观众和评委都不知晓的背景信息,紧接着又鼓励了选手,化解了因评委的负面评价给选手带来的紧张和不悦情绪,不仅使多方都加深了了解,还在瞬间营造出一种积极的、温暖的氛围。

第二节 实战技法

一、打开对话 深入交流

所谓打开对话,首先,指主持人面对交流对象时,要让对方开口说话;其次,主持人通过引导使谈话对象尽可能地深入谈话,多而集中地发表见解。因为并不是所有的谈话对象都希望和主持人对话,愿意把心声吐露给主持人;也不是所有的谈话对象都是善言者,即使是善言者,所言内容也未必是节目所需。打开对话从语言表述方式来讲有两种:一种是提问,一种是陈述。具体方法有以下四种:

第一,挑起对方感兴趣的话题。

当谈话对象对所谈话题有兴趣时,便有了说话的欲望,而且容易说得多、说得深。但这一兴趣并不是与主持人一见面就有的,也不是一开始谈话就有的,主持人需要通过把握对方背景和观察对方现状,寻找对方的话题兴趣点。兴趣是建立良好的谈话关系和获得一次积极谈话的重要因素;但同时要注意,这个兴趣不可以远离谈话的中心,最好是与节目或主持人既定的话题内容高度相关。

白岩松婉转称赞陈文茜

白岩松:其实好多人可能天生就会有一种概念,觉得当政治和女性连接在一起的时候,这个女性就会被模式化。头发应该相对短一点,应该穿的是职业装,然后笑容一般不会特别剧烈等。但是在陈文茜的身上,这一切都被打破了。

白岩松其实是在说明,陈文茜与一般女政治家不一样,着装很时髦,笑容很灿烂,这一方面是在婉转地称赞对方;另一方面,面对一位女性政治家,从她的外表打扮说起,也会使对方更感兴趣。

第二,挑起对方不悦的话题。

这种方法类似于前面讲到的直言刺激,就是通过说起一些谈话对象可能并不太愿意接受的说法、事件、人物,而勾起谈话对象解释的冲动或欲望,由此打开话题。

王志质问易中天

王志:有学者质疑,你把"业"变成了"余",把"余"变成了"业"。你本质上是一位老师。

作为一名大学教授,听到别人说自己不务正业,当然会感到不悦,进而就有辩驳的欲望。

第三,挑起容易引起对方心理触动的话题。

通过说起能令谈话对象产生情感、心理触动的人或事,从而使对方愿意谈话,进而情不自禁地打开话匣子。《艺术人生》就常用这种方法,该节目定位是"用艺术点亮生命,用情感温暖人心"。节目中使用各种手法引起嘉宾的情感记忆,如一件特殊的往事、童年的照片、特殊人物的话语采集,等等。

水均益对话拉宾

水均益采访以色列前总理拉宾时,这样问第一个问题:"总理先生,一千多年前,一些犹太商人和拉比(犹太教士)带着商品和在羊皮上写成的《圣经》卷宗来到中国的黄河岸边。从那时起,犹太人民和中华民族有了第一次良好的交往。今天,您作为第一位犹太国家的领导人又一次来到中国,您给我们带来了什么?"

通过历史溯源让拉宾觉得以色列人民与中国人民从很久以前就是亲密的朋友了,从情感上拉近距离,为本次谈话奠定了良好的基础。

相似经历和思想的"自我透露",对于拉近与交流者的距离,开启对方的情感闸门有较好的效果。所谓"自我透露"就是把自己相对保密的信息告诉他人。比如奥普拉就曾经在一期讲述遭受性侵犯的孩童如何走出阴影的节目中,把自己儿时的不幸和盘托出(奥普拉是私生女,少年时遭到强奸、虐待)。节目播出后,舆论一片震惊,但观众却表达了对奥普拉的绝对支持。

第四,以理服人开启谈话。

这种方法是说主持人以讲道理的方式迅速征服谈话对象,让谈话对象愿意开口。使用这种方法的基础是,道理必须能让嘉宾和受众迅速领会,而且不宜过于冗长。

王志说服胡长清

王志采访原江西省副省长胡长清时,一开始胡长清是拒绝对话的。王志给胡长清递了一杯水,然后跟他说:"退一万步来说,你还留了你的声音在这个世界上,让大家看到一个真实的胡长清是怎样的,不像小报上说的胡长清有十几个情人,或者贪污了几千万,你自己说出的话可能更权威一些。"胡长清最终接受了王志长达3个小时的采访。

王志以当时小报对胡长清的不实报道为契机,使得胡长清认为接受王志采访、做一次正式的自我讲述很有意义。

即刻训练

1. 对话一位艾滋病患者，对方有点自卑，不怎么说话，请用适当的方式开启对话。

2. 对话前奥运跳水冠军郭晶晶，如果谈话开始后对方并没有说话欲望，主持人应该如何做。

二、借力给力 顺势承接

对话是一个你来我往的过程，是一个流动的过程。因此，主持人需要根据对话内容，在瞬间进行巧妙的承接。这种话语承接可以分为两类：第一类是话语的简单过渡；第二类是抓住对方话语的核心，顺势进行延伸。第二类是我们的研究重点。这种方法的核心是抓住谈话对象前一句的中心内容，以此为延伸点，然后自然地引出主持人自己的观点。

崔永元对话时任政协副主席周铁农

崔永元：听说我要采访您，我所有的朋友都为我捏了一把汗。

周铁农：听说我接受你的采访，我所有的朋友也都为我捏了一把汗。

"捏一把汗"是崔永元表达的核心，却被周铁农反过来恰当地利用。这案例说明，顺势承接的方法是所有谈话高手都会用到的策略。

陈伟鸿巧借厉以宁的诗

在《对话·品牌制造》节目中，主持人陈伟鸿向观众介绍说厉老不仅是一位著名的经济学家，还是一位诗人，然后给大家吟诵了一首厉以宁专门为苏州作的诗——《苏州枫桥》。主持人吟诵完，老先生笑着说，这不是我的代表作。（场内一片笑声掌声）这时主持人陈伟鸿接住话茬说道："著名诗人厉以宁先生的代表作究竟是哪首呢？欢迎各位继续锁定我们的《对话》。我们会在您不太注意的时候，突然间做一个发布。"

主持人陈伟鸿并未想到厉以宁会突然说到《苏州枫桥》不是其代表作，但他立刻抓住"不是代表作"这一核心，顺势幽默地以此为契机，让大家锁定节目。

即刻训练

请以主持人的身份,完成下列节目情境中的对话。

1.在一期职场节目中,主持人采访求职者

主持人:如果你在节目中没有找到工作,你是回去还是留在北京?

求职女孩:我会留在北京找工作。四年前我给自己定了目标,一定要来北京,我已经为了来北京努力攒钱,现在来到这里看到你们,我觉得梦想就在前面,所以我不会回去。

主持人:那你怎么维持生活?

求职女孩:我平时能省一点是一点,我不喝果汁,从不上餐厅吃饭,这几年节省下来8 000元,够在这里半年找工作用。

这时主持人立刻意识到这位求职者身上的那股毅力、耐力和拼劲,顺势赞扬道:_____

2.主持人对话一位知名作家

主持人:您太太很漂亮,那我们想知道您当初在追求她的时候是不是也使出了您在文学创作中的技法?

作家:壮起胆量说了不少谎话。

主持人:_____

3.主持人对话一位著名女科学家

主持人:都说一个成功男人背后一定有一位伟大的女人,那我想,一位成功的女人背后也应该有一个伟大的男人。

女科学家:我丈夫是一位很普通的公务员。

主持人:_____

三、含蓄转折 表情达意

主持人在与节目中其他主体的交流过程中,有时会不认同他们的观点,这种不认同可能来源于多种原因,比如与事实不符,意识形态不正确、不健康,主持人有愿望或有义务对其进行更正,但是主持人往往不便直接指出,因为这样很可能会导致对方不悦、尴尬,甚至发生正面冲突,打破和谐的交流氛围。因此,主持人需要以含蓄而巧妙的方式表达自己的观点,既能让他人领会其想法,又不至于驳他人的面子。

董卿阻止刘晓庆

中央电视台"5·12"汶川地震赈灾义演晚会上曾有这样一幕让人印象深刻。当时四川籍演员上台捐款并演出,主持人董卿领上来三个受到地震伤害的学生。她刚刚介绍完这三个孩子的基本情况,刘晓庆就忙不迭地挨个问孩子们:"爸爸妈妈还在吗?""家里面有几个人?"这时董卿急忙说道:"晓庆姐,不着急问问题。"

此刻,这类问题深深刺痛着孩子们的心灵,主持人这句看似普通的阻止却是对孩子们最好的保护。主持人在以恰当的行为完成角色功能的同时,也彰显了媒体人在灾难面前的人文关怀。

一面五星红旗

1996年中国国奥队失利之后,在一期体育访谈节目中,主持人张斌问在场的观众:"这次失败,你们作何感想,是很伤心还是无所谓?"一名球迷说:"中国队这么多次失败,已经习惯了。"

这时作为嘉宾也是足球解说员的黄健翔拿出一面签着许多名字的五星红旗说:"这是很远的地方一个高三毕业班的学生给我寄来的,上面签了全班同学的名字,他们希望我能在国奥比赛之前把它送给国奥队,但是当我收到的时候,国奥队已经被淘汰了。我没有把这面旗帜交给国奥队,但是我相信总有一天,五星红旗一定会在世界赛场上飘扬!"

在球迷对国奥队失利心灰意冷之时,黄健翔用一面特殊的五星红旗向受众讲述了一段感人的球迷故事。最后一句话转折性地鼓舞了大家低落的士气,也含蓄地告诉现场球迷以及所有对中国足球丧失信心的观众,要相信并支持中国足球的发展,期盼五星红旗在赛场上高高飘扬。

即刻训练

1.试想你在主持一场歌手大赛,一个两人组合刚刚演唱完,评委打分不理想,你在台上与选手交流时,两人开始互相指责刚才演唱时对方有瑕疵。这时你会说什么?

2.谈话节目中,嘉宾认为大学不需要统一的教材,老师根据个人研究特长和授课内容指定书目就可以,作为主持人的你觉得这个方法在当下中国还不能大范围适用,于是说道……

3.谈话节目中,一位嘉宾认为全面放开二孩说明以前我们的计划生育政策有问题,甚至当年推出计划生育政策就是一个失误,这时作为主持人的你说道……

四、适度争辩 有力批驳

当不同观点出现时,最终希望达到的效果是,对方接受你的意见,而不是无休止地激辩。因此,像上一方法所示,委婉地表达观点同时又友好地把争辩扼杀在萌芽中是最佳方案。但有些情境下,面对某些嘉宾,争辩似乎在所难免。面对极端错误的、对社会良性发展严重不利的观点,主持人需要毫不留情地进行批驳。主持人必须行使自己的话语权,无论在语言气势上,还是观点的阐述上,都呈现出主动甚至强有力的态势。但同时要注意拿捏分寸,适可而止。因为过度争辩、批驳有可能会使节目失去控制,脱离主题,陷入尴尬。

胡一虎的两处争辩

在《一虎一席谈·朝鲜半岛战争还是和平》节目中,一位韩国嘉宾说:"保护自己国家不能依赖任何国家,必须得有自己的国家力量,我建议韩国政府针对美国政府提个意见,我们要撤回核保护伞,现在关键是力量的均衡,我们也开发一个自己的核武器。短期内我们肯定怕一些牺牲,因为我们都不愿意战争,但是我们也都不怕战争……"

这时主持人果断地说道:"我必须要打断你,你现在已经是怒发冲冠了,你的话语已经在煽动对中国绝对不利的(行为)。中国是需要无核化的,你现在还得了,在这里煽风点火……"

当节目快结束时,胡一虎作谈话总结:"朝鲜半岛的和平跟战争之间的钥匙,不仅在金正恩的手里,事实上也在首尔朋友的手里。"

这时韩国嘉宾马上抢说:"大家都有一个就没必要谈了嘛!中国也有一个,印度也有一个,韩国、日本、俄罗斯,东北亚地区每个国家都有核武器就没必要谈了嘛,威胁不到对方。"

胡一虎立刻以幽默、尖锐的观点反击说:"如果发生这样的情况,你今天绝对不可能安全地走出去,为了让你能够平平安安地走出去,今天的节目就到此为止,希望大家还是珍惜和平,我们期待这个局势早点缓和下来。"

这位韩国嘉宾的两次谈话都是与和平相违背的,主持人立刻意识到其观点的危害性,不仅以强势语调和措辞及时制止了不当言论,同时还传播了珍惜和平的积极观点。

孟非批驳女嘉宾

《非诚勿扰》一期节目中,一位男嘉宾无意感叹道:"现在的女孩子普遍都太现实了,交往的目的性、功利性都比较强。"话音未落,9号女嘉宾张静"嘣"的一声灭了灯。孟非表情略显不悦,但还是平静地问道:"你觉得男人拿出了什么样的东西女人就有安全感?"张静答道:"要把人生规划真真正正做出来,告诉她你在做什么。"随后,孟非情绪开始有些激动,语速加快,义正词严地说:"假定我今年28岁,在和一个姑娘谈恋爱。我跟她说我35岁的时候要成为中国最优秀的主持人,我要为这个事努力一辈子。我一直努力、拼命,这是我一辈子奋斗的目标。如果你是那个姑娘,你听完了会有什么反应?"张静回道:"我会转身就走。"显然孟非不能认同,态度坚定地说:"为什么你不理解我这个目标呢?你说我不上进,那我告诉你,我每天都在努力,为了我的目标奋斗,你为什么又不相信我了呢?你要一个男人给你一套房子,这个东西马上就能放在那儿,房产证马上就能给你看,这是个房子。而我告诉你,我在奋斗、在努力,这个东西是看不到的。"

在对话过程中,孟非认为这位女嘉宾的思想过于"物质化",他不认同,在电视中传播也不利于社会文化发展,于是进行了严厉的批驳。

即刻训练

请以主持人的身份,完成下列节目情境中的对话。

1.歌唱类选秀节目中,一位选手没有博得评委们的转身,而后说道:"我参加过很多比赛,你们不转身,我也不跟你们评委计较,也不是每个评委都是专家,反正我坚持我的就好了。"主持人这时立刻反驳道……

2.主持人大赛中,一位选手抽到的即兴评述题目是"谈理想",这位选手在评述中大谈社会中有诸多不公平的现象,有很多不公正的制度,是这些制度抹杀了很多人的理想。主持人打断了这位选手的评述,严肃地说道……

3.一期法制谈话节目中,一位嘉宾有点激动地说:"法得要看谁在用,怎么用,这些年我们出了那么多冤假错案,这说明我们国家目前对法律的运用存在很大问题,而我们对这些用错法的人应该严惩。"主持人认为这个观点有点片面和过激,说道……

五、即兴解释 合理补充

这里是说"解释",不是"解说"。解释就是在观察的基础上进行思考,对事物进行分析,说明含义、原因、理由等。主持人在节目中进行即兴解释主要出于这样四种原因:第一,对专有词语、特殊用语进行解释,比如科技、体育术语,方言词汇;第二,对特定事件、人物、文化等的插入性解释,比如几十年前的"三线建设""家用三大件",年轻受众都不太清楚,主持人就需要即兴解释;第三,其他节目传播者(如嘉宾、连线记者)

进行信息传播时,有未表达清楚的信息,需要立刻进行重复和解释;第四,根据情境需要,主持人对可能产生歧义的信息进行补充性解释。即兴解释既是主持人对节目内容的合理补充,使受众清晰、正确理解传播信息的有效途径,也是主持人化解尴尬、延伸个人观点的重要方式。

小拇指与大拇指

一位嘉宾在节目中说:"男人像大拇指,女人像小拇指。"立刻引起很多在场女嘉宾的不满。主持人意识到这句话让女嘉宾们产生被贬低的感觉,但男嘉宾其实并无此意,于是立刻解释说:"人们的大拇指粗壮有力,而小拇指则纤细、灵巧、可爱,这个比喻挺形象的啊。"

主持人的这句即兴解释首先来自对男嘉宾的了解和对话语本意的准确把握,这也是前面强调的"观察""倾听"的重要体现。

汪涵即兴解释"外交官"

《越策越开心》的一期节目中,请来一位被国外13所大学录取的女中学生。汪涵问:"你将来的理想是什么?"女孩说:"一边当外交官,一边做歌手。"这时另一位主持人马可说:"但是这俩好像不搭界。"汪涵立刻创意十足地说道:"一个国家最优秀的艺术家就是这个国家最棒的外交家。"而且又追加了一句:"我觉得你可以做到。"

主持人汪涵通过汲取嘉宾语言信息中的关键点进行创意十足的解读,不仅有效推进了节目,而且也鼓励了嘉宾和电视机前有着多种梦想的年轻人。

即刻训练

请以主持人的身份,完成下列节目情境中的对话。

1. 谈话节目中,主持人与一位青少年足球教练对话,教练这样说道:"什么'442''351',这些对孩子们都不重要,重要的是在孩子的幼年时代培养他们对一项运动的热爱"。主持人立刻意识到其中有需要解释的内容,说道……

2. 主持人走进中国残奥游泳队训练基地,告诉观众:"在中国残疾人体育运动管理中心的游泳馆内,有一幅标语格外引人注目,'同一片蓝天下,我们的精神与意志同在'。"这时你应该怎样继续深入解释这句标语?

3. 新闻节目中,关于某工厂化学物质爆炸你与前方记者连线。画面接通后发现记者戴着口罩面对镜头,此刻你向观众解释道……

六、即兴总结 即兴延伸

这里的"总结"不是简单的内容概括,而是在概括核心内容的基础上做意义上的升华。比如航天英雄介绍为了完成太空飞行要接受 5 年的魔鬼训练,主持人可以这样总结:"遨游太空,常人听起来是一个非常浪漫的事,但我们现在才明白,'遨游太空'等于长达几年全方位的超负荷训练。"在此基础上,主持人还可以进一步深化主题:"其实我们大多数人只看到了英雄接受鲜花和掌声的荣耀,并未看到他们的汗水和孤独,而荣耀背后的坚持与拼搏其实更值得我们钦佩。"

杨澜对话林毅夫

杨澜与时任世界银行副行长、首席经济学家林毅夫谈到其工作强度很大时,有这样几句对话:

杨　澜:所以您觉得最惬意、最放松的时候,是不是在飞机上睡觉的时候?

林毅夫:可以这么说,飞机上十几个小时,没有人干扰。但是在飞机上你得准备下了飞机以后的工作。

杨　澜:但是我觉得您身体还是很棒的,能够支撑下这样一种工作的压力和紧张的程度。

林毅夫:总体来讲心理负担比较少,所以只要躺下去 1 分钟就睡了。

杨　澜:这是一种天赋。我觉得,这是上帝的一种馈赠。

杨澜的最后一句话既是一种轻松的话语应接,又是对林毅夫的赞许,更似乎强调了上帝对付出很多、贡献很大的人有一种馈赠(世界银行的主要使命是资助发展中国家克服贫困,帮助其发展教育、农业和工业设施等),释放了一种积极的信号。

即刻训练

1.节目中,主持人手里拿着著名漫画家夏达的作品,问夏达创作这些作品需要多长时间,夏达说:"像那种没有背景的、比较简单的需要两三个小时,而另外一些有背景的、比较复杂的,可能得久一些,大概三四个小时吧。"这时你作为主持人说……

2.对话国际象棋特级大师侯逸凡,她讲到自己 7 岁离开家乡去山东拜师。到了山东,那位老师就叫来几位同年龄段棋艺较高的男孩来跟她对弈,结果侯逸凡赢了。这时你作为主持人说……

3.对话某知名钢琴大师,这位钢琴家回忆小时候的一件事,说道:"有一次我参加比赛只得了优秀奖。当时我觉得以自己的水平怎么也应该是前三名吧,太不公平了。于是在赛后,我就冲进组委会的办公室去说理,爸爸妈妈都拦我,但谁也拦不住。"这时你作为主持人说……

第九章 即兴问答

第一节 提问方式

"提问与回答"本身就是对话的重要组成部分,为方便训练,特单列一章。

提问是一种态度的表现,是一种表述的方式,是一种获知的手段。提问可以开启对话,可以解决疑惑。提问的根本目的是对被问者的信息诱发,提问获得的反馈信息是不确定和不固定的,但正常情况下是在问题指向的区域内的。著名哲学家加达默尔指出:"真正的提问总是包含着一种对于可能性的揭示和保持,从而悬置了文本和读者当前观点的假定的最终确定性。"①

提问是主持人必须掌握的一种交流方式,存在于任何有对话空间的节目之中,是对主持人观察能力、反应能力、沟通能力的综合考验。在节目中,什么时候问什么问题,从主观上来讲是由主持人根据情境需要判断并组织的,但要以受众的兴趣和需求为依据,做好受众的代言人。比如,关于"5·12"汶川8.0级大地震,国人都很疑惑为什么在科技如此发达的今天,这么高级别的地震会预测不到。2008年6月8日,中央电视台《对话》节目专门就地震的可预测性做了一期节目。节目中,主持人这样问中国地震台网中心的首席预报员张永仙:"张女士一直在一线做地震的预测和预报工作,您觉得这次我们四川汶川地区的大地震,为什么没有预测到?它是一种必然,还是因为某种失误?如果这样的地震能够被提前预测和预报的话,那么我们可能就没有这么惨重的人员伤亡和经济损失,您怎么看这个问题?"主持人的提问正是所有国人想问的问题。

主持人提问要注意以下几点:

第一,勿用万金油式提问。主持人的提问应该具有针对性,而不是准备一些放在

---

① 加达默尔.哲学解释学[M].夏镇平,宋建平,译.上海:上海译文出版社,1994:12.

哪里都不出错但也不出彩的问题。

第二，切忌提问不合时宜。主持人提问要避免与当时所处的环境发生明显冲突。比如，在一次上海警方成功抓捕四名拦路抢劫犯罪嫌疑人的采访中，某电视台主持人问犯罪嫌疑人："你这次到上海有什么感想？""你拦路抢劫对不对？"实在让人觉得好气又好笑。更有甚者，提出的问题导致被问者很反感或直接拒绝对话。

第三，谨慎使用是否式提问。如果提问中已经鲜明地引向了"是与否"，那么得到的回答就是简单的"是或否"。比如"今年雨水多，收成会不好吧？"换个方式问会得到更丰富的答案，"今年雨水挺多的，这会对粮食的收成有什么影响呢？"

另外，主持人与记者都要提问，有时候很难分辨这两者的主体身份，但从本质上讲，两者还是有一定区别的。

第一，提问语境不同。非访谈节目中，主持人对节目里其他人物的提问是以整个节目语境为背景的，是节目进程中或话语交流中依据情境需要而提出的，具有自然性和随机性。访谈节目中，虽然提问是主持人的必然行为，但主持人的提问是以一个完整连贯的谈话过程为背景的，不同于记者采访式的提问。同时，主持人的提问也是对节目的调度与驾驭。虽然提问存在于多种节目类型之中，但在谈话类节目中应用最广，是其主要的话语方式。有学者进行抽样调查显示，访谈节目中"提问—回答模式"占话语总量的60%左右。

第二，交流方式不同。记者提问的话语方式相对简单、直接，而主持人的提问是交流式、聊天式的，语言表达方式丰富，发问方式多样。

一、直入问题式

直入问题式提问是一种最基本、最通用的提问方式，其特点是发问简单易懂，直奔主题。这种提问方式本身并无太多需要讲解之处，对内容和时机的把握是关键。

华莱士直问里根

美国著名主持人华莱士与时任总统里根在一次谈话中，里根总统提到了他的竞选班子，华莱士立刻直言追问关于总统竞选班子里的黑人问题。

华莱士：里根先生，你的竞选班子里有多少黑人职员？

里　根：我不能真实地告诉你。

华莱士：这句话本身就说明问题。（不放过总统，要答案）

里　根：不对，因为我不能告诉你有多少职员，我们有……

华莱士：你应该说清楚是白人还是黑人。

里　根：哦，对，我的意思是我们有，我们有志愿者和正式职员。

华莱士:我指的是竞选班子里的高级黑人职员。(再次追问)
里　根:(支支吾吾)我们这么来谈这件事……

即刻训练

1.粤赣高速某匝道通车不足10年,却于近日突然垮塌,4辆大货车瞬间栽落十几米高的桥底,造成1死4伤的悲剧,官方称是超载所致。请作为主持人的你对话道路主管部门,直奔主题,询问真相。

2.对话马云,连问三个有关淘宝的问题。

3.对话教育部官员,询问高考分数线各省不一的问题。

二、陈述铺垫式

陈述铺垫式提问是指主持人先就某一现象作出叙述,在此基础之上提出问题。在这里,陈述是提问的基础。此种提问方式在以下几种情景中较常用。

第一,主持人的提问与某一事件、某一信息、某一言论有关。因此,要想明确地提出问题,必须先进行相关的陈述。陈述的内容就是要问的问题,所以没有陈述就没有问题。

杨澜对话日本首相福田康夫

杨澜:在地震和海啸之前,日本经济已经面临很多问题,比如说增长缓慢甚至停滞,还有日本国债是GDP的将近两倍了,这已经是一个很危险的数字了。经历了地震、海啸之后,我们听到两种不同的声音:一种是灾难使日本经济雪上加霜,进一步使经济出现衰退迹象;另外一种是灾难刺激经济,使经济重生。你更同意哪一种观点呢?

如果不先摆出日本经济的状况和海啸后的两种声音,就没有办法提出最后的问题。

第二,主持人为了让受众对提问背景有较清晰的认识,为了让被问者对问题的由来有所了解,同时也是为了较自然地提出问题,会在抛出问题之前陈述相关内容。

水均益对话法国总统希拉克

水均益:有人说,在您的房间里面,包括您的办公室里,放着很多中国的艺术品,比如说仕女的雕像,还有青铜器。在这方面,您应该说是我采访过的外国元首当中对中国文化和传统了解最专业也是最精确的一位总统。我想问问您,就是您对中国文化之所以有这么深的情结,来自什么?

希拉克：我对中国文化的兴趣由来已久……

水均益：我昨天见到我们中国驻法国大使的时候，他告诉我一个故事。他说，前几个月，您告诉他李白和杜甫之间差11岁。这种专业是来自于您对中国文化的兴趣，还是说，它对您，包括对法兰西民族了解中国有很大的帮助？

第一问中水均益对希拉克办公室的描述，让中国观众知道了原来法国总统如此喜爱中国文化，同时很自然地引出关于中国文化情结的提问。

第二问中的故事告诉观众希拉克不仅是一个中国文化爱好者，而且对中国文化很有研究。于是自然过渡到关于总统这种专业性由来的问题上。

第三，有目的地聊天，迂回提问。聊天是节目中主持人和嘉宾的一种自然交流方式，存在于所有对话节目中。但这种交流并不是我们日常生活中的侃大山，而是有目的地聊天。有时候主持人觉得直接问对方某一问题太过突兀，对方有可能拒绝回答或感到尴尬，于是以聊天的方式渐渐向话题靠近，时机一到，提出问题，显得很自然。

杨澜对话崔永元

杨　澜：所谓过了知天命之年，这到底心理感受是什么样的？

崔永元：觉得特别紧张……

杨　澜：中国传统文化当中，三十而立，四十不惑，当然每个人都有各自不同的体验和经历。但是通常人到知天命的时候，相对来说对于这种社会的复杂性、人性的阴暗面，或多或少因为了解而多了某种宽容和忍耐，所以人们会变得脾气好了、说话顺了、对人笑多了。我却发现你在这两年脾气变得相当大，有时候在网络上说话也非常冲，甚至有时候会爆粗什么的，这是不是不符合自然规律啊？

杨澜和崔永元的这段聊天看似很自然，但其实恰恰为杨澜发现崔永元与众不同之处作了铺垫。

白岩松对话陈文茜

白岩松：特别不容易在台北采访文茜，其实有的时候会隔很远看你的节目的一些直播，然后就看到你的装束的变化，也像你的这个语言一样非常具有新意。每次会特别考虑出镜时候的形象吗？

如果一位男主持人一开始就问一位女士是否会特别考虑出镜形象，显然过于突兀甚至不妥。于是白岩松很自然地先聊到平时收看对方节目时吸引自己的地方，双方进入轻松的交流状态，也顺利地提出了关于出镜形象的问题。

即刻训练

1. 姚明做客你的访谈节目，询问他是否适应退役后的生活。
2. 对话"耶鲁村官"秦玥飞，询问他从耶鲁大学毕业后回国做村官的初衷。

人物背景：秦玥飞，现任湖南省衡山县福田铺乡白云村大学生村官、黑土麦田公益联合发起人。2005年以托福满分成绩取得美国耶鲁大学的全额奖学金，赴美留学。2011年以双学士学位从耶鲁大学毕业，却来到湖南一个小山村，走上一条进基层、当村官的实干路。他立足农村实际，心系村民群众，利用多方社会资源，积极募集资金，倾心公益事业，深受乡村干部和广大群众的一致好评，获得"感动中国2016年度人物"十大人物。

3. 对话李宇春，回忆当年全民收看《超级女声》的场景，询问她当时的感受。

第二节 即兴回答

主持人作为节目的驾驭者，向他人提问是工作常态，但主持人同样也是被问者，尽管相较提问出现的频次少很多。提问者可以是主持搭档、嘉宾、参赛者、现场观众以及新媒体环境下与节目实时交流的场外观众。

与搭档之间的应答，是主持人之间一种重要的配合形式，一般不会出现刁钻的、尴尬的问题，其目的是促使主持精彩，完成节目流程。与其他交流主体之间的问答是节目进程中不可控的环节，一旦出现，必须应答，回答的精彩程度既是主持能力的重要体现，也是节目质量的重要保障。主持人的即兴回答具有简洁、风趣、温馨的特点，既是主持人语智的表现，也是主持人综合知识、意见观点的体现。

一、婉转回答 绕道而行

婉转回答是指并不直接回答问题，但以一种迂回的战术、婉转的思路，从另外一个角度对问题进行解答。这是一种使用率较高的回答方法，尤其可针对一些不好直接回答、不便直接回答的问题。

最喜欢的女主持人

第九届中国金鹰电视艺术节晚会现场设置了电话抽奖的环节，被抽中的幸运观众有一个通过电话向自己喜爱的主持人发问的机会。一位姓张的幸运观众问撒贝宁："你最喜欢的女主持人是谁？"撒贝宁妙语答道："我喜欢的女主持，没有特别的个人。

我觉得她应该有朱军一样的声音、白岩松的睿智思维、崔永元一样的智慧幽默,但不要有孟非的发型和毕福剑的长相。"

撒贝宁如果直接说出某位女主持人的名字,也许会让在场的其他女主持人心有不悦。所以他并没有直接回答,而是幽默地描述了一个优点的合成体。

大蒜与咖啡

在《非诚勿扰》的一期节目中,一位男嘉宾说他非常喜欢吃大蒜。一位女嘉宾突然向孟非问道:"你觉得喜欢吃大蒜和喜欢喝咖啡的人,能生活在一起吗?"孟非笑而答之:"我不觉得喝咖啡的人就有多高雅,也不觉得吃大蒜有多低俗……"

孟非并没有直接回答"可以"或"不可以",而是以轻松的语态,婉转地表达出自己的想法,巧妙地反驳了女嘉宾的观点。这个例子还告诉我们,主持人对任何问题的回答不仅代表个人,还代表媒体,甚至是国家,因此必须具有正确的价值观,对受众进行积极的引导。

即刻训练

请以主持人的身份,在描述的节目情境中回答下列问题。

1. 一位现场观众问主持人:"做主持人一定要普通话很标准吗?"
2. 在一期有关主持艺术的谈话节目中,嘉宾突然问主持人:"你觉得何炅和汪涵谁的主持技艺更高一筹?"
3. 凤姐问主持人:"那你觉得我美吗?"

二、列举事例 形象阐释

当被问及的问题切入口很大或很难解释时,主持人可以寻找一个微观的具体事例,通过形象的解释或引申,达到对问题形象化说明的效果。

王蒙的生动剖析

王　蒙:我到过一些工科大学,他们请我去讲座,一个同学就问,我对文学一点兴趣都没有,你有什么建议没有?我说,这个当然自愿啦,譬如说你学的水利,你只管水利的测量和设计,不管黄河啊、长江啊、水库啊美不美,这个是你自己的事情,但是我唯一担心一条,将来你写情书写不好怎么办(笑声)。因为以我个人的经验,这个情书是很重要的。你其他条件差点,情书写得好,能起弥补的作用。所以我常常开玩笑,我说阿Q追求吴妈是非常合理的,是不是啊?(笑声)男大当婚,女大当嫁,阿Q找不着别人,吴妈一小寡妇,在那儿也很苦。阿Q虽然打架打不过王胡和小D,但是他也有爱的权利啊,是不是啊?我看《阿Q正传》最为之痛惜的就是阿Q追求吴妈彻底失败(笑声),原因是什么呢?因为他没有文学的修养,是不是?他怎么追求吴妈呢?说"吴妈,我跟你困觉",哪有这么说话的啊,是不是?(大笑)吴妈就吓坏了,又哭又闹不想活了要上吊。然后阿Q还赔了钱,赔偿经济损失、精神损失。相反,如果阿Q有一点文学修养呢?他完全可以像徐志摩一样对吴妈讲,"我是天空里的一片云",是不是啊?(观众笑)

——王蒙泰州演讲《读书与人生》

"如何对文学有兴趣?"这是一个很大的问题,很难即刻回答清楚,王蒙巧妙地把这一问题引向了写情书,进而又以大家都熟知的阿Q做形象的解释,最后还不忘和大学生更熟知的徐志摩作一下比较,风趣中以点示面回答问题。

爱吃什么

在一期谈话节目中,嘉宾说自己是个"吃货",凡是没有毒的、没有害的东西自己都想品尝一下,然后问主持人:"那你呢?喜欢吃吗?喜欢吃哪些东西?"主持人答道:"我也是个'吃货',包括天上飞的、地上走的、水里游的、墙上爬的、土里长的、树上掉的,我都爱吃,但这些最好都来自锅里做的,我比较偏爱热饮、熟食。"

以类别列举的方式回答自己爱吃,爱吃什么,既具体又简洁,而且排比句很有美感。

即刻训练

请以主持人的身份,在描述的节目情境中回答下列问题。

1.在一期关于"成长"的谈话节目中,嘉宾讲述自己幼年时经历的磨难,然后也问起主持人有没有类似的经历。

2.在婚恋节目中,嘉宾反问主持人会如何处理恋人在金钱上的不合理要求。

3.在谈话节目《明星同学会》中,嘉宾畅谈难忘的大学时光,然后问起主持人大学里最遗憾的事是什么。

第三节　实战技法

一、直接刺激　逼问真言

这种提问方式就是我们常说的激将法,一般用于正面提问不易获得充足信息、精彩回答的情境。不易获得的原因有很多,如被问者的性格内向、被问者有意回避、被问者的回答过于温和等。以激将法的方式提问,一定要注意"度"的把握。

王志对话易中天

在《面对面·易中天》节目中,王志多次向易中天发起"挑衅式"提问:"现在你属于有钱人的行列……""(看着)存折上的数字你睡得着吗?""有学者质疑,你把'业'变成了'余',把'余'变成了'业'。你本质上是一位老师。(你怎么看?)",等等。

王志试图以这样的方式刺激思维缜密、说话温文尔雅的易中天,以便让他稍有不悦,进而畅言。

由于文化差异,西方节目主持人提的问题比较直接、尖锐,较常采用刺激、逼问的方式。比如1996年美国大选期间,凯蒂·库里克直接问共和党候选人戈尔"是不是从烟草工业中拿到了很多钱(政治捐款)?"2005年,萨达姆政权被彻底摧毁后,BBC主持人杰瑞米·帕克斯曼在节目中与时任英国首相布莱尔对话,第一句话就是:"布莱尔先生,您是否有什么要道歉的?"(意思是布莱尔应该为发动战争向伊拉克道歉)。

— 即刻训练 —

1.于丹在《百家讲坛》成名后,以各种身份出现在公众场合,请用激将法就于丹的身份、职业、专注的领域等向她提问。

2.舞蹈家金星一度饱受争议,如今却担任各种真人秀节目的评委,请用激将法就她的过去、现在、事业、专业等向她提问。

3."二人转"虽然给人们带来了不少欢笑,但也受到不少争议,请就此用激将法向小沈阳提问。

二、抓住特点　提出问题

问题不是凭空想象出来的,而是主持人通过细致的观察、抓住对方特点从而生成的。这里的特点是评论对象可以衍生出的"提问点"。

李敖的红色衣服

有一次,杨澜采访李敖,发现李敖穿了一件红色的衣服,开场便这样说道:"李先生,你好。我发现你特别喜欢用红颜色。你是不是这辈子经常在与人相斗,所以有一种红色的气焰?"

杨澜敏锐地抓住了李敖衣服颜色的特点,立刻将其与他的性格、行为处世方式相联系,从一件衣服切入挖掘李敖最核心的特征。

对话知名网络男主播

主持人:这几年网络直播特别火爆,大家对网络主播的第一印象就是"美女"。统计数据也显示,网络主播80%以上都是女孩子,那你作为男主播是怎么在这万朵红花中脱颖而出的呢?

主持人抓住了"男性"这一网络主播群体少数派的特征进行提问,而男主播靠什么吸引粉丝也应该是受众的兴趣点。

即刻训练

1. 据报道,"留守儿童"由于父母长期不在身边,缺少疼爱和管教,身心状况不佳。成年后走进城市成为新生代农民工的他们犯罪问题严重。请你在节目中对话教育部领导,就此现象提出问题。

2. 近年来,大学生股民越来越多,他们拿学费炒股、拿生活费炒股,出手快、顾虑少,为了炒股甚至逃课。请你在节目中对话某知名大学校长,就此现象提出问题。

3. 英国某知名大学校长做客节目,她介绍中国留学生在英国的学习状况时,提到中国学生参加社团活动较少,与当地学生的交流不够,大多中国学生选择与中国同学合租房屋,与中国同学聚会等。这时,请作为主持人的你抓住这位校长阐述的核心,询问她的看法。

三、顺藤摸瓜 连续提问

顺藤摸瓜就是顺着被问者的回答,连续提问。此种提问方法多见于以下三种情况。

第一,回答有"料",值得深挖。被问者的回答中有主持人认为值得深挖或延伸的信息点、问题点。

王志对话郑渊洁

王　志：你就不担心孩子将来没有文凭？找工作怎么办？

郑渊洁：我就没文凭。

王　志：你能保证你儿子跟你一样优秀？

郑渊洁：不优秀就扫地，扫地也挺好，自食其力，扫大马路也挺好。

王　志：如果你儿子真的去扫地了呢？

郑渊洁：实际上他18岁开始找工作没那么顺利，是找不到的，一填简历，人家一看小学毕业，首先人家就打一个问号，北京户口的人怎么会小学毕业，你是出什么问题了？实际他到超市扛过三个月的鸡蛋，五毛钱一箱，这样扛了三个月，然后慢慢才找了这个报社。

王　志：但是如果说儿子没有这个本事，他真的扛鸡蛋，一直扛下去，那你做父亲的心里会怎么想？

王志第二到第四个提问完全是根据郑渊洁的回答顺势完成的，既具有连贯性，又一步步在挖掘郑渊洁的育儿理念，向观众展示着郑渊洁的想法。

第二，问题尖锐，步步深入。由于问题过于尖锐，谈话对象往往不能够立刻接受，很可能选择拒绝回答或者含糊回答。因此，主持人必须一点一点深入，让被问者一点一点适应，逐渐进入提问者设定的语境之中。实验结果表明，如果一开始就提出较高要求，应允率仅为16.7%；而如果先提出小的要求，再提出大的要求，应允率为47.4%~76%。①

孟子追问齐宣王

孟子曾经这样问齐宣王："如果您有一个臣子，把妻子儿女托付给他的朋友照顾，自己到楚国游玩。等他回来，妻子儿女却在受冻挨饿。对这种朋友该怎么办？"齐宣王说："和他断交。"孟子又问："如果司法官不能管理他的部下，如何？"齐宣王说："罢免他。"孟子再问："如果一个国家治理不好，该怎么办？"齐宣王无言以对。

很显然，孟子不可能直接问齐宣王，国家治理不好你是不是应该承担责任。即使大胆问出，齐宣王也未必会按孟子的预设方向回答。因此，孟子从朋友的角度切入，逐步将问题深化。

第三，不甚清楚，继续提问。被问者的回答中，有些信息会令人产生疑惑，所以主持人要继续追问，让被问者将信息解释得更清楚。

---

① 今井芳昭.说服的心理学[M].彭曦,译.上海:华东师范大学出版社,2011:55.

杨澜追问专业术语

杨　澜：从技术、战术方面的发展来说，您觉得我们迫切需要实现一些什么样的改变？

陈忠和：应该需要实现攻传平衡，我们现在攻传还不够平衡。

杨　澜：这怎么讲，我作为一个外行应该怎么理解？

陈忠和是中国女排前任教练。在节目中，陈忠和答完第一个问题，杨澜立刻意识到《杨澜访谈录》并不是一档体育节目，收视群体并非体育迷，因此，对"攻传平衡"这种专业的体育战术可能不理解，于是立刻追问。

即刻训练

1. 国家发改委、国家旅游局下发通知，在全国开展为期一年的景区门票价格专项整治工作。其间，各地原则上不出台新的上调景区门票价格方案。但就在这样的背景下，某市多处旅游景点门票上涨，请你向该市旅游局局长询问原因。

2. 就高中生是否应该谈恋爱、谈恋爱是否会影响学习等话题，进行同学间的访谈，无论对方持何种观点，都尽量连续追问，深挖对方的想法。

3. 访谈一位特长生，注意通过追问挖掘其学习该项特长的体验。

四、巧用他言 提出问题

借用他人的话提出问题，一般而言有两种原因：一是在某一特定情境下，主持人通过他人或借用他人之言进行提问，更适宜、更恰当，效果更好；二是该问题确实是主持人通过其他途径知晓的，由于节目内容需要而转问。

联合国有多大？您的官有多大？

水均益曾在《焦点访谈》节目中对话时任联合国秘书长加利，开场他这样说道："秘书长先生，请允许我告诉您，今天在这里采访您的除了我本人以外，还有许多关心联合国、关心您的中国人，所以我也带来了一些我们观众的问题。现在我想从一个北京的小学生给您的问题开始我们今天的采访。这个小女孩请我问问您，联合国有多大？您的官有多大？"加利对这样一位可爱的提问者提出的问题顿感放松，开心地表示在回答这个问题之前首先要向这个小姑娘说一句话。他突然用中文说："我们都是老朋友。"

主持人通过小朋友向联合国秘书长提问,把一场高端谈话瞬间带入了轻松、亲切、欢乐的氛围中。而小朋友提出的问题也是主持人想要向观众解释的内容。

对话新浪网首席执行官茅道临

茅道临接替王志东成为中国最大门户网站新浪网的首席执行官。一年后做客湖南卫视《新青年》,主持人庄稀海问道:"……很多人也对您产生了怀疑。我记得当时有一种评论就是说,茅道临不过是一个过渡性的人物。他的论据有两个:第一,您的出身是一个风险投资人,我们都知道,您是华登国际以前的副总裁,并不是一个职业经理人。这两种职业的心态和思维方式是有很大不同的。第二,他认为您作为华登国际(新浪以前最大的股东)的副总裁,是新浪网的一个资方的代表,这个时候你自己再去做一个经营者,不管是行使权力或者经营思维方面,都会受到种种限制。因此断言您做不长。那么对于这种看法,您当时是怎么看的呢?"

这个提问是关于茅道临如何看待当时公众对他的一些质疑的,因此必须先把质疑的具体内容告诉受众。主持人巧借他人之言向茅道临提出问题,既不会影响谈话氛围,还能使嘉宾有针对性地回答问题。

即刻训练

1. 提问孟非有关他和乐嘉的关系。
2. 提问"凤凰传奇"是否会以"女主男次"的方式一直合作下去。

第十章　多元融合训练

一、导语专项训练

导语的写作方法有很多,如悬念式、提问式、评论式,等等。练习时可以不拘泥于形式,但要求导语恰当、有吸引力,同时符合广播电视口语表达要求。

1.自打《爸爸去哪儿》第三季播出之后,陕北子洲县王阳洼村彻底火了。据报道,节目录制结束后,乡政府要求五家"明星住房"原封不动,并告知房主腾出房间,以供游客参观或者留宿。4号房女主人马丕芳还告诉记者,她和老伴不得不搬到了隔壁,只用此屋的灶台蒸馒头。据了解,北京灵水村、黑龙江雪乡等地,都因作为《爸爸去哪儿》的拍摄地而令当地"收入一年翻十倍"。正是看到节目背后的利益,如今有不少地方都在争取成为综艺节目的外景地,绥宁县曾有干部说过,"现在很多县市也在争取拍摄机会,但还是被我们争取到了"。喜悦之情,溢于言表。

2.以中小企业为代表的非公有制经济在我国经济体系中的地位不断提高,对我国经济发展与转型升级、促进社会就业发挥了重要作用。日前,国务院常务会议决定,中央财政通过整合资金,出资150亿元,创新机制,发挥杠杆作用和乘数效应,吸引民营和国有企业、金融机构、地方政府等共同参与,建立总规模为600亿元的国家中小企业发展基金,用市场化的办法,重点支持种子期、初创期成长型中小企业发展。著名财经评论家温鹏春在接受《证券日报》记者采访时表示,设立中小企业发展基金有利于解决目前部分中小企业融资难等问题。制度上的创新,有利于吸引更多的社会资本参与,用市场化手段解决企业面临的问题,同时也为引导调动更多社会资本参与支持实体经济,实现资源优势互补起到了引导作用。

3.意大利神经外科专家卡纳维洛日前宣布,人类第一例"换头"手术将在2020年

12月进行,中国医生任晓平将加入这个也许会创造医学奇迹的手术团队。卡纳维洛表示,只有确认有超过99%的成功概率时,才会实施手术。他还表示,这一手术将同中国哈尔滨医科大学任晓平教授率领的医疗团队合作实施。任晓平是全球首个成功完成小白鼠头部移植手术的人,术后小白鼠能睁眼、呼吸以及完成其他一些基本动作。接受"换头"手术的俄罗斯电脑工程师瓦莱里·史比多夫则表示,"关于中国医生加盟手术的事宜已经计划了几个月,这对我来说并不是什么新消息。卡纳维洛和任晓平都是医学移植领域的出色专家,他们一起合作是非常自然的事情"。

30岁的俄罗斯计算机科学家瓦莱里·史比多夫患有先天性脊髓性肌肉萎缩症,肌肉停止发育,令他自小全身伤残,骨骼畸形。两年前得知卡纳维洛正在研究头部移植手术后,他主动接触对方,表示为重生甘愿当"小白鼠"。

4.近年来,一些地方集中力量发展大城市,使得一些大城市人口过于集中,并由此引发了各种"城市病"。20世纪90年代,全国建制市有660多个,而此后由于大城市兼并周边的县级小城市,使全国城市的数量不增反减。通过兼并,教育、医疗、人才等各种优势资源集中于大城市,但却忽视了与周边小城市的协调发展,没有很好地辐射和带动小城市的发展。在大力发展大城市的过程中,不少城市"摊大饼",热衷于规划新城、新区,导致"空城""鬼城"的出现。

国务院关于12个省会城市和144个地级市的调查显示,省会城市平均规划建设4.6个新城(新区),地级城市平均规划建设1.5个新城(新区)。某西部省会城市提出建3个新区、5个新城,总面积是现有建成区面积的7.8倍。"全国新城(新区)规划人口达34亿,这是严重的失控。"

二、"说新闻"专项训练

首先,对所给材料进行适当的加工整理,针对一条新闻进行语言设计,流畅讲述并进行简要点评;其次,对下列五条新闻进行排序、串联、讲述、点评,完成一档说新闻节目。

1.中国科学技术大学用大数据"偷偷"资助贫困生 暖心之举已全国推广

近日,中国科学技术大学一名名叫Shannon的同学,由于每月校园卡消费不超过180元,收到校园卡管理中心的邮件,让他去领160元补助。管理中心工作人员的解释是,他们会检测学生一卡通在食堂的消费情况。如果某学生每个月的消费金额低于200元,学校就会自动向其卡内打入生活补助。

这项制度被定义为"生活援助计划",同学们亲切地称之为"隐形资助"。据了解,在具体操作上,中国科学技术大学通过统计校园卡消费数据,对每月就餐60次以上,平均费用分别在 4.0 元和 3.7 元以下的男、女生,发放 160 元生活补助。每个月有 400 多名学生受助。该制度开始于 2004 年,当时在全国属于首例。截至目前,学校已累计资助贫困学生 4 万人次,资助金额累计达到 600 多万元。

这样悄悄实行的暖心行动,更是得到了受助同学的欢迎。中国科学技术大学在读学生小李告诉记者,自己就是一名受助者:"从我大一来,开学没过几个月就收到邮件,尤其是最近几个月,几乎每个月都有,没有停断。我不想让同学知道太多,也没有其他意思,就觉得家庭情况不一样。但我们平时一起吃吃饭说说笑,大家都一样。自己不会感觉到这个差距,给家里也减轻了好多负担。"

大数据助贫有一点让人担心的就是会不会有学生刻意造假,明明家里不贫困,但知道资助贫困生的事情之后,故意伪造相关数据。学校表示这种情况不可避免。因此,为了精准筛选,学校还会综合考虑学生的家庭状况、各院系负责人平时掌握的学生生活情况,建立贫困生数据库,以确保精准定位、及时帮扶。

"隐形资助"是中国科学技术大学以人为本、把学生放在第一位的原则体现。我们相信,被世界温暖对待的人,有更多的安全感,并会把温暖传播向全世界。

2.农民工一家两代人打拼 35 年 终圆武汉买房梦

武汉市汉阳区四新南路上,一套总价近 80 万元的 96 平方米商品房,承载着鲍国华一家的梦想。

昨天,鲍国华一家特意邀上记者一起去看他们的新居。进了屋,摩挲着雪白的墙壁,幸福写在鲍国华的脸上:"房子虽不大,但毕竟在武汉有窝了。"

今年 51 岁的鲍国华是孝感市孝南区西河镇人,16 岁就外出打工,凭借着聪明勤劳,练就一手好木工手艺,现在在中建三局武汉塔子湖城中村改造项目工地上担任木工组长,儿子鲍家衡在工地上任现场管理员。

望着窗外一座座拔地而起的高楼,回头环顾自家的新房,鲍国华的眼里流露着满足:"我在武汉打拼 35 年,两代人的努力,终于圆了买房梦。"

10 年前,哥哥的一句玩笑话深深触动了鲍国华的心:"你在武汉打工多年,亲手建起了一座座高楼,可在这个城市里却上无片瓦、下无寸土。"他暗暗下定决心,一定要在武汉买房。

为了早日实现买房梦,鲍国华带动一家人外出务工。2011 年,儿子鲍家衡从武汉市建设学校毕业后,在同一工地从事现场管理,每月收入近 5 000 元;妻子则在工地负责清场,每月收入也有近 3 000 元。一家人不但能团聚,还有 1 万多元的家庭收入。

2014 年,他们将买房提上日程。去年 10 月,鲍国华拿出打工多年积攒的 23 万元付了首付,每月 2 700 元的月供则由儿子鲍家衡偿还。

鲍国华说:"现在国家政策越来越好了,我们也可以在城里买房,成了城市人。"

24岁的鲍家衡身上早已不见农民工的影子，微信、微博等运用娴熟，相比父辈，他更渴望成为一名真正的城里人。

3.《王者荣耀》试点防沉迷系统"三板斧"

最近一段时间，手机游戏《王者荣耀》火了，但火爆并不是因为玩家众多，而是因为争议不断。一名10岁男童在短短34天内，花费了58 000多元充值《王者荣耀》，怕被妈妈发现便自己删除银行短信；广州一名17岁少年狂打《王者荣耀》40小时，诱发脑梗，险些丧命；杭州13岁的毛毛因为手机被爸爸没收玩不成《王者荣耀》，从4楼家中跳楼，导致双腿严重骨折……一时间，各大纸媒、卫视、网站等全国数十家媒体开始针对《王者荣耀》展开集体批评。

面对这种情况，腾讯宣布：为了更好地保障未成年人健康成长，以手机游戏《王者荣耀》为试点，推出健康游戏防沉迷系统的"三板斧"：限制未成年人每天登录时长，12周岁以下（含12周岁）未成年人每天限玩1小时，并计划上线晚上9时以后禁止登录功能；12周岁以上未成年人每天限玩2小时，超出时间的玩家将被游戏强制下线。此外，措施还包括绑定硬件设备实现一键禁玩，强化实名认证体系。

根据腾讯公布的数据，《王者荣耀》坐拥两亿注册用户，日活跃度超过5 000万，被第三方机构评为"全球手游综合收入榜冠军"。

4."无人超市"开张，全新零售时代来了？

近日，阿里巴巴无人超市"淘咖啡"亮相杭州，没有收银员，无须排长队，东西买完就能走。顾客第一次进店时，打开"手机淘宝"，扫一扫店门口的二维码获得一张电子入场券，通过闸机时扫这张电子入场券，进入店内就可以购物了，进到里面全程不用再掏手机。不过这家超市只是试点运营，暂不商用。

杭州无人超市采用视觉传感器、压力传感器以及物联网支付等技术，关键在于为每件商品添加了RFID标签（俗称电子标签），这是一种非接触式的自动识别技术。它通过射频信号自动识别目标对象并获取相关数据，识别工作无须人工干预，可在各种恶劣环境中工作。目前，在一些图书馆和线下商店的磁扣中，也用到了类似的技术。可以说，这是一种相对成熟且廉价的解决方案。

从商业角度看，无人超市应该是以节省人力、优化购物体验以及可大规模复制为目标。但从服务的角度来看，零售店的营收，是否只要考虑人力成本单一因素？恐怕不是。某投资机构就以7-11为例做了一个成本分析。7-11是全世界最大的便利店，但它的人工成本只占整个营收的1.8%，即使加上租金，也不到5%。如果把人力去掉，就会导致那些需要人做的项目、服务做不了。而这些项目和服务恰恰又是其利润构成中非常重要的一部分。比较之下，这样反而不划算了。

线下消费在新技术的促进下,不断涌现出新的商业模式与商业场景,但这种无人超市是否会成为新趋势,是否会代替传统的零售模式,还有待时间检验。不过,在这个智能时代,一切都充满了可能。

5."最美野长城"被修成"水泥路"

图 10-1　小河口长城原貌

图 10-2　修缮后的小河口长城

近日,一条"最美野长城被砂浆抹平,700年历史的国宝面目全非"的帖子在网上引发热议。帖子中提及的长城位于辽宁绥中县永安堡乡小河口村,被人们誉为"最美野长城"。公开资料显示,小河口长城是全国文物重点保护单位,始建于明洪武十四年(公元1381年),由于雄踞于险峻的山岭,又有"第三八达岭"之称。小河口长城远处深山老林,鲜为人知,是原汁原味的野长城。

网友发布的图片显示,有一段长城的城墙顶面经过修缮后,被一层灰色物质覆盖。原本残缺的垛口墙等都被抹平了,野性十足的长城成了平整的路面。对于古长城如此"旧貌换新容",网友质疑:"这种修葺还不如不修,简直比破坏还可怕。"

居住在小河口村的刘福生一直坚持开展保护长城的工作,说起被抹平的长城,刘福生仍然心疼不已。"三岁小孩都知道长城不应该这么修,哪有是平面的?那不是砂浆,那是水泥、白灰和土,抹了薄薄一层,手指甲那么厚。叫长城就应该带垛口,把垛口都去掉了,去平了。(还叫长城吗?)"更让刘福生难过的是,在修缮过程中,一些长城上原有的构件甚至被随意丢弃。摄影师高锦旭就在小河口长城拍到了两张长城构件被丢弃在墙下的照片。

针对网友的质疑,当地文物保护部门相关负责人回应称,此次修缮经过国家文物局的审批,方案的设计、批复、工程监理和验收每一步都合理合法。

三、新闻脱口秀

根据口语表达特点和自身语言风格改编下列新闻并加入评论,以单人脱口秀形式进行展示,如有需要可先进行文字创作。

1.状元意味着什么

科举制度在清末被废除后,状元随之消亡,但延续1 300年的状元文化和情结并未就此烟消云散。1977年全国高考恢复后,"高考状元"这一称谓再次出现。而且表扬、庆祝的方式越来越多元化。请看下面这一系列"壮举"。

图10-3为2003年8月8日,6名考取清华、北大的高考状元乘坐大红轿子,参加当地举办的"金榜"文化节。

图10-3 高考状元乘轿参加"金榜"文化节

图10-4为2005年6月27日,陕西省文科状元谢尼(左)和理科状元冯宇宁(右)身着古代状元的锦袍,在大唐芙蓉园内巡游。

图10-5为2011年8月24日,香港航空公司为北京高考理科状元梁思齐(右二)和其家人提供免费直通航班机票,并承担全家在香港的酒店住宿等费用。香港航空公司北京代表处总经理刘易昌(右一)还亲自赠送飞机模型。

图10-4 陕西省高考文、理科状元着锦袍巡游

图10-6为2012年6月25日,在湖北省恩施市来凤县,4名身穿校服的小伙子合力抬起一块大幅"喜报",当地的理科状元胸戴大红花,穿过天窗站立在一辆黑色轿车中高调巡游。紧随其后的是数十人组成的腰鼓队,闹市区行人纷纷驻足围观。第二年,这名状元的母校来凤一中又为其树立了一座雕像(如图10-7),校方称此举是为"激励在校学生",但当事人却表示,"压力很大,感觉不太好"。

图10-5 北京高考理科状元梁思齐(右二)

图 10-6　湖北省恩施市高考理科状元巡游　　图 10-7　来凤一中树立的状元雕像

2. 雅虎为何要解雇我

美国加州圣何塞市的格雷戈里·安德森一直对自己被前东家雅虎解雇一事心存怨愤。近日,他向当地联邦地方法院提交诉状,控诉雅虎公司将其非法解雇并"歧视男性"。

根据安德森的说法,他本人于 2014 年夏天请假参加密歇根大学的奖学金计划,其间却被雅虎公司扫地出门。除了自己被解雇一事外,安德森也对雅虎公司的考核制度本身提出异议。目前,QPR 考核制度(雅虎内部的季度绩效考核制度)将雅虎员工分为五个级别,但安德森认为"这种制度设计往往更有利于某些员工"。

正是这一表述,引出"歧视男性"这一引发巨大关注的指控。安德森在诉状中声称,他的女老板、时任雅虎公司首席营销官凯西·萨维特"一直公开表示要增加媒体部门女性员工数量,并有意招聘、提拔女性员工以及放弃续聘、降职或解雇男性员工",包括在 2014 年夏天以 QPR 考核不合格为由裁退了安德森在内的"以男性占绝大多数的"600 名雅虎员工。

针对安德森的指控,雅虎公司发表声明称,"公平一直是我们的年度考核制度和考核方法的指导原则。我们设计这样的绩效考核制度,就是为了让公司不同级别的员工定期接受别人的富有意义的、可执行的反馈信息。我们相信这样的考核制度可以激发员工积极性,在工作中发挥最大潜力。我们的绩效考核制度还可以让表现好的员工在公司内获得更多发展机会,将表现不佳的员工淘汰出局。"

也有分析人士认为,业绩不佳其实才是"真凶",近年来,雅虎公司始终业绩不佳,已失去重新崛起的能力。

3. 机器人快速崛起,工作岗位迅速消失

达沃斯世界经济论坛的一篇报告预计,今后 5 年,机器人将导致全球范围内 510 万人失业。世界经济论坛将这种机器人与人类争夺工作岗位的现象称作"第四次工业革命"。第四次工业革命由很多部分组成,其中包括"具备先进传感器、动作灵活且具有一定智能的新型机器人",还包括人工智能和机器学习以及3D打印等"制造技术的进步"。从各种角度来看,这些技术都有望大幅降低人类劳动力在未来5年的需求。

媒体对机器人的兴起展开了大量报道,并将最新的工业革命称作"机器人革命"。但最令人意外的事情在于,世界经济论坛所描述的这些变化并不完全来自工业领域,甚至并非来自传统观念中的机器人。事实上,世界经济论坛所说的"机器人"并不完全是R2-D2这样的实体机器人,至少其中一部分是没有实体形态的智能机器。

据世界经济论坛预测,移动互联网、云计算、大数据和物联网将融合成"一股完美的科技趋势风暴"。这些趋势不但在很多重工业领域威胁着人们的工作(如制造、建筑、采矿等),而且也威胁着白领的工作。

很多人原本以为,考上大学并从事白领工作后,可能就不会像蓝领工人一样遭遇结构性失业。但这份报告显然令此类人感到失望,办公室和行政人员预计在今后5年约有5%会失业。换句话说,全世界今后5年每年都会减少约1%的办公室和行政人员。

四、即兴节目编排与主持

根据下列每组材料,编排一档小节目。节目以信息介绍为主,可以加入适当的评论。

1.我军消失的五个兵种

铁道兵

图10-8 铁道兵

抗美援朝战争后,铁道兵于1953年被中央军委正式列为一个兵种进入解放军序列。作为工程技术兵种,铁道兵最多时总兵力达40余万人,他们也在铁路大动脉建设中扮演着不可或缺的角色。图10-8为20世纪50年代,为抢修河南信阳附近的浉河桥,铁道兵战士紧张地铺轨。1982年,解放军进行大裁军,铁道兵部队集体转业并入铁道部,存在30多年的铁道兵退出历史舞台。

基建工程兵

基建工程兵部队于 1966 年组建，其任务是"平时基本建设、战时抢险抢建"，覆盖施工、勘探、采矿等多种项目，1982 年裁军中与铁道兵一起被撤销，转入相关部委。图 10-9 为 1974 年，基建工程兵开辟国防公路天山公路老虎口施工现场。

图 10-9　基建工程兵

骑兵

1928 年，我军第一支骑兵部队正式成立。他们在长征、抗日战争和解放战争中都发挥了重要作用，历史上人数最多达到十万。图 10-10 为抗日战争时期，冀中部队的骑兵训练。1985 年我军由摩托化和机械化取代了骡马化，骑兵作为一个兵种消失，全军仅象征性地保留了两个骑兵营和几个骑兵连，用于某些庆典礼仪场合和边防需要。

高射炮兵

早在解放战争时期，我军就组建了 8 个野战高射炮团。中华人民共和国成立后，又先后成立了若干高射炮兵师、防空第一军等防空部队。1955 年，防空部队改称为"防空军"。为了适应现代战争防空需要，1957 年，防空军和空军合并，撤销防空军番号。图 10-11 为 1954 年国庆阅兵，高射炮部队经过天安门受阅。

图 10-10　骑兵

图 10-11　高射炮部队

防空探照兵

1950 年，我军在上海成立了第一个防空探照灯团，此后陆续建立了 6 个探照灯团和 3 个营。图 10-12 为防空探照兵在执勤。1957 年 7 月，防空兵与空军合并时，防空探照部队也随之解散。

图 10-12　防空探照兵

2. 春节的含义

图 10-13　春节的含义

3. 用数据解读香港电视行业

近年来,香港电视剧的影响力似乎在逐渐减弱。而 2016 年的《一屋老友记》最高 32 点的收视率、电影版《使徒行者》的火热放映,让观众仿佛重新感受到 20 世纪 80 年代香港电视剧的爱恨情仇与侠肝义胆。在回味与满足之际,人们不禁思考,香港电视行业是否还会浮沉随浪仰天笑?

兴于娱乐贫瘠，衰于竞争缺失

以 TVB 为主导的香港电视行业在过去的 40 年里以鲜明的地域特征和新奇的创意在华语市场占据着重要的地位，但如此辉煌的电视产业和电视文化景象，如今在香港已难再现。全面席卷市场的韩剧、台剧甚至内地剧让观众惊觉：TVB 剧再也不复昔日盛景。

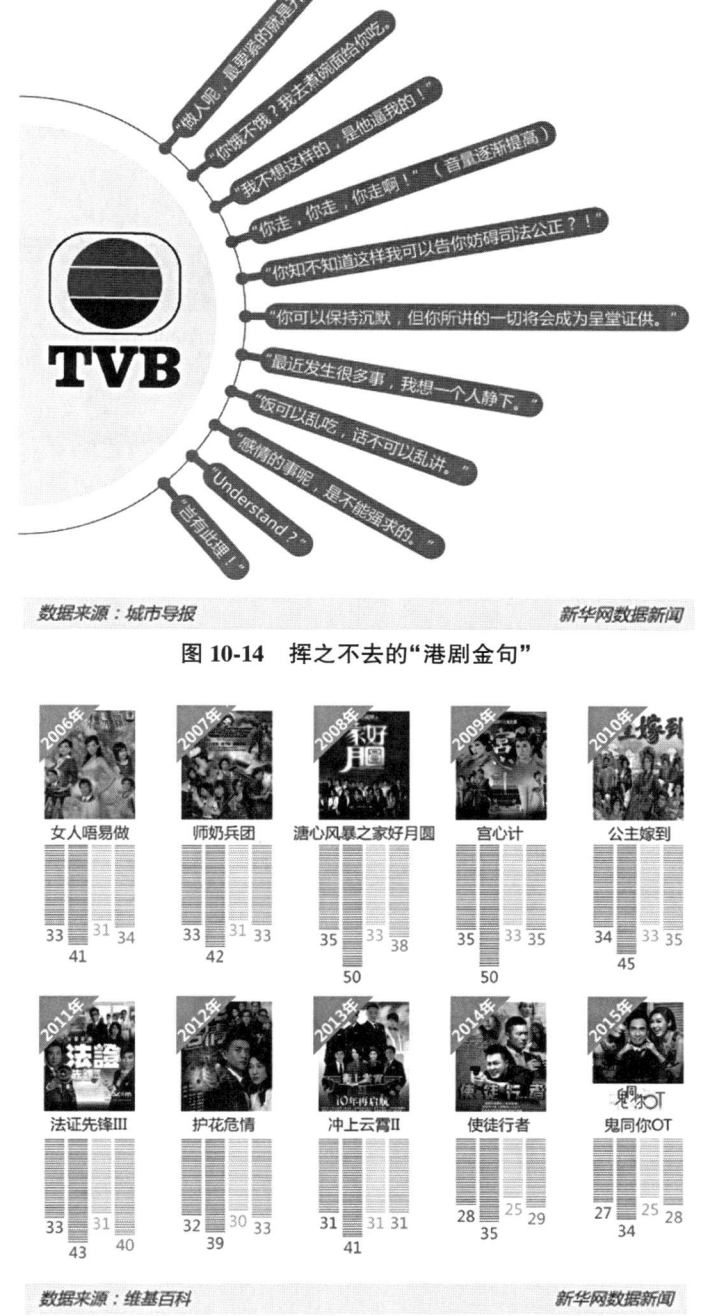

图 10-14　挥之不去的"港剧金句"

图 10-15　香港无线电视剧 2006—2015 年度最高收视剧集（单位：点）

除了收视率这个"数量"指标之外,欣赏指数是对电视节目"质量"的评价指标。**香港**是亚洲地区最早进行电视节目欣赏指数调查的地区之一,香港民众对于本地制作的电视节目的欣赏指数和认知率下滑也反映出香港电视行业豪情不再。

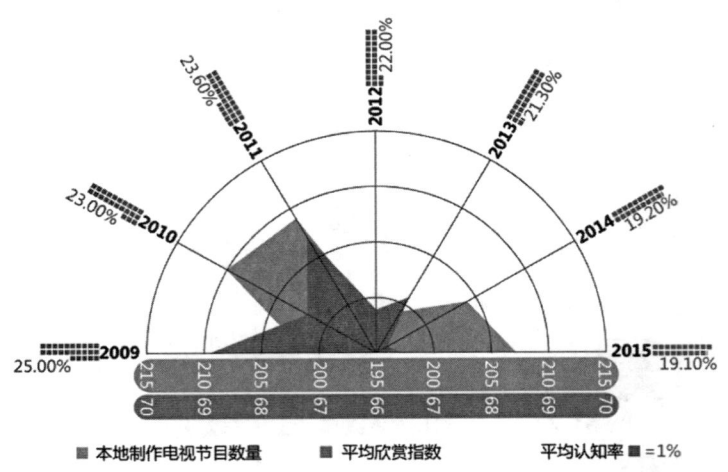

图 10-16　香港地区制作电视节目主要指标

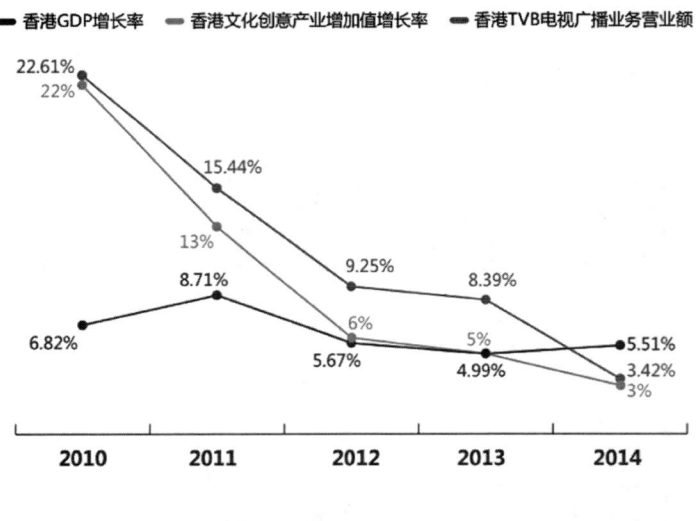

图 10-17　香港经济与文化产业发展情况

电视行业衰退，不能全赖经济不给力

2008年全球金融危机，香港经济受到较大的影响。2010年之后，文化创意产业率先复苏，成为拉动经济增长的重要力量。然而经济的发展并没有带给文化创意产业新的血液，曾经的马车如今却开始拖后腿。

当然，除了社会经济发展这一外部原因，近年来，电视行业的变革与香港电视剧自身的"顽疾"，也成为香港电视行业衰退的重要原因。

剧本情节老套难有突破

低成本难以满足观众胃口

内地剧、韩剧、台剧、美剧的"四面埋伏"

铁打的营盘流水的兵，演员出走率过高

全球新媒体发展挤压电视市场

数据来源：时代周报　　新华网数据新闻

图 10-18　导致香港电视行业衰退的"五宗罪"

凡有开车场景，驾驶员、乘客保持系安全带的习惯
（剧照出自：《楼奴》）

开车时，使用蓝牙耳机接听电话
（剧照出自：《雷霆扫毒》）

在医院自觉不接听手机来电
（剧照出自：《on call 36小时》）

乘坐公交时自觉排队，文明乘车
（剧照出自：《法证先锋Ⅲ》）

数据来源：百度百科　　新华网数据新闻

图 10-19　港剧里值得称赞的细节

捍卫港剧的"香味"

在40年的潜移默化间,港剧早已变成一种香港文化,对于培养文化认同具有重要作用。港剧在社会文化的示范性作用、影视习惯等方面十分值得内地电视剧行业学习。

4."四轮"到"两轮"的回归

北京市发改委日前表示,北京将引导自行车回归城市,形成连续成网的3 200公里自行车道路。最近"网约自行车"的投入,也赚足了大家的眼球。中国曾经被称为"自行车王国",我们的慢行交通系统本来四通八达,但随着城市的发展和生活节奏的日渐加快,我们似乎被放到了一个时刻高速运转的轮子上。机动车道越修越宽,交通拥堵与日俱增,也许是时候从"四轮"回归"两轮",让生活"变得慢下来"。

从中国城市交通的整体格局来看,自行车的使用率在20世纪八九十年代达到顶峰,之后开始逐步衰退。北京作为城市发展的代表,在2000年之后自行车出行比例同样持续下滑。

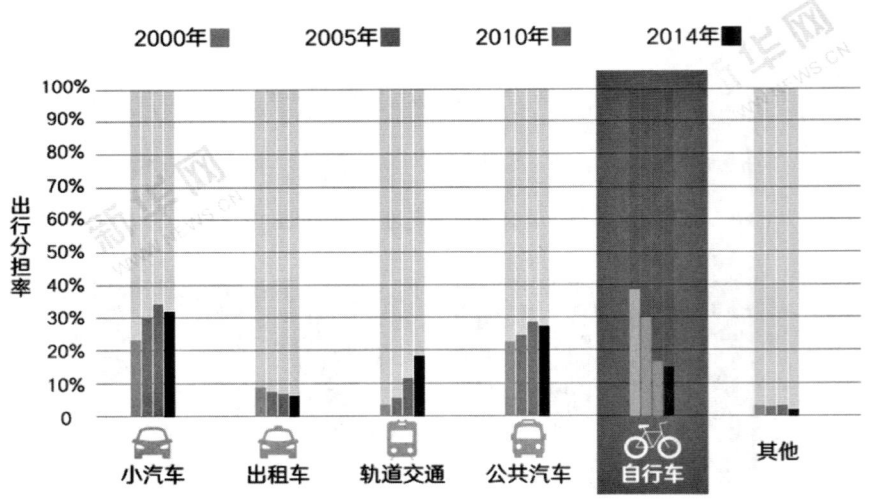

图10-20　北京市出行结构变化

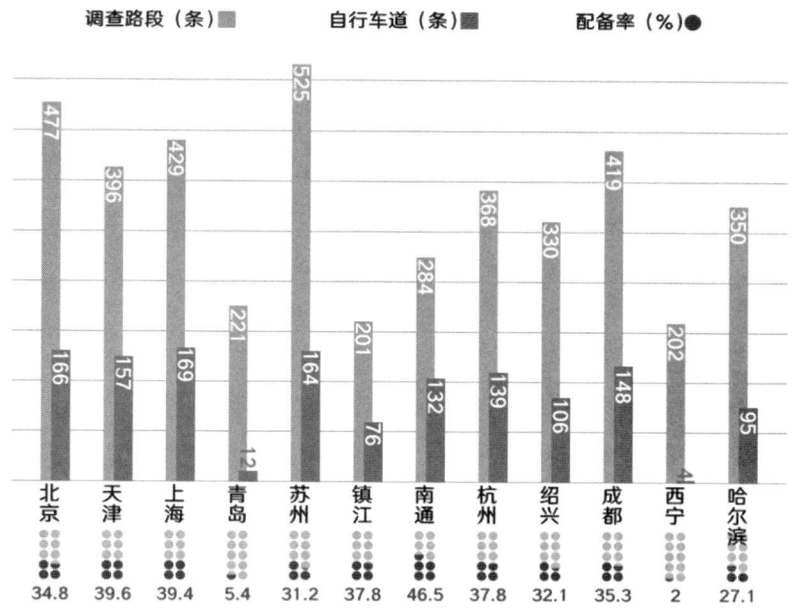

图 10-21　国内部分城市自行车道配备率

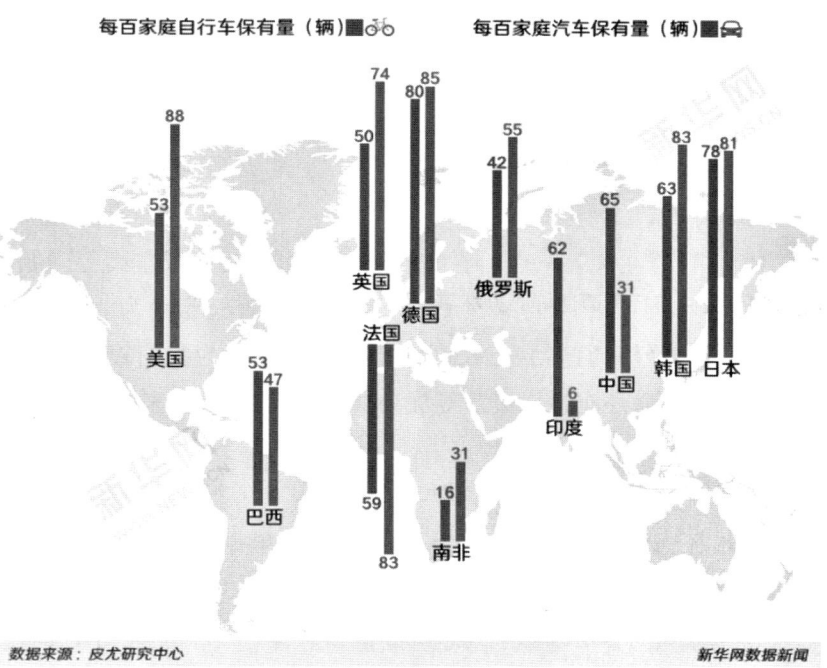

图 10-22　世界主要国家自行车、汽车保有量

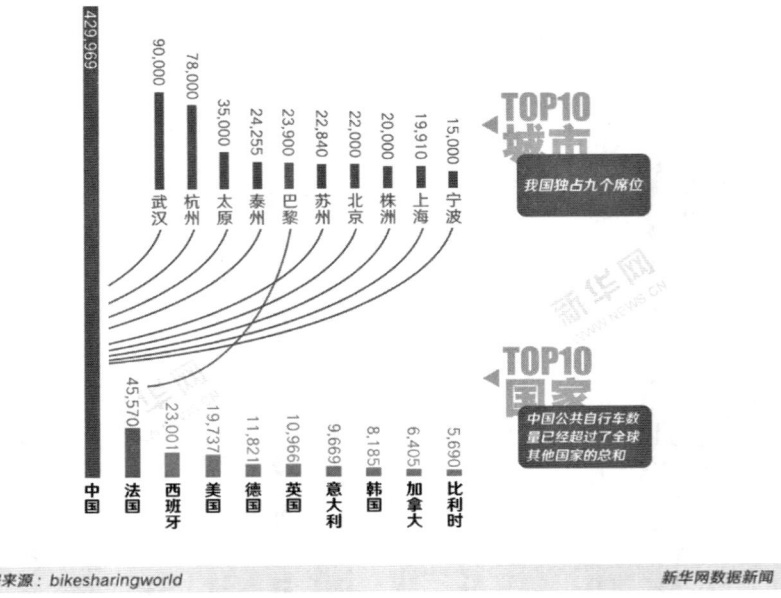

图 10-23　全球公共自行车数量排名前十的国家与城市

图 10-24　公共自行车遭遇好心办坏事

值得欣慰的是，我国已成为公共自行车"超级大国"，公共自行车数量已经超过全球其他国家的总和。在全球公共自行车数量前十位的城市中，我国独占九个席位，巴黎是唯一进入前十的国际城市。

尽管发展公共自行车的初衷十分美好，但网点少、损坏多、管理薄弱、运营成本高等问题也使公共自行车逐渐沦为"鸡肋"。

随着互联网共享经济的蓬勃发展，网约自行车的出现为我们提供了新的发展思路。凭借手机扫码解锁、还车地点灵活等优势，网约自行车近年来颇受大家欢迎。

5.房价那么高，你该去哪个城市买房？

常听人说，北京、上海买房好难，一个厨房的价钱，够回三四线城市买下一个院子了，事实真是如此吗？

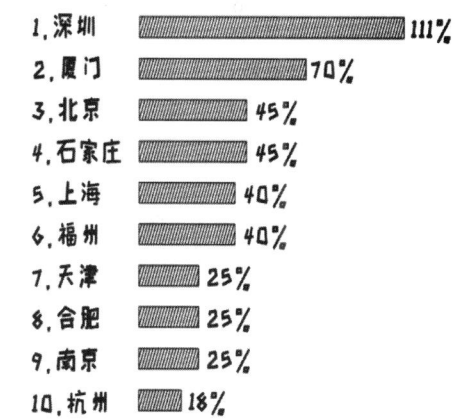
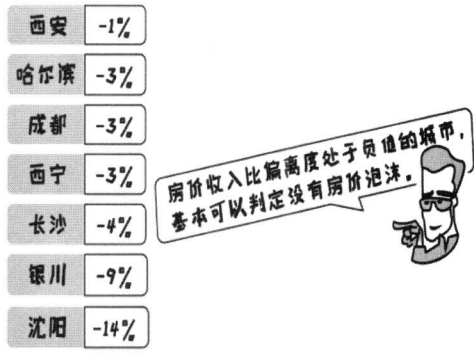
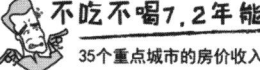

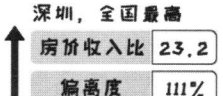
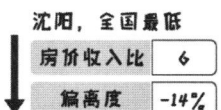

图 10-25　全国 35 个大中城市房价收入比偏离度排行榜

(《全国 35 个大中城市房价收入比偏离度排行榜》)

6.这张照片,网友心疼又感动。若遇见,请给他们多一点包容

近日,网友@弦舞金陵乐坊璐露发微博说,9 月 30 日深夜,南京地铁 3 号线空了很多座位,一位民工大叔却把外套脱了给孩子垫着,让他坐在车厢地上,问他为什么不带孩子坐座位,他说身上衣服有泥巴,怕坐脏了座位……

网友评论

暑假是什么时候呀:孩子,你并不低人一等,他教你的是善良。

淑女可爱温婉迟:再有这种事情发生时,我希望的不是拍照,而是告诉他们,他们不脏,并且我们愿意跟他们坐一起。

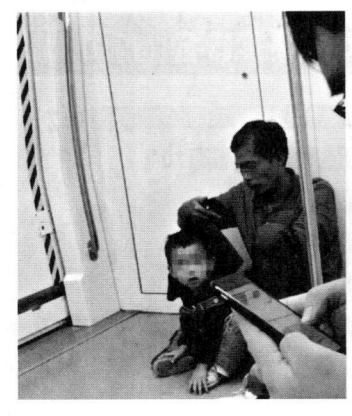

图 10-26　朴素的人是最干净的

Fluttering、Hearts：朴素的人是最干净的。凳子脏了可以擦，但人心一定要保持最初的纯净才好。

瑞秋的：看见这样的新闻总是很心疼。

PinkFoxMa：为什么不坐？人人平等。

圆滚滚的黑美人：尊重每一个职业。

梨小白_：人与人之间要多一点关怀。

半字姑娘：这位家长是好的出发点，却选择了并不是很好的方式。其实我更愿意看见，天下的穷苦人抬头挺胸地行走在繁华都市中，不自卑、不悲悯。穷只是物质，精神和人格还是能撑起你的自信的。

他们是朴实的城市建设者，若遇见，请给他们多一点包容和关怀吧。

五、即兴提问

1.2015 年亚洲杯，中国国家队虽然在 1/4 决赛中输给了东道主澳大利亚队，但球队在主教练佩兰的带领下表现卓越。美国《纽约时报》将之称为"巨大的胜利"。英国路透社评论称，一向被视为弱队的中国队突然成了中心话题……其整体表现让人耳目一新。第二天，主教练佩兰和队长郑智做客访谈节目，作为主持人，你会分别问他们什么问题？

2.同样是在 2015 年，因为在世界杯预选赛小组赛中表现糟糕，中国队提前无缘 2018 年俄罗斯世界杯。2016 年伊始，主教练佩兰下课，佩兰在离开中国之前再次做客你的访谈节目，你会问他什么问题？

3.孙楠在《我是歌手》节目中突然退赛，一周后做客一档访谈节目，作为主持人，你会向他提出什么问题？

4.屠呦呦获得诺贝尔奖后，第一时间接受采访，作为主持人，你会向她提出什么问题？

5.2017年春节前夕，在广州番禺务工的湖南湘西花垣县80后父亲石欣一路坐火车、大巴、公交，历经了近24个小时回到村里，沿着村道走着走着忽然发现，3岁的儿子已在路口等着自己回来。作为跟拍体验的主持人，此时你会向石欣提出什么问题？

六、即兴回答

1.真人秀节目中，选手面对汪峰、那英、刘欢、张惠妹四位导师，无法决定挑选哪一位，询问主持人能否给点建议。

2.情感访谈节目中，婆婆和媳妇的矛盾始终无法缓和，甚至在节目中吵了起来，分别表示："有她没我。"男嘉宾一直不语，突然问主持人，如果你是我，你会怎么办？

3.少儿节目中，小朋友问主持人："为什么要把台湾叫宝岛，其他岛屿都不叫宝岛呢？"

4.一期有关朝鲜核问题的谈话节目中，邀请了中、美、韩、俄、日五国学者进行讨论，美国嘉宾突然问中国嘉宾和主持人："请问二位，你们中国是不是已经失去了对朝鲜的控制？"此时，作为主持人的你该如何回答？

七、看视频，复述内容，进行点评

1.《新闻联播》春节特别节目：《只为多看你一眼》。

《只为多看你一眼》1　《只为多看你一眼》2　《只为多看你一眼》3

2.《中国梦想秀》独腿舞者表演。

3.中国传媒大学广告学院2007级艺术设计系毕业设计作品：短片《北京@房事》。

《中国梦想秀》独腿　　北京@房事
舞者表演

参考文献

[1] 谭学纯.接受修辞学[M].增订本.合肥:安徽大学出版社,2000.

[2] 张颂. 朗读美学[M].北京:北京广播学院出版社,2002.

[3] 林兴仁.实用广播语体学[M].北京:中国广播电视出版社.1989.

[4] 于根元.留心各种语言现象[M].北京:中国经济出版社.2003.

[5] 应天常.节目主持语用学[M].修订本.北京:中国传媒大学出版社,2008.

[6] 吴郁.当代广播电视播音主持[M].2版.上海:复旦大学出版社.2008.

[7] 应天常,王婷.主持人即兴口语训练[M].北京:中国传媒大学出版社,2009.

[8] 李洪岩,柴璠. 广播电视语言传播文化品位及审美趋势研究[M].北京:中国广播电视出版社,2007.

[9] 王群,曹可凡.节目主持语言智略[M].上海:复旦大学出版社,2008.

[10] 孙玉胜.十年:从改变电视的语态开始[M].修订版.北京:人民文学出版社,2012.

[11] 金维一.电视观众心理学[M].上海:复旦大学出版社,2005.

[12] 贾毅.电视节目主持人影响力研究[M].北京:学习出版社.2015.

[13] 延森.媒介融合:网络传播、大众传播和人际传播的三重维度[M].刘君,译.上海:复旦大学出版社,2012.

[14] 金凯莉.脱口秀女王奥普拉的说话之道[M].北京:电子工业出版社,2011.

[15] 李晓寒.会话分析理论视角下的《杨澜访谈录》分析[D].西安:陕西师范大学,2012.

[16] 于晚梦.语言学视阈下主持人无稿播音策略研究[D].南京:南京师范大学,2013.

后 记

  媒介是一种物质,有特殊的、可控的以及历史的形态。不同历史时期的物质资源和文化发明使得某些形式的表达、表征和交流成为可能。[①] 不同历史时期,有不同的媒介和使用方式。广播电视诞生后,播音员主持人的作用不断突显,越来越多的节目使用主持人。新媒体成为 21 世纪最耀眼的媒介,其各类节目也广泛使用主持人。因此,应该说,在可以预见的很长一段时间里,主持人必然是广播、电视、新媒体非常重要的传播手段。

  林兴仁先生1997年末在谈到对未来广播电视语言发展的展望时提到,"为适应全民科学教育文化水平提高的需要,主持人语言要向典雅性发展"。"典雅性具体化些就是:主持人语言要有文采,不能流于粗俗,要多少有些书卷气,注意从中外古今的哲学、文学以及其他各类名著中汲取有益的养分,并加以适时对景的适当运用,表现出深厚的文化底蕴,耐人寻味。主持人话语应当有较高的文化品位,主持人语言要有审美价值,主持人语言要从平面化、感情化逐渐提高到深刻而有力度,富有穿透力并且韵味深长。"

  20多年之后的今天,当广播电视语言蓬勃发展,新媒体传播形态日趋多元,主持人节目形态异彩纷呈之时,我们发现主持人语言依然要向典雅性发展。同时,在娱乐化、大众化的形势下,如何提升主持人即兴口语的表达质量和语言品位,具有更加重要的现实意义。

  "先声夺人"的主持人即兴口语用音量、音色、吐字、发声、语气、节奏等要素为听者带来美妙的声音印象,唤起受众对美的感应和追随;其后主持人独特的思维角度、独特的表达方式说服受众,深入受众内心。那一刻,当这寓情于理的语言触动了受众的心灵,受众便会与之产生共鸣。信息共享、认知共识、愉悦共鸣,美的创造便在这一刻

[①] 延森.媒介融合:网络传播、大众传播和人际传播的三重维度[M].刘君,译.上海:复旦大学出版社,2012:67.

点燃。

  "声入人心"的主持人即兴口语讲究悦耳怡情、明理凝神,它能促成媒体与受众的良性互动,真正将信息传达、舆论引导、信仰共享与审美体验渗透融合。高质量、高品位的语言没有巧言令色,却入耳入心;没有棒喝说教,却使大众媒介的形象权威而又平和;没有陈词滥调、闲言碎语,仅有鲜活的思想、创新的表达、用心的传递。以这样的语言行进在大众传播的历程中,又怎能不使传播效果优化和提升呢?

  此外,高质量、高品位的主持人即兴口语始终都具有稳定的内核,那便是朗朗大气的中国作派、典雅和谐的立意内涵;而其外壳又一定有其鲜活的个性特点,彰显出个体与时代的创新和互动。在时间的轨道上,这份稳定与灵动相得益彰,能引领健康的话语潮流,为民族语言创造一个良好的发展环境,提升大众的语言能力,进而全面提升民族的综合素质。精粹典雅的主持人即兴口语将推动整个社会语言向着积极健康的方向发展。

  正如高品位的生活,并非要靠丰厚的物质基础才能实现;高品位的语言,也并非靠华丽辞藻的堆砌才能拥有。在生活中,品位是一种态度,品位是一种境界。高品位的主持人即兴口语尽在即时表达的字斟句酌之间。

张琦　贾毅

于广州

2019 年 2 月

附录：视频目录

[1] 31 页　孟非巧解"和谐"
[2] 43 页　希拉里应对扔鞋
[3] 44 页　香港回归　白岩松填补时间空白
[4] 44 页　汪涵应对孙楠退赛
[5] 47 页　绿领带
[6] 103 页　抗战老兵
[7] 103 页　《风声》（片段）
[8] 106 页　G20 杭州峰会报道
[9] 108 页　第六届 CCTV 电视节目主持人大赛（片段）
[10] 131 页　《跨界歌王》开场主持
[11] 132 页　刘翔伦敦奥运会退赛
[12] 173 页　黄健翔解说世界杯意大利队对澳大利亚队
[13] 174 页　董卿、朱军：广州亚运会开幕式解说
[14] 174 页　白岩松：广州亚运会开幕式解说
[15] 229 页　《只为多看你一眼》1
[16] 229 页　《只为多看你一眼》2
[17] 229 页　《只为多看你一眼》3
[18] 229 页　《中国梦想秀》独腿舞者表演
[19] 229 页　北京@房事

图书在版编目(CIP)数据

主持人即兴口语表达艺术 / 张琦,贾毅著.--北京:中国传媒大学出版社,2019.5(2024.5重印)
(播音与主持艺术专业"十三五"规划教材.21世纪播音与主持艺术专业核心教材)
ISBN 978-7-5657-2175-5

Ⅰ.①主… Ⅱ.①张… ②贾… Ⅲ.①主持人—语言艺术—高等学校—教材 Ⅳ.①G222.2

中国版本图书馆CIP数据核字(2017)第284186号

主持人即兴口语表达艺术
ZHUCHIREN JIXING KOUYU BIAODA YISHU

著　　者	张　琦　贾　毅
策划编辑	赵　欣
责任编辑	赵　欣　张　笛
特约编辑	高卓毓
封面设计	拓美设计
责任印制	李志鹏

出版发行	中国传媒大学出版社			
社　　址	北京市朝阳区定福庄东街1号	**邮　　编**	100024	
电　　话	86-10-65450528　65450532	**传　　真**	65779405	
网　　址	http://cucp.cuc.edu.cn			
经　　销	全国新华书店			
印　　刷	北京中科印刷有限公司			
开　　本	787mm×1092mm　1/16			
印　　张	黑白15　彩插1			
字　　数	340千字			
版　　次	2019年5月第1版			
印　　次	2024年5月第6次印刷			
书　　号	ISBN 978-7-5657-2175-5/G·2175	**定　　价**	58.00元	

本社法律顾问:北京嘉润律师事务所　郭建平